LA BOÎTE À OUTILS

DU Responsable financier

LA BOÎTE À OUTILS

DU Responsable financier

Caroline
Selmer

DUNOD

Du même auteur

Toute la fonction finance, Dunod, 2006.
Concevoir le tableau de bord, Dunod, 2e édition, 2003.
Construire et défendre son budget, Dunod, 2001.

Ouvrages collectifs

Tableaux de bord, sous la direction de G. Balantzian, Éditions d'Organisation, 2005.
Finance d'entreprise, sous la direction de N. Guedj, Éditions d'Organisation, 2e édition, 2000.

Conseiller éditorial : **Nathalie Van Laethem**

Maquette de couverture : Maogani
Maquette intérieure : Nord Compo

ISBN : 978-2-10-050810-5

Préface

La Finance, la Gestion financière et leur contrôle font désormais partie intégrante du paysage de l'entreprise.
Le dirigeant financier d'entreprise assure des missions permanentes aujourd'hui parfaitement codifiées, après avoir été analysées, décrites puis mises à jour par les associations de professionnels de la finance depuis plusieurs années.
Dans le même temps, les techniques financières visant à mettre à disposition des ressources pour l'entreprise ont beaucoup évolué, et la complexité de leur mise en œuvre a nécessité dans certains cas de repenser complètement l'appréhension et le contrôle des risques induits.
Les formations de financiers se sont développées en intégrant de nouvelles disciplines issues des mathématiques appliquées et de l'informatique d'une part et des sciences sociales et de la communication d'autre part.
Cette évolution nécessaire, alimentée par la recherche en finance, a pour but de donner aux dirigeants financiers les moyens d'assurer avec plus de pertinence leurs missions traditionnelles dans un environnement changeant.
La sanction des résultats, la nécessité de réduire les délais de toutes sortes s'imposent à tous, alors même que le cadre réglementaire évolutif dans lequel évoluent les entreprises, la mondialisation et ses conséquences sur l'évolution des normes, ainsi que la sophistication des outils de la finance rendent la tâche plus ardue.
La vague de déréglementation qui a traversé le monde de la finance a donné plus de liberté à l'entreprise mais paradoxalement plus de contraintes aux équipes financières.
Plus que jamais, pour faire face aux risques et répondre aux procédures de contrôle qui souvent se superposent aux contrôles existants, telles les procédures Sarbanes/Oxley venues des États-Unis, la nécessité se fait sentir à nouveau, pour les équipes financières de maîtriser les méthodologies et les techniques visant à traduire de manière opérationnelle les contrôles à mettre en place.

Préface

Cet ouvrage répond directement à ce besoin en donnant, et c'est bien de cela dont il s'agit, des outils dans les domaines cruciaux pour le financier d'entreprise.
Livre pratique et didactique, cet ouvrage sera utile au professionnel comme au débutant : à la fois check-list et dictionnaire, parfaitement adapté à la consultation, il donnera à chacun, en fonction de ses besoins, des réponses et des pistes à approfondir.

Daniel Burlin
Vice-Président de l'International Association
of Financial Executives Institutes
Administrateur de la Fondation Nationale
pour l'Enseignement de la Gestion des Entreprises
Membre du Conseil de perfectionnement de l'Institut de Haute Finance
Membre du Comité consultatif de la DFCG

Avant-propos

Les enjeux de la finance

Les responsables financiers doivent faire face à :
• de nouvelles normes comptables, un nouveau cadre réglementaire, une sophistication des montages et des produits financiers ;
• l'obligation d'obtenir des résultats à court terme, principalement plus de rentabilité et plus de croissance ;
• un renforcement de la gouvernance et du développement durable.
Tout en devant exercer leur métier et garantir à l'entreprise :
• la mise à disposition des ressources et techniques financières nécessaires à son développement et à sa protection ;
• un cadre sécurisant pour le développement et la pérennité de l'entreprise.
Selon le *baromètre des décideurs financiers* réalisé par l'observatoire Cegos, les priorités actuelles des directions financières vont à :
• l'amélioration des états de gestion et des tableaux de bord (77 % répondants) résultant d'une préoccupation permanente de recherche de performance, et de la transparence de gestion associée aux prises de décision sur les états financiers existants ;
• des programmes d'optimisation de l'activité financière sur ses stratégies de bilan : optimisation du besoin en fonds de roulement (48 % répondants), redressement des résultats (Ebitda, cash flow, free cash flow), réduction des coûts (52 % répondants) ;
• l'application des nouvelles normes IFRS (50 % répondants) imposé par le cadre de la loi ;
• la formalisation d'une stratégie financière (33 % répondants) répondant aux orientations de l'entreprise ;
• la mise en place d'un comité d'audit et de contrôle interne afin d'intégrer le contexte légal actuel.

Les solutions apportées

La boîte à outils du responsable financier répond aux besoins des directions financières en apportant 67 outils, directement opérationnels.

Avant-propos

Cet ouvrage se concentre sur trois axes majeurs : la mise sous contrôle des activités, l'anticipation et la prospective, la gestion des risques. À chaque étape, le responsable financier trouve les méthodes et outils lui permettant de renforcer sa pratique.

Compte tenu de l'environnement actuel des directions financières, l'auteur a mis l'accent sur les thèmes étant perçus comme les plus cruciaux :

- les mesures économiques et financières ;
- le diagnostic financier ;
- le pilotage stratégique et opérationnel ;
- les simulations financières ;
- l'optimisation financière ;
- l'identification des risques ;
- la sécurisation des risques.

Certains thèmes et outils perçus comme plus classiques, à savoir les méthodes de financements ou de placements, ou très spécifiques comme les outils d'ingénierie financière ou de communication financière, sont aussi d'actualité et mériteraient toute leur place dans un ouvrage de ce type.

Mise sous controle des activités

Mesures économiques et financières
- Bilan
- Compte de résultat
- Tableau des flux de trésorerie nette
- État de variation des capitaux propres
- Annexe
- Processus de consolidation
- Coût complet

Diagnostic financier
- Chiffre d'affaire
- Soldes intermédiaires de gestion
- EBITDA
- Rentabilité économique
- Rentabilité financière
- Équilibre financier
- Ratios de liquidité

Pilotage stratégique et opérationnel
- Balanced scorecard
- Méthode des surplus
- Plan d'action
- Reporting financier
- Contrôle budgétaire
- Méthode Janus
- Entreprise Resources Planning
- Workflow

Prospective Anticipation

Simulations financières
- Discounted Cash Flow
- Méthode des multiples
- Price Earning Ratio
- Méthode Thésaurus
- Business plan
- Méthode des scénarios
- Analyse de sensibilité
- Processus budgétaire
- Coût standard
- Seuil de rentabilité

Optimisation financière
- Plan de financement
- Prévision de trésorerie
- Capacité d'autofinancement
- Free cash flow
- Taux d'actualisation
- Délai de récupération
- Valeur actuelle nette
- Taux interne de rentabilité
- Retour sur les capitaux employés
- Analyse de réversibilité

Gestion des risques

Identification des risques
- Cartographie des méta-risques
- Quantification du Sinistre
- Maximum Possible
- Charte d'audit interne
- Mission d'audit interne
- Manuel des procédures
- Interview
- Questionnaire de contrôle interne
- Audit documentaire
- Plan d'échantillonnage
- Scoring « maturité » du contrôle interne

Sécurisation des risques
- SWAP de taux d'intérêt
- Future Rate Agreement
- Option de taux d'intérêt
- Avance en devises
- Couverture à terme
- Contrat « future »
- Crédit documentaire
- Lettre de crédit stand by
- Plan de reprise d'activité
- Umbrella Program
- Master Coordinated Program
- Captive d'assurance

Remerciements

Je tiens à remercier :
mes collègues de la Cegos et de la DFCG, pour leur aide et leurs conseils,
mes amis proches pour leur soutien actif et la qualité de nos échanges.

Sommaire

La Boîte à outils, mode d'emploi

Une double page de présentation de la thématique

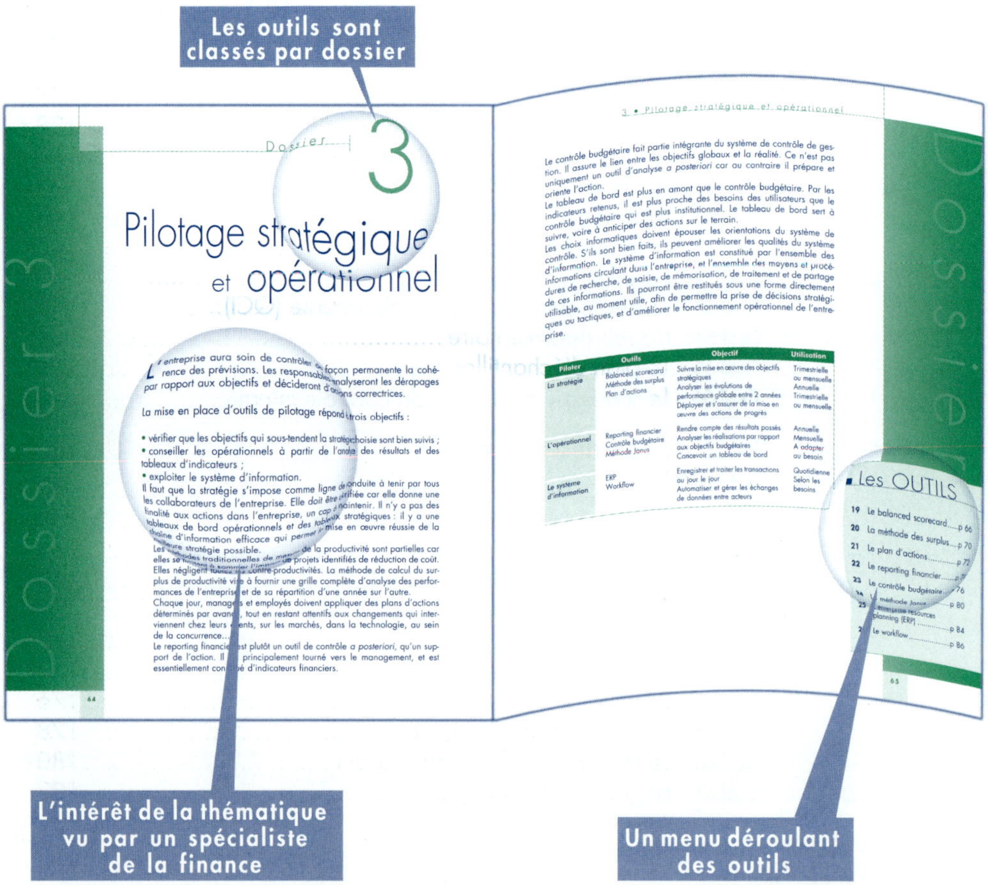

Chaque outil Finance sur 2 ou 4 pages

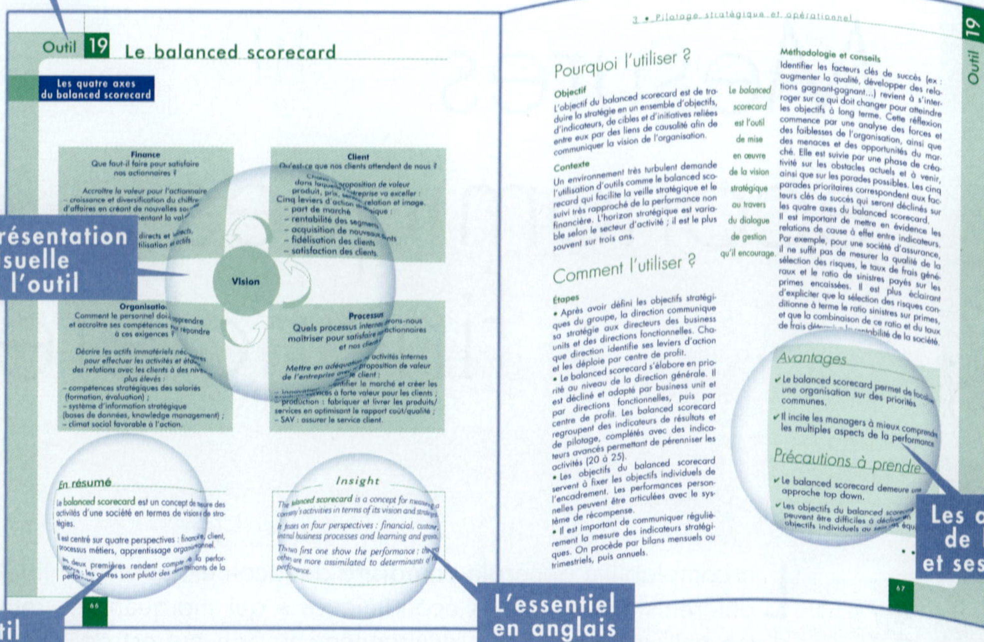

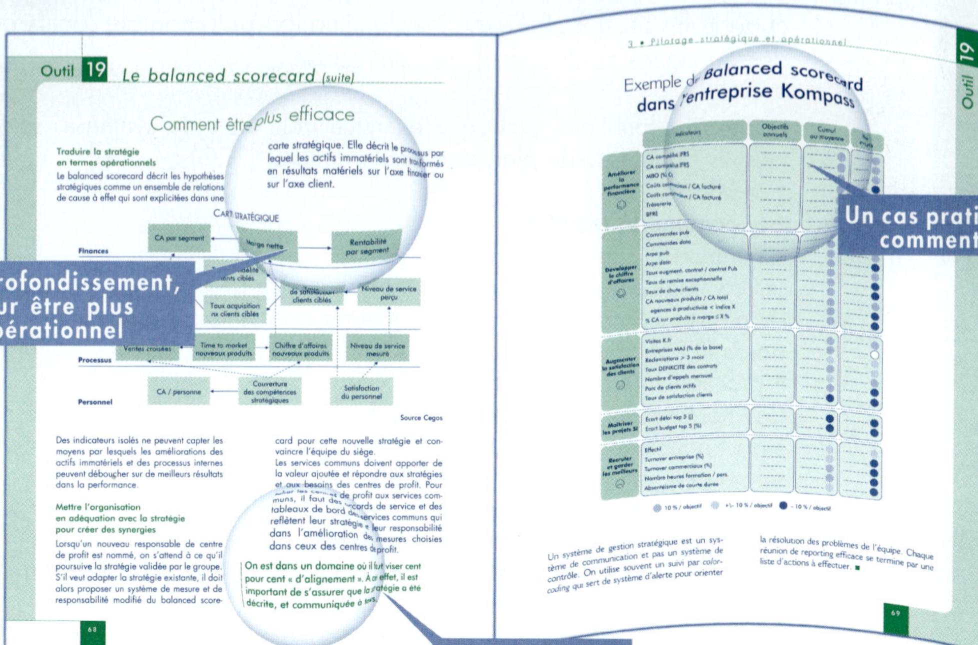

Mesures économiques et financières

La comptabilité générale enregistre de façon exhaustive et fidèle les différents « événements économiques » qui marquent les relations d'une entreprise avec son environnement. Son but est de classer les informations, déterminer le résultat global de l'entreprise et chiffrer, à chaque fin ou début d'exercice, la situation patrimoniale (actifs possédés ou dettes contractées) de l'entreprise.

L'entreprise publiera à chaque exercice trois états de synthèse, selon les normes françaises du plan comptable général (PCG) :

- le **bilan** ;
- le **compte de résultat** ;
- l'**annexe**.

Les comptes consolidés des entités au sein d'un groupe coté sont réglementés par les normes internationales, *international financial and reporting standards* (IFRS). C'est le :

- **processus de consolidation**.

Ces normes entraînent des modifications de fond comme de forme sur les états financiers : bilan, compte de résultat et annexe. Ces états financiers seront obligatoirement complétés par deux autres états :

- le **tableau des flux de trésorerie nette** ;
- l'**état de variation des capitaux propres**.

Ces informations financières sont essentiellement destinées à l'extérieur de l'entreprise. Elles ont un rôle informationnel et contractuel :

- vis-à-vis des investisseurs potentiels, analystes financiers, acteurs du marché et futurs actionnaires, agences de rating, banquiers ;

• dans les relations entre la société et ses partenaires (créanciers, fournisseurs, personnel, direction de l'entreprise), intérêt des créanciers, dividendes des actionnaires, institutions étatiques et fiscales.

En effet, la comptabilité générale ne s'intéresse pas à ce qui se passe à l'intérieur de l'entreprise. De fait, les entreprises ont développé des outils de comptabilité analytique. Ils ont pour objectif d'analyser les causes des coûts et des marges, ainsi que les écarts par responsabilité, par produit, par client ou canal de distribution. La comptabilité analytique permet d'expliquer les causes des dépenses engagées en les liant aux facteurs de production et en les attribuant aux objets de coût. Deux méthodes sont essentiellement utilisées :

• la **méthode du coût complet** ;
• la **méthode du coût partiel**.

La méthode ABC (activity based costing) est aussi une méthode de calcul des coûts et des marges basée sur une approche en coût complet. Mais elle se fonde sur une autre logique économique : la gestion à base de causes. La connaissance du coût des activités permet de s'interroger sur le rapport coût/qualité de service et de décider d'un plan d'actions d'optimisation des coûts :

• l'**activity based costing**.

Ces mesures financières sont rythmées par les arrêtés comptables. Les états financiers permettent de donner des informations sur la situation financière, la performance, le résultat, la trésorerie. Dans beaucoup de cas, ces données ne sont pas suffisamment fréquentes pour permettre aux opérationnels de piloter leurs coûts. Elles devront souvent être complétées par des mesures non financières, quotidiennes ou à la semaine, au travers des :

• **indicateurs divers**.

RÉCAPITULATIF DES OUTILS

Outil	Destiné à	Objectif	Fréquence
Bilan Compte de résultat Tableau des flux de trésorerie nette État de variation des capitaux propres Annexe	Tous les utilisateurs externes à l'entreprise ayant besoin de consulter les données financières d'une entreprise	Conserver la trace des transactions et des résultats Assurer la continuité de l'entreprise Fournir des informations	Annuelle, légalement Souvent mensuelle pour le compte de résultat
Processus de consolidation	Tous les utilisateurs des données financières d'un groupe	Assurer la continuité d'un groupe Fournir des informations	Annuelle, légalement
Coût complet Coût partiel	Dirigeants et managers de l'entreprise	Connaissance des coûts Base de référence pour la prévision	Mensuelle
Activity based costing	Dirigeants et managers de l'entreprise	Connaissance des coûts Base de référence pour la prévision	Mensuelle dans une vision costing, annuelle dans une vision stratégique
Indicateurs divers	Tous les salariés de l'entreprise	Connaissance des activités, des consommations, de la qualité...	D'une heure à un mois, le plus souvent

Les OUTILS

Le bilan

Les comptes de bilan

Actif	Passif
Les comptes d'immobilisations : classe (2) 20 Incorporelles 21 Corporelles 26 et 27 Financières 28 Amortissements des immobilisations 29 Provisions pour dépréciation des immobilisations	**Les comptes de capitaux : classe (1)** 10 Capital et réserves 11 Report à nouveau 12 Résultat de l'exercice 14 Provisions réglementées
Les comptes de stocks : classe (3) 31 Matières 33 et 34 En-cours de production 35 Produits finis 37 Marchandises 39 Provisions pour dépréciation des stocks	15 Provisions pour risques et charges 16 Emprunts
Les comptes de tiers : classe (4)	
Les créances 409 Avances versées aux fournisseurs 41 Clients 42 Personnel 43 Organismes sociaux 44 État 46 Débiteurs divers 49 Provisions pour dépréciation des comptes de tiers	**Les dettes d'exploitation** 40 Fournisseurs 419 Avances reçues des clients 42 Personnel 43 Organismes sociaux 44 État 46 Créditeurs divers
Les comptes financiers : classe (5) 50 Valeurs mobilières de placement 51 Banque 53 Caisse 59 Provisions pour dépréciation des comptes financiers	
47 Comptes d'attente 48 Comptes de régularisation	47 Comptes d'attente 48 Comptes de régularisation

En résumé

Un bilan comprend normalement trois parties : les actifs, les dettes et les capitaux propres. La différence entre les actifs et les dettes s'appelle l'actif net de l'entreprise.

Un bilan présente une vue instantanée des conditions financières d'une entreprise à un moment donné.

En normes US Gaap* et IFRS, la présentation est inversée et plus condensée, comparée à celle des normes françaises.

* US Gaap (*Generally accepted accounted principles*) : normes comptables américaines

Insight

A balance sheet has usually three parts : assets, liabilities and shareholders'equity. The difference between the assets and the liabilities is known as the net assets of a company.

A balance sheet present a snapshot of a company 's financial condition on a given date.

In US Gaap and IFRS, the presentation is inverse and more condensated compared with the french Gaap.

Pourquoi l'utiliser ?

Objectif

Le bilan est une représentation équilibrée des ressources financières (passifs) et des emplois (actifs) dont dispose une entité comptable. Il donne une idée de la puissance financière, du crédit et des moyens d'action d'une entreprise. La situation nette (actif immobilisé + actif circulant – dettes à long terme – dettes à court terme) explique quelle est la valeur qui revient aux propriétaires de l'entreprise.

Le bilan présente une photo à l'instant « t » des financements et des moyens utilisés par l'entreprise.

Contexte

Il répond à l'obligation légale de publication annuelle des comptes. La forme IFRS s'impose depuis 2005 aux comptes consolidés des groupes cotés.

Comment l'utiliser ?

Étapes

Le bilan est le résultat de deux activités différentes :

• **la comptabilité de nature technique** qui enregistre, classe et additionne. Le classement des emplois (éléments de l'actif) et des ressources (éléments du passif) se fait selon leur destination ou leur provenance, c'est-à-dire de leur fonction dans le processus d'activité économique :

– à l'actif, les rubriques sont présentées selon une logique de liquidité croissante,

– au passif, elles s'enchaînent selon une logique d'exigibilité croissante ;

• **l'inventaire de nature économique** qui prévoit, apprécie et évalue. Les opérations d'inventaire consistent à faire un recensement exhaustif des éléments de l'actif et du passif :

– recenser les quantités (observation, analyse des comptes…),

– estimer les éléments d'actif et de passif selon la valeur d'inventaire, c'est-à-dire à la valeur actuelle, qui est une valeur d'estimation qui s'apprécie en fonction du marché et de l'utilité du bien pour l'entreprise.

Méthodologie et conseils

Le total des deux colonnes est toujours égal, car l'entreprise doit indiquer exactement d'où viennent les capitaux utilisés pour acquérir ses actifs.
Les modalités de présentation sont les suivantes :

• amortissements pour dépréciation à l'actif en déduction de la valeur des postes qu'ils concernent ;

• amortissements dérogatoires compris dans les provisions réglementées ;

• immobilisations corporelles totalement amorties toujours inscrites au bilan tant qu'elles subsistent dans l'entreprise.

Le bilan est présenté avant affectation du résultat, celui-ci étant compris dans les capitaux propres. Le bilan d'ouverture d'un exercice doit correspondre au bilan de clôture de l'exercice précédent.

Avantages

✔ Le bilan est une représentation des ressources et des emplois dont dispose une entité comptable. Cette représentation se fait sous la forme d'une égalité qui traduit l'équilibre des emplois et des ressources, et décrit le patrimoine de l'entreprise avec ses biens et ses dettes.

Précautions à prendre

✔ Lors de l'analyse du bilan, se souvenir qu'il présente l'état des actifs et des passifs au dernier jour de l'exercice. Certains chiffres peuvent ne pas traduire les utilisations d'emplois ou de ressources courants sur l'année.

• • • ▶

Comment être plus efficace

Présentation du bilan IFRS

Dans les comptes consolidés IFRS, en vigueur depuis 2005 pour les groupes cotés, la structure du bilan est organisée selon la nature des actifs et les passifs.

Pour les actifs, les normes définissent deux natures d'actifs :

- **les actifs courants** :
  - actifs que l'entreprise s'attend à pouvoir réaliser ou vendre ou consommer dans le cadre du cycle d'exploitation normal (exemples : stocks, clients),
  - actifs détenus à des fins de transaction (exemple : titres),
  - actifs constitutifs de trésorerie ;
- **les actifs non courants** : ceux qui ne répondent pas aux critères ci-dessus notamment échéance de plus de douze mois (exemples : immobilisations, titres de participation).

Pour les passifs, on retrouve aussi deux natures de passifs :

- **les passifs courants** : passifs faisant partie du BFR utilisés dans le cadre du cycle d'exploitation ou réglés dans les douze mois après la clôture (exemples : dettes financières pour la part à moins d'un an, provisions pour risques et charges, fournisseurs, dettes à moins d'un an) ;
- **les passifs non courants** : ceux à échéance supérieure à douze mois (exemples : emprunt, provisions pour engagement de retraite, etc.).

Valorisation des actifs en IFRS

Pour l'évaluation ultérieure de l'actif, deux possibilités ont offertes :

- traitement de référence : l'actif est évalué au coût historique initial moins l'amortissement et les dépréciations cumulés ;
- traitement alternatif IFRS : l'actif est évalué à sa juste valeur. Ce traitement permet une réévaluation de l'actif. Cette réévaluation doit s'appliquer à une catégorie d'actifs (exemples : terrains, immeubles, machines…) alors que le PCG n'autorise la réévaluation que si elle est pratiquée à toutes les immobilisations corporelles et financières de l'entreprise.

Une entreprise doit s'assurer que ses actifs ne sont pas surévalués, c'est-à-dire que leur valeur comptable est supérieure au montant qui sera recouvré par leur utilisation ou leur vente. Pour les immobilisations corporelles et incorporelles (à l'exception du *goodwill*) à durée de vie définie, le test doit être réalisé uniquement quand il existe un indice de perte de valeur. La dépréciation est réversible en cas d'accroissement de la valeur recouvrable d'un actif par rapport à la dernière évaluation. Le renversement ne doit pas conduire à une valeur comptable de l'actif supérieure à sa valeur d'origine nette des amortissements qui auraient été pratiqués en l'absence de dépréciation.

Si un élément d'actif a des composants significatifs qui ont des durées de vie différentes, chaque composant doit être comptabilisé en tant qu'élément d'actif distinct s'il est d'une valeur significative.

La norme IAS 1 définit les rubriques minimales à faire figurer au bilan. L'entreprise présentera des rubriques supplémentaires si elles sont nécessaires pour donner une image fidèle de sa situation financière. Elle n'impose pas de schémas obligatoires de présentation, mais essentiellement des principes à respecter.

Exemple de **Bilan selon les normes IFRS**

Au 31 décembre en Keuros	Notes	20XX	20XX-1
Actif			
Actif non courant			
Immobilisations corporelles			
Immeubles de placement			
Immobilisations incorporelles			
Goodwill			
Actifs financiers non courants			
Participations comptabilisées selon méthode de mise en équivalence			
Impôts différés actifs			
Actif courant			
Actifs destinés à être cédés			
Stocks			
Matières premières			
Encours de production			
Produits finis			
Clients et autres débiteurs			
Clients et comptes rattachés			
Autres créances et comptes de régularisation			
Actif d'impôt (exigible)			
Actifs financiers non courants			
Trésorerie et équivalent de trésorerie			
Total actif			

Au 31 décembre en Keuros	Notes	20XX	20XX-1
Passif			
Capitaux propres			
Capital émis			
Prime d'émission			
Réserves			
Intérêts minoritaires			
Passif non courant			
Dettes financières moins part à plus d'un an			
Impôts différés passif			
Provisions (ex. provision engagements sociaux)			
Autres passifs non courants			
Passif courant			
Dettes financières moins part à moins d'un an			
Passifs destinés à être cédés			
Impôt courant			
Fournisseurs et comptes rattachés			
Provisions (ex. provision pour garantie)			
Autres passifs courants et comptes de régularisation			
Total passif			

La classification des immobilisations financières et des actifs circulants entre courants et non courants s'effectue en fonction des échéances.

Les valeurs mobilières de placement et le disponible sont considérés comme des actifs courants si leur utilisation n'est pas soumise à restriction.

Les provisions pour risque et charges seront considérées comme un passif courant ou non courant en fonction de la nature du risque ou de la charge.

La partie à court terme des emprunts et découverts sera considérée comme un passif courant. ■

Le compte de résultat

Les comptes du compte de résultat

Charge	Produit
Exploitation	
60 Achats 603 Variation de stocks 609 Rabais, remises, ristournes obtenus 61 et 62 Services extérieurs 63 Impôts et taxes 64 Personnel 65 Autres charges de gestion courante 681 Dotations aux amortissements et aux provisions (charges d'exploitation)	70 Ventes (produits, services, marchandises) 713 Variation de stocks (production stockée) 709 Rabais, remises, ristournes accordés 72 Production immobilisée 73 Produits nets partiels sur opération à long terme 74 Subventions d'exploitation 781 Reprises sur amortissements et provisions 791 Transferts de charges d'exploitation
Financier	
661 Charges d'intérêt 664 Pertes sur créances (sur participations) 665 Escomptes accordés 666 Pertes de change 667 Charges nettes sur cession VMP 668 Autres charges financières 686 Dotations aux amortissements et aux provisions (charges financières)	761 Produits des participations 762 Produits des autres immobilisations financières 764 Revenus des valeurs mobilières de placement (VMP) 765 Escomptes obtenus 766 Gains de change 767 Produits nets sur cession VMP 768 Autres produits financiers 786 Reprises sur amortissements et provisions 796 Transferts de charges financières
Exceptionnel	
671 Charges exceptionnelles (opérations de gestion) 675 Valeurs comptables des actifs cédés 678 Autres charges exceptionnelles 687 Dotations aux amortissements et aux provisions (charges exceptionnelles) 691 Participation des salariés 695 Impôt sur les bénéfices	771 Produits exceptionnels (opérations de gestion) 775 Produits des cessions d'actif 778 Autres produits exceptionnels 787 Reprises sur amortissements et provisions 797 Transferts de charges exceptionnelles

En résumé

Le compte de résultat indique comment une entreprise gagne ou perd de l'argent au cours d'une période.

Il indique aux investisseurs et aux créditeurs la performance passée de l'entreprise, annonce la performance future et estime le risque d'atteinte des *cash flow* futurs.

Le compte de résultat en cascade fournit plus d'informations dans la mesure où il sépare les activités opérationnelles des autres et classe (IFRS et US Gaap) les dépenses par fonction.

Insight

*The **income statement** indicates how a company makes or losses money during a period.*

It indicates investors and creditors the past performance of the enterprise, predict future performance and assess the risk of achieving future cash flows

The "multiple-step" income statement provides more information because it separates operating and non-operating activities and classes (IFRS and US Gaap) expenses by function.

Pourquoi l'utiliser ?

Objectif

Il sert à déterminer le total des produits et des charges d'une période. Il permet ainsi d'expliquer la formation du résultat, et de comprendre son évolution par rapport à l'année précédente : l'entreprise s'est-elle enrichie (bénéfice) ou appauvrie (perte) ? Il établit un lien entre le bilan d'une période et celui de l'année précédente.

Il retrace le film de l'activité du premier au dernier jour de l'exercice.

Contexte

Il répond à l'obligation légale de publication annuelle des comptes. La détermination des produits et des charges obéit à de nombreuses règles comptables. La forme IFRS s'impose depuis 2005 aux comptes consolidés des groupes cotés.

Comment l'utiliser ?

Étapes

Pour déterminer le résultat à partir des opérations enregistrées au jour le jour, il faut :

- **vérifier** que les enregistrements effectués au jour le jour correspondent à la réalité des existants physiques (inventaires des biens et des dettes) ;
- **répartir** les charges et les produits dans le temps (opérations de régularisation) ;
- **apprécier**, en fonction de l'évolution des faits économiques, les augmentations de valeur ou les dépréciations subies sur les actifs : à l'arrêté des comptes, le coût d'entrée et la valeur actuelle sont comparés et la plus faible des deux valeurs est retenue. Si la valeur actuelle est plus faible, on appliquera une dépréciation par rapport à la valeur d'entrée ;
- **porter un jugement** sur l'avenir, en constituant si nécessaire des provisions lorsque les événements en cours rendent probables certaines dépenses ou pertes. Une provision sera constatée lorsque l'entreprise a une obligation à l'égard d'un tiers et qu'il est probable ou certain que cette obligation provoquera une sortie de ressources au bénéfice de ce tiers sans contrepartie au moins équivalente attendue de celui-ci.

Méthodologie et conseils

Le compte de résultat est constitué par des :

- opérations provenant de l'activité normale de l'entreprise ;
- opérations exceptionnelles n'entrant pas directement dans le cadre de l'activité normale ;
- éléments favorables ou défavorables d'origine antérieure qui viennent modifier le résultat.

Les opérations d'inventaire permettent de déterminer les éléments actifs et passifs à la date de clôture des comptes :

- il s'agit de recenser et d'évaluer les éléments existants ;
- puis de les traduire dans les comptes selon les règles existantes : comptabiliser les stocks de clôture, pratiquer les amortissements, enregistrer les provisions...

Les opérations de régularisation conduiront à identifier des charges ou des produits constatés d'avance. Ceux-ci correspondent à des biens ou des services dont la fourniture ou la prestation interviendra au cours de l'exercice suivant.

Avantages

✔ Le compte de résultat présente, dans sa version en cascade, des soldes intermédiaires de gestion qui décrivent de quelle façon s'est construit le résultat.

Précautions à prendre

✔ Certains chiffres dépendent de la méthode comptable retenue (FIFO, LIFO...).

✔ Certains chiffres dépendent d'appréciations et d'estimations (provisions, durée de vie...).

• • •

Comment être plus efficace

Présentation du compte de résultat IFRS

Dans les comptes consolidés IFRS, en vigueur depuis 2005 pour les groupes cotés et 2007 pour les organismes qui font appel à l'épargne publique, le compte de résultat peut être présenté soit par nature soit par destination. La norme IFRS ne propose pas de modèle formel, elle définit les rubriques minimales à présenter :

- produits des activités ordinaires (différences sensibles par rapport à la notion de chiffre d'affaires du plan comptable général PCG) ;
- charges financières ;
- quote-part dans les résultats des sociétés mises en équivalence ;
- profits et pertes relatifs à des actifs liés à des activités abandonnées ;
- charge d'impôt sur le résultat ;
- intérêts minoritaires ;
- résultat net de l'exercice.

Divergences de valorisation avec le PCG

L'amortissement reflète la consommation des avantages liés à l'actif ou au composant. Cette règle se rapproche de la notion d'amortissement économique. Chaque composant est amorti en fonction de sa propre durée d'utilité.

À la date d'entrée en vigueur du contrat, un bien loué est comptabilisé à l'actif du bilan et l'obligation de payer des loyers futurs au passif du bilan pour le même montant. L'amortissement du bien loué est comptabilisé chaque année. Les loyers sont comptabilisés en distinguant la charge financière et le remboursement du principal.

La notion de résultat opérationnel (ou résultat d'exploitation) n'est pas définie, mais il résulte de la différence entre les charges et les produits ne résultant pas des activités financières.

Comme pour la consolidation en France, les IFRS obligent à la constatation d'impôts différés sur les décalages temporaires entre résultat comptable et résultat fiscal :

- charges non déductibles l'année de constatation de la provision : participation, provision pour retraite, etc. ;
- produits fiscalement imposables mais non constatés en résultat : plus-values latentes sur OPCVM notamment ;
- différences entre valeur fiscale d'un actif et valeur au bilan. En consolidation, cela concerne l'écart d'évaluation qui correspond à la différence entre la valeur de l'actif au bilan de la filiale et la valeur estimée de cet actif lors de la première consolidation de la filiale. L'impôt différé passif doit être constaté sur tous les écarts d'évaluation sans exception.

En revanche, aucun impôt différé n'est à constater sur les décalages permanents (amortissements excédentaires, amendes…), les *goodwills* (écarts d'acquisition) et leurs amortissements. Ces actifs et passifs d'impôts ne peuvent pas être actualisés.

Différences essentielles de règles d'évaluation avec le PCG :

– application obligatoire de la méthode de l'avancement pour les contrats de construction ;

– enregistrement de tous les gains et pertes latentes (change, OPCVM, etc.) ;

– abandon du résultat exceptionnel.

Exemple de **Compte de résultat selon les normes IFRS**

COMPTE DE RÉSULTAT PAR FONCTION

Produit des activités ordinaires
moins Coût de production des ventes

= Marge brute
plus Autres produits opérationnels
moins Coûts commerciaux
moins Charges administratives
moins Frais de R et D
moins Autres charges opérationnelles

= Résultat opérationnel
plus ou moins Charges et produits financiers
plus ou moins Quote-part des entreprises mises en équivalence
moins Abandon d'activités

= Résultat net avant impôt
plus ou moins Éléments extraordinaires (suppression envisagée)
moins Impôts sur les sociétés

= Résultat après impôt
moins Amortissement des écarts d'acquisition
moins Intérêts minoritaires
= ***Résultat net de l'exercice*** (plus indication du résultat par action)

Les entreprises qui présenteront leur résultat par fonction indiqueront en annexe les principales charges opérationnelles par nature, et les montants correspondants, en détaillant notamment les charges de personnel, les dotations aux amortissements et les dotations aux provisions. ■

Outil 3

Le tableau des flux de trésorerie nette

Présentation selon la méthode indirecte

	N	N – 1
Résultat net des sociétés intégrées		
Élimination charges et produits sans incidence sur la trésorerie Amortissements et provisions Reprise d'amortissements et provisions Variation des impôts différés Plus- ou moins-values de cession, nettes d'impôt Charges et produits exceptionnels		
Marge brute d'autofinancement des sociétés intégrées		
Variation du besoin en fonds de roulement liés à l'activité Stocks Créances d'exploitation Dettes d'exploitation Autres		
Flux net de trésorerie provenant de l'activité (A)		
Acquisitions d'immobilisations Cessions d'immobilisations nettes d'impôt Incidence des variations de périmètre		
Flux net de trésorerie liés aux opérations d'investissement (B)		
Dividendes versés aux actionnaires Variation des autres fonds propres Nouveaux emprunts Remboursements d'emprunts		
Flux net de trésorerie liés aux opérations de financement (C)		
Variation de trésorerie (A + B + C)		
Trésorerie d'ouverture Trésorerie de clôture		

En résumé

Le tableau des flux de trésorerie nette est un état financier qui montre les entrées et les sorties de flux monétaires sur une période.

Il présente les variations du bilan et du compte de résultat qui affectent la trésorerie en les regroupant en opérations liées à l'activité, à l'investissement et au financement.

Il est utile pour déterminer la solvabilité à court terme d'une entreprise, dont sa capacité à honorer ses paiements.

Insight

The cash flow statement is a financial report that shows incoming and outgoing money during a particular period.

It shows how changes in balance sheet and income accounts affect cash and cash equivalent and break the analysis down according to operating, investing and financing activities.

It is useful in determining the short-term viability of a company, particularly its ability to pay bills.

Pourquoi l'utiliser ?

Objectif

De nombreux mouvements de trésorerie n'apparaissent pas sur le compte de résultat. Le tableau des flux suit la circulation des capitaux dans l'entreprise. Il fournit une information sur la capacité de l'entreprise à générer de la trésorerie et les besoins d'utilisation de cette trésorerie.

Contexte

Le tableau des flux de trésorerie nette retrace les flux de trésorerie qui ont traversé l'entreprise au cours de l'exercice. Il donne une vision dynamique de l'évolution du patrimoine au cours de l'exercice en retraçant les flux qui ont permis de passer du bilan de l'année N à celui de l'année N +1. Cette information est appréciée des analystes financiers car elle élimine les incidences de traitements comptables différents pour une même opération et renforce la comparabilité entre différents groupes.

Cet état s'impose aux entreprises qui doivent appliquer les normes IAS – IFRS.

• Pour identifier les flux de trésorerie, on classe les mouvements entre deux bilans entre « ressources » et « emplois ». Les ressources correspondent aux augmentations du passif et aux diminutions des emplois. Les emplois renvoient aux diminutions du passif et aux augmentations des actifs.

Méthodologie et conseils

Les pseudo-flux qui résultent d'une écriture comptable et non d'un flux financier doivent être éliminés. Cela concerne par exemple les opérations de réévaluation d'actif, avec, en contrepartie, l'apparition de réserves au passif.

Le groupe peut utiliser deux méthodes de présentation :

• **méthode directe** recommandée par l'IASB (International accounting standards board) : entrées et sorties de trésorerie par natures ;

• **méthode indirecte**, la plus utilisée : résultat ajusté des transactions sans effet sur la trésorerie, des régularisations, des éléments liés aux investissements ou aux financements. ■

Comment l'utiliser ?

Étapes

• La réglementation impose la présentation des flux en trois catégories qui représentent les trois activités de l'entreprise : activités opérationnelles, activités d'investissement, activités de financement.

• Cette décomposition permet d'aboutir à l'explication de la variation de la trésorerie entre le début et la fin de l'exercice :

Variation de trésorerie	Flux nets de trésorerie générés par l'activité	Flux nets de trésorerie liés aux opérations d'investissement	Flux nets de trésorerie liés aux opérations de financement
Variation de trésorerie	Trésorerie à la clôture	Trésorerie à l'ouverture	

Avantages

✔ Les flux de trésorerie sont souvent utilisés à titre historique ou prévisionnel pour déterminer la valeur d'actifs ou de passifs, ou la valeur d'une entreprise.

Précautions à prendre

✔ Les emprunts bancaires sont considérés comme des financements ; les découverts bancaires et les placements de trésorerie sont assimilés à de la trésorerie.

Outil 4 L'état de variation des capitaux propres

Modèle de présentation d'un état

Keuros	*Notes*	*Capital*	*Prime d'émission*	*Réserve de réévaluation*	*Réserves de conversion*	*Résultat non distribué*	*Total*
Solde au 1.1.200X							
Variations liées aux ajustements de juste valeur : Immobilisation Instrument financier Instrument de couverture Différences de conversion Total profits et pertes non comptabilisés au compte de résultat Effets des changements de méthode comptables et corrections d'erreur Résultat de l'exercice Dividendes Augmentation de capital Rachat d'actions propres							
Solde au 31.12.200X							

En résumé

L'état de variations des capitaux propres explique les modifications des capitaux propres d'une société au cours d'un exercice.

Il répartit les changements dans les comptes entre les pertes et profits liés à l'exploitation, le paiement des dividendes, les autres causes entraînant des augmentations ou réductions de capitaux propres.

Insight

*The **statement of retained earning** explains the changes in company's retained earnings over the reporting period.*

It breaks changes affecting the account, such as profits or losses from operations, dividends paid, and any other items charged or credited to retained earnings.

Pourquoi l'utiliser ?

Objectif

Les variations des capitaux propres d'ouverture et de clôture doivent être expliquées, en détaillant la part du groupe et la part des intérêts minoritaires. Les variations du montant des capitaux propres résultent de délibérations d'une assemblée générale, hormis les variations suivantes :

- incidence des changements de méthodes comptables et corrections d'erreurs ;
- constitution et reprise de provisions réglementées ;
- enregistrement de subventions d'investissement et des écarts de réévaluation des bilans.

Contexte

En principe, toutes les variations de capitaux propres doivent transiter par le compte de résultat, à l'exception des changements de méthodes comptables et de certaines corrections d'erreurs, des apports reçus ou des répartitions de capitaux propres, des écarts de réévaluation, des mouvements affectant les comptes de provisions réglementées et subventions d'investissement, de l'imputation des frais d'augmentation de capital sur la prime afférente à l'augmentation.
Selon le référentiel IFRS, certains éléments de produits et charges doivent être comptabilisés directement en capitaux propres, sans transiter par le compte de résultat.

Cet état s'impose aux entreprises qui doivent appliquer les normes IAS-IFRS.

Comment l'utiliser ?

Étapes

Les variations des capitaux propres part du groupe se décomposent en deux catégories :

- celles résultant des transactions avec les actionnaires de la société consolidante ;
- celles générées par le résultat de l'exercice et les variations de valeur des actifs et passifs enregistrés directement dans les capitaux propres.

La variation des intérêts minoritaires peut également provenir de variations spécifiques résultant de l'affectation du résultat d'une entité consolidée, de variation de périmètre de sociétés intégrées globalement.

Méthodologie et conseils

Les informations minimales à présenter sont les suivantes :

- le résultat net de l'exercice ;
- les produits et charges comptabilisés dans les fonds propres ;
- les transactions en capital avec les actionnaires et les distributions ;
- le solde des résultats cumulés non distribués.
- les effets des changements de méthodes comptables.

Ainsi qu'un rapprochement entre valeur en début et fin d'exercice de chaque catégorie : capital, prime et réserves, en indiquant chaque élément de variation. ■

Avantages

✔ C'est un document synthétique pour apprécier l'augmentation ou la diminution de la valeur du groupe en deux clôtures.

Précautions à prendre

✔ Les intérêts minoritaires existent lorsque le périmètre de consolidation comprend des entités consolidées par intégration globale que le groupe ne détient pas en totalité.

Outil 5 L'annexe

Composantes de l'annexe

Faits caractéristiques de l'exercice ayant des incidences comptables

Circonstances qui empêchent de comparer, d'un exercice sur l'autre, certains postes des autres états financiers : effectifs, structures, activité, évolution de la structure financière, marché des changes, événements postérieurs à la date de clôture...

Règles et méthodes comptables utilisées par l'entreprise

Modes et méthodes d'évaluation appliqués aux divers postes *Informations complémentaires* lorsque l'application d'une prescription comptable ne permet pas d'obtenir une image fidèle. Description et justification des modifications intervenues entre deux exercices en ce qui concerne la présentation des comptes annuels et les méthodes d'évaluation retenues.

Annexe

Compléments d'informations relatifs au bilan et au compte de résultat

Amortissements constatés
Immobilisations corporelles, incorporelles et financières
Dépréciations et provisions constatées
Charges à payer et produits à recevoir
État des échéances et des dettes
Évaluation de toutes les valeurs actives et passives

Engagements financiers et autres informations

Crédit-bail
Rémunération des dirigeants
Information sectorielle (IFRS)
...

En résumé

L'annexe aux états financiers se compose d'informations qui détaillent les états financiers.

Ces informations détaillées peuvent concerner des comptes du bilan et du compte de résultat, des informations sur l'environnement qui expliquent les chiffres, la description de règles de comptabilisation utilisées dans l'entreprise.

L'annexe donne une vision claire des comptes aux utilisateurs.

Insight

Notes to the financial statements are additional notes and information completing the financial statements.

They can include detailed informations on different accounts of the balance sheet and the profit and loss account, contextual informations explaining the numbers, description of the accounting rules used by the company.

The notes give a fair view of the accounts to their users.

Pourquoi l'utiliser ?

Objectif

Les états financiers, que sont le bilan et le compte de résultat, ne peuvent communiquer par eux-mêmes l'image fidèle dont ont besoin et à laquelle ont droit les utilisateurs. L'annexe est un état comportant les explications nécessaires pour une meilleure compréhension de ces états financiers. Elle fait partie intégrante des comptes annuels. Elle met en évidence tout fait pertinent, susceptible d'avoir une influence sur le jugement que les destinataires de l'information peuvent porter sur le patrimoine, la situation financière, le résultat de l'entreprise ainsi que sur les décisions qu'ils peuvent être conduits à prendre.

L'annexe regroupe des informations obligatoires quel que soit leur montant + d'autres informations nécessaires à l'obtention de l'image fidèle.

Contexte

Le contenu de l'annexe résulte de la réglementation (Code de commerce et PCG), qui sera interprétée selon le principe de l'importance significative. Elle comprend des éléments économiques, financiers, juridiques et fiscaux qui répondent aux objectifs de l'information financière.
Les normes IFRS prévoient une annexe plus étoffée que celle du PCG qui vise à :
• informer sur les méthodes d'évaluation comptables utilisées ;
• fournir et compléter l'information utile au jugement du lecteur des états financiers.
L'annexe des comptes consolidés doit être différente de celle des comptes sociaux.

Comment l'utiliser ?

Étapes

• L'annexe contient des informations obligatoires dont le nombre varie selon la taille et la forme de l'entreprise, et toutes les informations nécessaires à l'obtention de l'image fidèle du patrimoine, de la situation financière et du résultat de l'entreprise.
• Elle doit être courte, claire et donner des informations significatives. Elle comporte des mentions obligatoires (à ne fournir que si elles sont significatives pour la société concernée) et d'autres informations dites d'importance significative.
• Les éléments d'information chiffrés de l'annexe sont établis selon les mêmes principes et dans les mêmes conditions que ceux du bilan et du compte de résultat.
• Pour les grandes et moyennes entreprises, la meilleure présentation consiste à suivre les informations selon l'ordre du bilan et du compte de résultat, en privilégiant le caractère significatif. Les petites entreprises peuvent se contenter d'un système abrégé.

Méthodologie et conseils

Le système abrégé pour l'annexe s'applique pour les entreprises qui répondent aux critères suivants :
• total de l'actif net du bilan : 267 000 € ;
• chiffre d'affaires HT : 7 300 000 € ;
• salariés permanents : 50.
Il est possible de présenter le bilan et le compte de résultat selon le système de base et l'annexe selon le système abrégé. ■

Avantages

✔ L'annexe permet de communiquer l'image fidèle dont ont besoin et à laquelle ont droit les utilisateurs pour prendre des décisions d'affectation de leurs ressources financières.

Précautions à prendre

✔ Certaines des informations requises peuvent parfois être difficilement compatibles avec le secret des affaires.

Outil 6 Le processus de consolidation

Présentation des comptes consolidés

Définition du périmètre

Déterminer les entreprises sur lesquelles la société mère exerce un contrôle exclusif, conjoint ou une influence notable.

Retraitements d'homogénéisation

Ces écritures comptables permettent de passer des comptes sociaux établis selon les règles locales aux comptes consolidés selon les normes IAS/IFRS.

Élimination des opérations internes au groupe

Afin de donner une image fidèle de la situation financière du groupe, on ne retient que les opérations réalisées avec des tiers extérieurs au groupe.

Processus de consolidation

Impôts différés

Les différences temporaires entre résultat fiscal et résultat consolidé (retraitements d'amortissements, élimination des marges sur stock…).

Conversion des comptes en devises

Les comptes des entreprises établis en monnaie étrangère seront convertis. Une rubrique *écart de conversion* apparaîtra dans les capitaux propres.

Opérations de consolidation

Trois méthodes possibles :
- intégration globale
- intégration proportionnelle
- mise en équivalence.

En résumé

Le processus de consolidation consiste pour la maison mère d'un groupe à produire des états financiers consolidés incluant toutes ses filiales.

Lors de la préparation des états consolidés, les opérations réalisées au sien du groupe doivent être éliminées.

Insight

The consolidated financial process consists for a parent company of a group in producing consolidated financial statements including all of its subsidiaries.

In preparing consolidated financial statements, transactions with other group members are eliminated.

Pourquoi l'utiliser ?

Objectif

Les comptes consolidés fournissent au lecteur extérieur une vision plus économique de l'activité, du patrimoine et du résultat d'un ensemble d'entités détenues par une entreprise consolidante.

Contexte

Les analystes utilisent les comptes consolidés et procèdent à des analyses par branche d'activité ou par filiales afin de prévoir les évolutions des différentes composantes d'un groupe.

Les principes de consolidation des normes IFRS s'imposent aux groupes cotés et aux entités faisant publiquement appel à l'épargne.

Comment l'utiliser ?

Étapes

Intégration globale	Intégration proportionnelle	Mise en équivalence
Les comptes de l'entreprise consolidante intègrent la totalité du bilan et du compte de résultat de la filiale. Les capitaux propres et le résultat de la filiale intégrée sont répartis entre les intérêts de l'entreprise consolidante et ceux des minoritaires. Les titres de la filiale au bilan consolidé sont éliminés.	Les comptes de l'entreprise consolidante intègrent la quote-part des actifs et dettes correspondant au % d'intérêts détenus par la société consolidante dans la filiale. Les titres de la filiale au bilan consolidé sont éliminés.	Au bilan consolidé est substituée la valeur des titres de la filiale, la quote-part des capitaux propres correspondant à ces titres. Le compte de résultat consolidé reprend la quote-part de résultat revenant au groupe sur une ligne spécifique.

• Le principe est l'intégration de toutes les entités, étrangères et nationales, sur lesquelles le groupe exerce un contrôle, un contrôle conjoint ou une influence notable. Il s'agit de présenter un ensemble d'entités comme si elles n'en constituaient qu'une. Chaque méthode est précédée d'une phase d'homogénéisation des comptes des filiales (voir tableau).

• On distinguera ce qui revient aux actionnaires de la société mère de ce qui appartient aux seuls minoritaires. On parle ainsi de résultat ou de fonds propres consolidés part du groupe.

Méthodologie et conseils

Selon les modes d'organisation du groupe, on peut retrouver deux grands schémas d'organisation :

• le service consolidation conserve la maîtrise totale du processus de consolidation et utilise des données sociales de chaque entreprise consolidée ;

• un ensemble de travaux préparatoires est délégué à chaque entreprise consolidée pour réduire la durée des travaux de consolidation.

Les variations de périmètre altèrent la comparabilité et l'analyse des comptes entre deux exercices. De ce fait, un groupe doit indiquer en annexe les circonstances qui empêchent la comparabilité. Le groupe peut également présenter des comptes *pro forma* qui présentent les comptes de l'exercice clos et ceux de l'exercice précédent selon le même périmètre. ■

Avantages

✔ Les comptes consolidés s'affranchissent des règles juridiques (séparation des patrimoines) et fiscales sur lesquelles reposent les comptes individuels pour mettre en avant une vision purement économique.

Précautions à prendre

✔ En cas de date de clôture décalée, lorsque le décalage est supérieur à trois mois avec la date d'arrêté de la maison mère, il est nécessaire d'avoir des comptes intermédiaires.

Outil 7 La méthode du coût complet

Allocation des coûts par les centres d'analyse

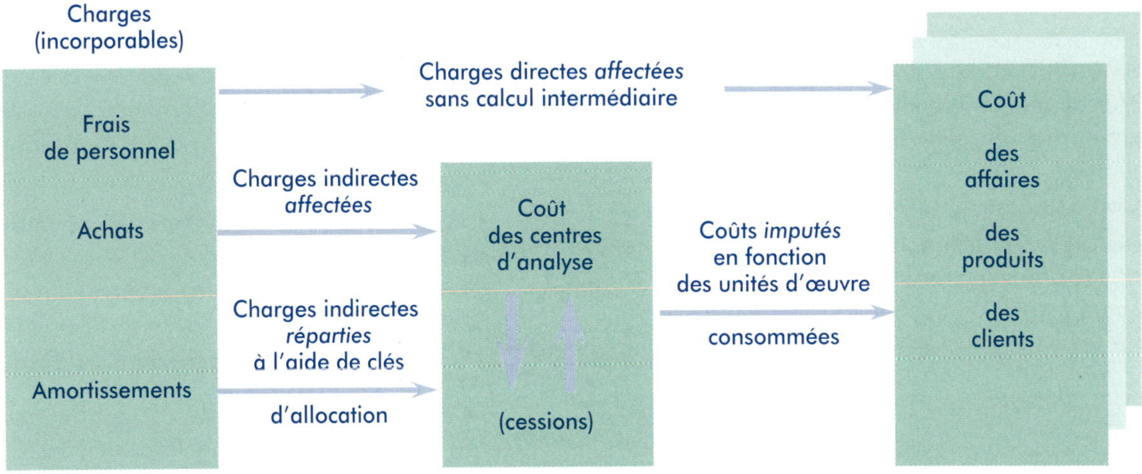

La méthode de valorisation du coût de revient complet d'un objet de coût distingue l'affectation des charges directes et indirectes.

Une partie des charges et des produits peut être imputée sans hésitation à une production spécifique ; ce sont les **charges directes**. Exemple : dans une société d'HLM, le salaire du gardien peut être directement imputé à chaque ensemble locatif, de même que les consommations de fuel. La plupart des produits d'exploitation sont directs (loyers perçus).

Les autres charges concernent simultanément plusieurs productions ; ce sont les **charges indirectes**. Exemple : les frais de personnel des services administratifs et techniques (entretien) qui interviennent au profit de plusieurs ensembles locatifs sont des charges indirectes.

En résumé

Cette méthode du coût de revient complet distingue les coûts directs et indirects.

Les coûts directs sont des coûts affectables sans ambiguïté à un objet de coût.

Les coûts indirects n'étant pas affectables sans ambiguïté, ils doivent être répartis sur les objets de coût au moyen d'une clé de répartition.

Insight

This method in full costing is based on concepts of direct and indirect costs.

Direct costs are costs than can be associated 100 % with a particular cost object.

Indirect costs can not be associated totally with a particular cost object ; they will be shared out with a key of allocation.

Pourquoi l'utiliser ?

Objectif

Les dirigeants veulent connaître les zones de performance et de non-performance dans leurs activités, et notamment apprécier quelles sont les marges réalisées par famille de produits, de clients… Pour répondre à ce besoin, le contrôleur de gestion ou le responsable comptable doit savoir comment répartir les charges sur les affaires, les produits ou les prestations vendues, et les clients.

Partir de la production, et chercher à comparer, pour chaque production, les charges et les produits.

Contexte

Cette méthode est adaptée :

- à un contexte économique de production pour identifier les gains de production dans les entreprises très mécanisées ;
- à un univers stable car le coût complet est une moyenne calculée sur les périodes passées ;
- aux industries travaillant en série, ayant des produits standards ;
- pour les entreprises travaillant sur commandes à condition d'utiliser des données prévisionnelles dans les devis.

En revanche, elle est inadaptée :

- à une économie concurrentielle et à un marché segmenté pour fixer les politiques de prix de vente ;
- à une complexité croissante des produits, des cycles et aux concentrations industrielles qui augmentent les frais généraux répartis avec des clefs qui peuvent être arbitraires ;
- à la complexité du contrôle des écarts nécessitant la décomposition des coûts fixes et variables.

Comment l'utiliser ?

Étapes

- Les charges indirectes par rapport à une production sont souvent directes par rapport à une activité (quittancement, entretien, comptabilité, règlement…) ; la comptabilité analytique va diviser l'entreprise en centres d'activité appelés sections et affecter ces charges indirectes aux sections concernées. Une section est un centre caractérisé par une activité homogène (essentiel), une localisation (facultatif) et un responsable (recommandé).
- Le coût de chacune des sections est réparti sur les différents produits, en ramenant l'activité de la section à une unité de mesure, appelée unité d'œuvre. On calcule le coût de l'unité d'œuvre (heures, km, pièces…) en divisant le coût total de la section par le nombre d'unités d'œuvre. L'unité d'œuvre doit être aussi simple que possible et permettre la mesure du travail fourni et son imputation au produit. Celle-ci est faite en fonction de la consommation (mesurée ou estimée) de chaque produit en unités d'œuvre.

Méthodologie et conseils

Si certaines sections participent directement à la production, d'autres, comme la comptabilité générale, la trésorerie ne contribuent pas à la réalisation de la production. Il est possible d'utiliser le chiffre d'affaires pour répartir leur coût sur le produit, mais cette méthode est peu satisfaisante. On y aura donc recours de façon limitée.

Avantages

✔ Cette méthode donne une première approximation du prix de vente qui sera ensuite confrontée au marché et à la concurrence.

Précautions à prendre

✔ Cette méthode est basée sur une collecte et un traitement des données nécessitant des opérations longues.

✔ Il y aura lieu de faire attention à la notion d'activité homogène dans les sections, et à la pertinence des unités d'œuvre.

• • •

Comment être plus efficace

Sections analytiques

On doit distinguer deux types de sections :

- les sections principales qui participent directement au processus de production. Leur coût est réparti sur les produits au prorata du nombre d'unités d'œuvre « consommées » ;
- les sections auxiliaires qui sont des prestataires de service travaillant pour les autres sections de l'entreprise. Leurs coûts sont déversés sur les sections principales au prorata du nombre d'unités d'œuvre consommées par celles-ci ou au moyen d'une clé de répartition (exemple, l'effectif pour l'administration du personnel).

Charges incorporables et non incorporables

La comptabilité analytique analyse les charges d'exploitation uniquement ; les charges d'investissement sont exclues. Il en est de même pour les produits d'exploitation.

La comptabilité analytique ne subit pas les contraintes de la comptabilité générale. Il est donc possible d'opérer un tri entre :

- les charges de comptabilité générale qu'on souhaite incorporer à la comptabilité analytique ; ce sont les charges incorporables, elles peuvent l'être parfois pour un montant différent. Les charges seront dites **calculées** ;
- les charges de comptabilité générale qui ne nous intéressent pas en comptabilité analytique ; ce sont les charges **non incorporables** ;
- les charges qui ne sont pas prises en compte en comptabilité générale, mais qu'on souhaite voir figurer en comptabilité analytique ; ce sont les charges **supplétives**.

Imputation rationnelle

Le coût de revient complet incorpore dans les coûts la totalité des frais fixes. Ainsi, dans le cas d'une augmentation de la production, le coût unitaire diminue car les frais fixes se répartissent sur un plus grand nombre d'articles. L'incidence des charges sur les coûts varie suivant le niveau d'activité de l'entreprise. Il est donc possible de mettre en place un dispositif de régulation qui est la méthode de l'imputation rationnelle.

Cette méthode consiste à incorporer dans les coûts la totalité des charges proportionnelles et la part des charges fixes calculées par rapport à un niveau potentiel d'activité préalablement défini comme normal (N). Le montant des charges fixes retenu sera : (niveau réel d'activité/niveau normal d'activité). La partie des charges fixes non imputée représente le coût de la sous-activité ou de la suractivité dans le compte de résultat.

L'activité normale est fixée par centre de responsabilité, mais à partir du niveau d'activité global prévu dans l'entreprise. Elle peut représenter 75 à 85 % de la capacité de production théorique.

Cette méthode fait intervenir des éléments prévisionnels (N) et, de ce fait, constitue déjà un coût préétabli ou standard.

La collecte et le traitement des données nécessitent des opérations longues inadaptées pour des prévisions rapides et fréquentes.

Exemple de **Calcul du coût de revient complet de pots de confiture**

• Coût de production de pots de confitures

		15 200 pots de mûres		12 400 pots de framboises	
Consommations :	fruits	15 000 kg 0,95 €	14 250 €	13 400 kg 0,62 €	8 308 €
	sucre	7 600 kg 0,52 €	3 952 €	6 900 kg 0,52 €	3 582 €
	pots	15 340 kg 0,05 €	767 €	13 070 kg 0,05 €	654 €
Centre préparation : 1 240 €		1 240 € (15 000 kg/28 400 kg)	655 €	1 240 € – 655 €	585 €
Centre cuisson : 5 114 €		5 114 € (165 heures/287 heures)	2 940 €	5 114 € – 2 940 €	2 174 €
Centre conditionnement* : 12 430 €		12 430 € (15 200 pots/ 65 400 pots)	2 889 €	12 430 € (12 400 pots/ 65 400 pots)	2 357 €
Centre étiquetage : 3 312 €		0,12 € 15 200 pots	1 824 €	0,12 € 12 400 pots	1 488 €
Coût enlèvement des déchets : 575 €		575 € (3 750 pots/6 430 pots)	335 €	575 € – 335 €	240 €
Coût de production des boîtes étiquetées			**27 612 €** **1,82 €/pot**		**19 388 €** **1,56 €/pot**

* Ce centre est également utilisé pour conditionner d'autres produits

• Coût complet des pots de confitures vendus

	15 000 Pots de mûres		13 000 Pots de framboises	
Coût de production des boîtes vendues	1,82 € 15 000 pots	27 300 €	1,56 € 13 000 pots	20 280 €
Centre distribution	0,14 € 15 000 pots	2 077 €	0,14 € 13 000 pots	1 800 €
Centre administratif et autres frais à couvrir (**)	14 280 € 27 900 € 85 375 €	4 667 €	14 280 € 20 410 € 85 375 €	3 414 €
Coût de revient des produits vendus		34 044 € 2,27 €/pot		25 494 € 1,96 €/pot

** Ce centre est également réparti sur les autres produits de l'entreprise

• Commentaire

Le coût de revient complet se construit au fur et à mesure de l'avancement du produit. Les unités d'œuvre utilisées pour répartir les coûts des sections analytiques sont : nombre de kilos de fruits préparés, temps de cuisson, nombre de pots conditionnés et étiquetés, nombre de pots vendus. Le centre administratif, sans unité d'œuvre, est réparti au prorata d'une clé globale (coût de production + coût de distribution). ■

La méthode du coût partiel

Tableau des marges en coûts partiels

La méthode de valorisation du coût de revient partiel d'un objet de coût distingue l'affectation des charges variables et fixes.

	Produit A	Produit B	Famille 1	Famille 2	Total
Chiffre d'affaires	X	X	X	X	X
Charges variables production	X	X	X	X	X
Marge/coûts variables production	X	X	X	X	X
Charges variables distribution	X	X	X	X	X
Marge/coûts variables	**X**	**X**	**X**	**X**	**X**
Coûts fixes spécifiques			X	X	X
Marge/coûts fixes spécifiques ou de contribution			X	X	X
Coûts fixes globaux communs					X
Marge nette					**X**

En résumé

La méthode du coût partiel utilise les coûts variables et les coûts fixes. Les coûts variables sont des charges qui évoluent proportionnellement à une l'activité. À l'inverse, les coûts fixes évoluent par paliers.

Tous les coûts variables ne sont pas directs ; par exemple, les frais généraux de production sont des coûts variables qui ne sont pas directs, mais indirects.

Insight

The direct costing method uses variable and fixed costs. Variable costs are expenses that change in proportion to the activity of a business. On the contrary, fixed costs change by level.

Not all variable costs are direct costs ; for example, manufacturing overhead costs are variable costs that are not a direct costs, but indirect costs.

Pourquoi l'utiliser ?

Objectif

La méthode du coût partiel met en évidence les marges de contribution qui sont les indicateurs privilégiés d'une politique de vente et le moyen de suivre la relation « volume-coût-profit-structure »

Contexte

Cette méthode permet d'apprécier rapidement les incidences d'une variation de prix de vente, d'une variation des cadences, d'une variation des facteurs de production, d'une variation des charges fixes.

La méthode en coût partiel ne cherche pas à répartir les coûts communs sur les objets de coûts ; on raisonne en marge de contribution.

Comment l'utiliser ?

Étapes

• Identifier les coûts variables et fixes : On appelle frais fixes les frais indépendants de l'activité de l'entreprise (loyer, amortissement). On appelle frais variables les frais qui varient dans le même sens que l'activité de l'entreprise (salaire à la pièce, essence consommée). Dans la réalité de l'entreprise, ces concepts sont flexibles. Il est courant de dire que les coûts fixes évoluent par paliers. Un coût variable unitaire peut changer suite à une revalorisation des salaires. De même, un coût fixe peut globalement être modifié lors d'une augmentation importante de volume nécessitant l'embauche d'un comptable pour traiter l'accroissement du nombre de factures.

• Calculer les marges de contribution par objet de coût : marge sur coûts variables et marge sur coûts fixes directs.

La marge sur coûts variables indique la performance des activités ou des produits. Si elle se révèle négative, on envisagera sérieusement d'abandonner l'activité ou le produit, en dehors de toutes autres considérations (stratégique, commerciale, sociale...).

La marge sur coûts fixes directs est un très bon indicateur en cas d'obligation d'arbitrage entre exécuter une activité en interne ou la donner en sous-traitance.

Méthodologie et conseils

La séparation des frais en fixes et variables doit être utilisée avec la plus grande prudence puisque les frais changent de nature suivant :

• le critère choisi pour la séparation ;
• la nature des variations d'activité (quantité et qualité de ces variations) ;
• le domaine d'application de ces notions.

D'une façon arbitraire, nous distinguons quatre critères différents entre fixes et variables :

• constatation globale de faits passés ;
• étude analytique de conditions normales de variations ;
• caractère plus ou moins automatique de ces variations ;
• niveau de responsabilité ayant à décider de la variation.

Avantages

✔ L'information est rapide à obtenir et à communiquer.

✔ Cette méthode permet d'apprécier rapidement les incidences d'une variation de prix de vente, des cadences, des facteurs de production, des charges fixes.

✔ Elle permet aussi d'accepter des commandes que le coût complet rejetterait en fonction des conditions de la concurrence.

Précautions à prendre

✔ Cette méthode ne peut être utilisée pour valoriser les stocks au bilan.

✔ Elle facilite le transfert de charges de l'activité vers les charges fixes non imputables sur l'activité en question.

✔ La frontière entre charges variables et fixes est floue ; elle dépend de choix de politique générale en terme d'investissement.

• • • ▶

Comment être plus efficace

Impact des variations d'activité

On distingue principalement deux natures dans la variation d'activité.

Une variation qualifiée d'homothétique, en ce sens que le volume produit varie, mais sans modification de la proportion des différents articles composants l'activité. Dans ce cas, les frais fixes ne sont pas les mêmes selon l'ampleur de cette variation. Une telle étude faite pour des variations d'activité de plus ou moins 20 % fera apparaître comme fixes des frais susceptibles de diminuer de moitié ou même de disparaître en cas de réduction de l'ordre de 50 %. Donc, lorsque l'on parle de variation homothétique, il convient d'ajouter pour quel ordre de grandeur de cette variation l'étude reste valable.

Dans certains cas, l'activité peut non seulement varier en volume mais également en structure. Les raisonnements précédents ne peuvent plus s'appliquer, notamment en cas :

- d'une variation de structure de l'activité pouvant conduire à un déséquilibre qui, à chiffre d'affaires égal, implique un emploi moins efficace des moyens de production, et donc des frais accrus ;
- d'un accroissement d'activité par une augmentation de la diversité des articles produits susceptible d'entraîner un accroissement des frais fixes hors de proportion avec l'augmentation d'activité escomptée ; il peut alors en résulter une baisse de rentabilité.

Cette analyse délicate ne doit pas cacher l'importance des variations des frais fixes en fonction de la diversification de la production.

Analyse marginale

L'analyse marginale consiste à évaluer un supplément de gain ou de perte par rapport à un supplément (ou une diminution) d'investissement ou de dépense. On distinguera :

- le **coût marginal :** supplément financier qu'on se propose d'allouer au développement d'un plan d'action. Il peut comprendre des charges variables, des charges fixes ou les deux ;
- la **recette marginale :** produit supplémentaire qu'on espère retirer du coût marginal engagé. Il s'agit d'une diminution d'un autre coût ;
- le **résultat marginal** ou la **contribution marginale :** différence entre recette et coût marginal. Tant que cet écart est positif, il est intéressant de poursuivre et de développer le plan d'action.

L'analyse marginale est communément sollicitée pour :

- choisir de **confier à la sous-traitance** ou **faire soi-même un surcroît d'activité**. On ne compare pas le coût du sous-traitant au coût de revient interne, mais au coût supplémentaire pour faire les quantités concernées,
- **changer de structure** est intéressant dès lors que la contribution marginale qu'on peut en attendre est positive,
- **conserver ou abandonner un produit** : on prend en compte la réduction des coûts fixes ou un autre usage possible des capacités libérées ;
- **valoriser un sous-produit** (voire un déchet) : on ne considère que le coût de la valorisation comparé au prix (ou au supplément de prix) qu'on peut en retirer.

Méthode à utiliser pour décider de :
- abandonner un produit ;
- pousser des produits concurrents dans une gamme ;
- évaluer le prix marginal ;
- évaluer le seuil de rentabilité ;
- faire ou faire faire.

Exemple d'**Analyse des marges dans un complexe de loisirs**

Il ne suffit pas que la contribution de chaque produit soit positive, il importe d'éponger les frais fixes en totalité par la somme des contributions ; il faut donc observer l'ensemble de la gamme.

En K€	Cinéma	Restaurant	Stand	Bowling	Librairie	Total
CA ht	3 000	700	300	1 500	500	6 000
Unités produites (en milliers)	15 000	35	200	75	20	
	CA recettes	Repas	Consom.	Entrées	Articles vendus	
Coûts variables	1 800	720	100	320	250	3 190
Marge sur coûts variables	1 200	– 20	200	1 180	250	2 810
Coûts fixes	650	20	50	580	260	1 560
Marge sur coûts directs	550	– 40	150	600	– 10	1 250
Frais généraux						1 200
Résultat net						50

Marge sur coût variable négative
= **abandon de l'activité**

Marge sur coût direct négative
= **utiliser les leviers**

On relève cinq leviers pour améliorer la performance :

– augmenter les ventes ;

– augmenter les prix de ventes ;

– améliorer le mix produits vendus ;

– réduire les coûts variables ;

– réduire les coûts fixes. ■

Outil 9 L'activity based costing (ABC)

La méthode ABC

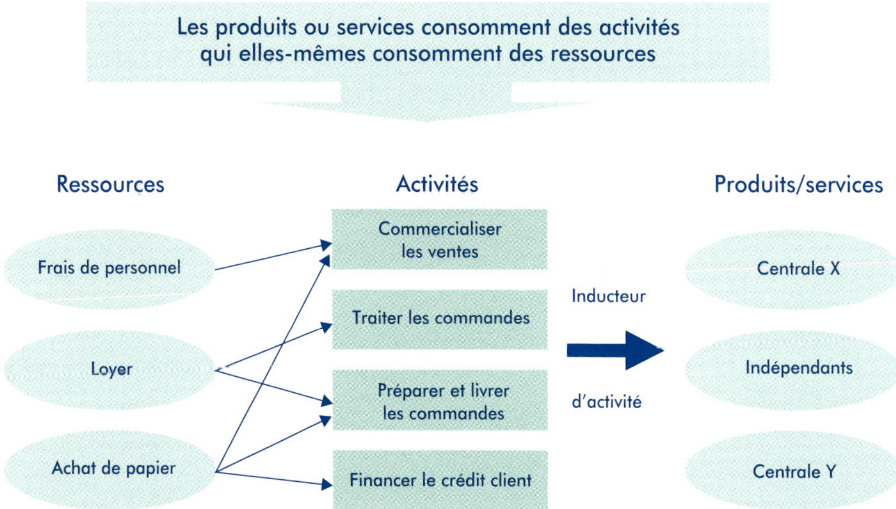

Le compte de résultat ABC détaillera le coût des activités

Inducteur d'activité	Coût unitaire	Consommation centrale d'achat X	Consommation indépendant Y
Visite client	90	15	25
Commande	15	60	120
Ligne de facture	11	251	482
Délai de paiement	8,3	84 j	125 j

	Centrale X	Indépendant Y
Chiffre d'affaires brut	60 000	60 000
Chiffre d'affaires net	51 000	54 000
Coût de production	40 000	40 000
Marge contributive	**11 000**	**14000**
Activités de commercialisation		
Commercialiser les ventes	1 350	2 250
Traiter les commandes	90	1 800
Préparer et livrer les commandes	2 761	5 302
Financer le crédit clients	70	1 040
Total activités consommées	**5 711**	**10 392**
Marge par client	**5 289**	**3 608**
en %	**9**	**6**

En résumé

ABC est une méthode en coût complet.

Les coûts indirects ne sont pas générés à l'identique par tous les produits, et cela nécessite le recours à différents inducteurs.

Certains frais généraux sont difficilement affectables à des produits et des clients parce qu'il n'existe pas de méthode pertinente.

Insight

ABC is a full costing method.

Indirect costs are not caused equally by all products, and this is to be recognised by using different broad « on costs » percentages. Some overhead costs are difficult to assign to products and customers because there is no meaningful method.

Pourquoi l'utiliser ?

Objectif

La méthode ABC permet de calculer des coûts complets en traitant les charges indirectes, non plus dans une logique de répartition, mais dans une logique de consommation. Les objets de coûts (produit, canal, client) consomment des activités (faire un devis, recruter, réaliser un mailing) ; ces activités consomment des ressources (humaines, techniques) qui ont un coût.

Le lien de causalité entre l'objet de coût et la ressource est ainsi établi par le biais de l'activité.

Contexte

Cette méthode reflète mieux les processus complexes : petites séries, lancement à la demande, produit « sur mesure », en différenciant leurs coûts. Elle est adaptée pour des entreprises ayant beaucoup de frais généraux (> 20%).

Comment l'utiliser ?

Étapes

La mise en œuvre d'une comptabilité analytique ABC se déroule selon un mode projet.

• Après avoir réalisé un diagnostic du système actuel de comptabilité analytique, l'équipe projet définit le calendrier de mise en place, et le champ d'analyse :

– type de frais généraux : production, commerciaux, administratifs... ;

– axes d'analyse retenus : produits, clients, processus...

• Les activités au sein des services support, ainsi que les ressources utilisées par ces activités, sont identifiées par interviews auprès des responsables de services. Le coût des activités est calculé en allouant les ressources au travers des inducteurs de ressources (comme le temps passé par activité pour les salaires).

• La définition et collecte des inducteurs d'activité (facteur explicatif de consommation d'une activité par un objet de coût) permet le calcul des coûts de revient par étapes successives :

– inventaire des inducteurs pertinents, assurant la traçabilité et faisant varier le volume de l'activité ;

– relevé des inducteurs consommés par les axes d'analyse ;

– calcul du coût unitaire des inducteurs ;

– imputation du coût des activités aux axes d'analyse.

• La rentabilité des produits sera calculée selon le principe de la marge à l'avancement.

Méthodologie et conseils

La mise en place du modèle ABC donne accès à des données qui vont permettre de réaliser des analyses de productivité et de décider de plans de réduction des frais fixes : suppression d'activités facultatives, substitution entre ressources, création de nouvelles activités. C'est ce qu'on appelle ABM : *activity based management.*

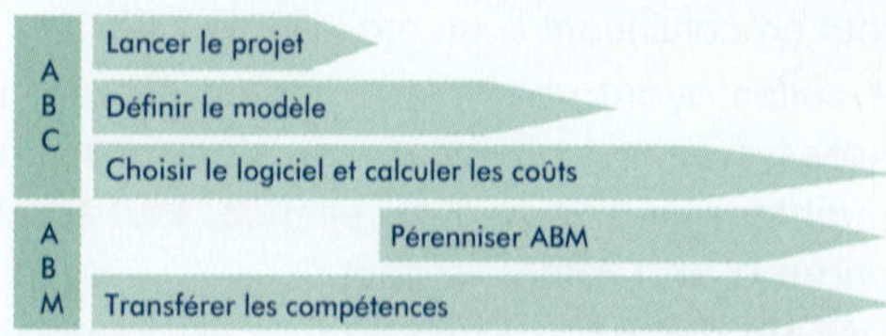

Il est recommandé de prévoir deux modèles : un modèle peu détaillé pour calculer les coûts de revient des objets de coûts, et un modèle détaillé pour analyser et améliorer les performances des activités et des processus.

Avantages

✔ La démultiplication des activités permet de retrouver des centres d'analyse homogènes.

✔ La méthode met en exergue les relations clients-fournisseurs internes dont la finalité est de servir au mieux le client final.

✔ Elle permet de directifier les coûts indirects sur les produits au travers des activités.

Précautions à prendre

✔ Cette méthode est lourde, puisqu'axée sur des unités d'œuvre : risque d'*usine à gaz.*

✔ On court le risque d'une mauvaise interprétation des résultats affichés en raison d'une insuffisante compréhension des lois de variations des coûts.

Comment être plus efficace

Activity based management (ABM)

La connaissance des coûts obtenus avec la mise en place de la méthode ABC permet de mieux comprendre les causes des coûts afin de les réduire avec intelligence.

Les activités sont analysées au travers de deux spectres : leur coût et leur valeur créée pour le client. On classe les activités en quatre groupes :

- celles ayant une valeur perçue faible, mais réalisées à moindre coût ;
- celles ayant une valeur perçue faible, mais réalisées à coût élevé : il est recommandé de les supprimer, ou au moins de diminuer les volumes d'inducteurs de ressources et d'activités ;
- celles ayant une valeur perçue élevée, réalisée avec un coût faible : ces activités sont à maintenir tout en continuant à en maîtriser le coût ;
- celles ayant une valeur perçue élevée, réalisées avec un coût élevé : on s'attachera à en maintenir le niveau d'excellence, tout en cherchant à en réduire le coût.

Le coût des activités en interne est comparé à celui des mêmes activités réalisées ailleurs. On recherche la référence :

- à l'intérieur de l'entité (autres services, autres processus comparables). L'intérêt est la facilité relative du recueil de l'information, l'inconvénient, un univers un peu étroit pour prétendre à une diversité pleinement représentative des pratiques ;
- à l'extérieur de l'entité auprès d'entreprises spécialisées dans ces activités support. La recherche est parfaitement ciblée. Les services internes sont alors challengés et mis en concurrence.

Activity based budgeting (ABB)

L'ABB est une méthode d'élaboration budgétaire fondée sur les activités. Selon cette méthode, les responsables des services support peuvent estimer plus finement les volumes des activités qu'ils ont à réaliser, ainsi que leurs besoins en ressources pour leur service.

ABB permet aux responsables de piloter plus efficacement leurs frais de structure, en transformant les coûts fixes en coûts variables. Par exemple, le coût d'une activité d'accueil est en principe variable selon le nombre de personnes à l'accueil, la plage horaire de réception, le temps de réponse. La variabilité du coût dépend des décisions de dépenses du responsable pour se procurer de nouvelles ressources ou les maintenir. Une fois la décision prise, le niveau de ces ressources devient fixe, puisque non directement relié aux volumes vendus.

Élaborer un budget basé sur les activités consiste à faire fonctionner le modèle ABC, en utilisant la méthode de *rétro-calcul*. Le modèle est alimenté avec des volumes cibles de ventes, de production... et il calcule automatiquement les volumes d'activités et de ressources nécessaires pour chaque service afin d'atteindre les objectifs fixés (effectifs, matériel...) :

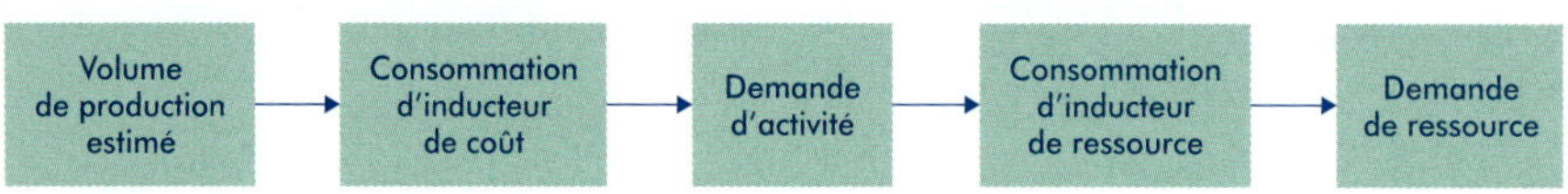

La gestion à base de causes permet de :
– mieux manager les ressources et les coûts ;
– analyser l'efficacité pour être plus compétitif ;
– analyser la sous-activité, les gaspillages ;
– obtenir des indicateurs parlants ;
– renforcer le dialogue entre les dirigeants et l'encadrement.

Exemple d'**Analyse ABM**

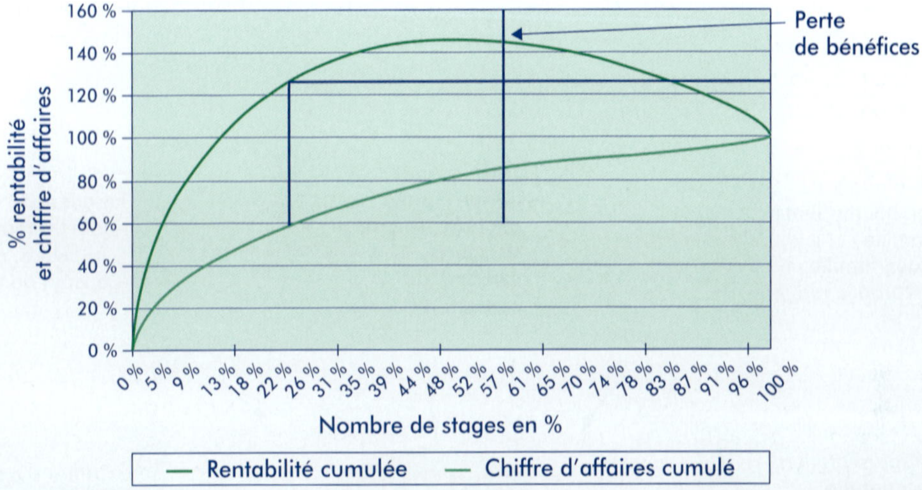

Pareto de la rentabilité produit	*Nombre*		*Rentabilité*		*Chiffre d'affaires*	
	Valeur	%	**Valeur**	%	**Valeur**	%
Stages représentant **80 %** de la rentabilité	53	8,5	4 494 084	79,3	15 435 138	33,4
Stages représentant **100 %** de la rentabilité	86	13,8	5 650 575	99,7	20 031 618	43,3
Stages à rentabilité **positive**	318	51,1	8 277 370	146,1	37 850 191	81,8
Total des stages réalisés	622	100,0	5 666 565	100,0	46 257 617	100,0
Stages à rentabilité **négative**	304	48,9	2 610 805	46,1	8 407 426	18,2

L'analyse Pareto est bien sûr applicable aux clients, aux produits/clients, aux produits/clients/canaux.

Cette analyse est très utile pour prendre des décisions stratégiques de type :

– comment rationaliser la gamme ;

– quel produit pousser à la vente ;

– comment positionner un produit ;

– quelles actions prendre pour améliorer la rentabilité ;

– quels clients (ou segments de clientèle) privilégier ;

– que faire en direction des clients non rentables ;

– quel canal de distribution privilégier… ■

Outil 10 L'indicateur

Dictionnaire des indicateurs

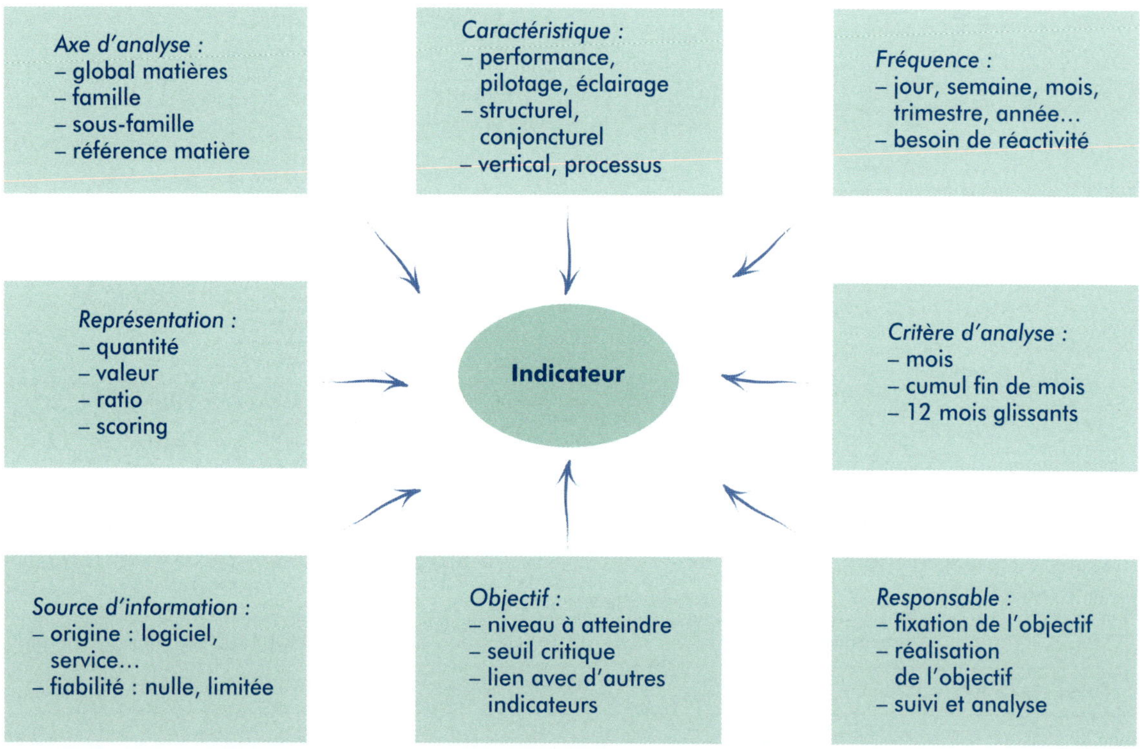

En résumé

Un indicateur doit rendre fidèlement compte d'un élément mis sous contrôle ; c'est une donnée objective qui décrit un élément d'un strict point de vue quantitatif.

Avant d'inscrire un indicateur dans un tableau de bord, il y a lieu de se poser un certain nombre de questions.

Insight

A ***key figure*** *must strictly reflect an event which is under control.*

It is an objective data which describes a quantitative element.

Before including a new key figure in a dash board, it is important to check several points.

Pourquoi l'utiliser ?

Objectif

L'indicateur est une donnée objective décrivant un phénomène du strict point de vue quantitatif. Il doit rendre fidèlement compte du phénomène mis sous contrôle.

Contexte

Un système d'indicateurs est nécessaire pour décrire les résultats. Il se doit d'être exhaustif (couvrant la totalité des axes à mesurer) et cohérent (complémentarité des indicateurs). Il se doit également d'être synthétique.

Un progrès qui n'est pas mesuré n'existe pas. Une mesure qui ne génère pas d'actions ne sert à rien.

Comment l'utiliser ?

Étapes

• **Définir la mission de l'entité, du processus** en termes de résultat à atteindre, de services rendus à l'entreprise, de contribution. Cela consiste à décrire :

- la clientèle : elle est précisée de façon à la rendre identifiable à tout le monde ;
- les produits ou les prestations : ils sont nommés par groupe, par famille, par catégorie et non par détail ;
- les modalités : elles donnent la dimension qualitative à la satisfaction de la clientèle.

• **Préciser les points clés de la mission**, c'est-à-dire les points critiques pour lesquels il est essentiel que les résultats soient conformes aux attentes des clients, et sur lesquels l'unité aura les moyens d'agir. Ils portent sur des critères de coût, de qualité ou de délai.

• **Identifier des paramètres de mesure** : un même point clé peut être mesuré de plusieurs manières (absentéisme ou grève pour le climat social). De même, traduire un point clé peut nécessiter plusieurs paramètres (nombre et coût des réclamations).

• **Formaliser l'indicateur**, c'est-à-dire les règles de calcul, les données source, la fréquence… Les critères de sélection à retenir sont :

- la compréhension de l'indicateur par les personnes ;
- la lisibilité et l'interprétation des résultats ;
- l'existence de l'indicateur dans la base de données de l'entreprise ;
- son coût d'obtention s'il n'est pas actuellement dans la base de données ;
- la fiabilité de la source des informations de base.

Méthodologie et conseils

Si l'indicateur donne une simple information, il est préférable de l'abandonner. En revanche, s'il entraîne une action de correction immédiate, il est recommandé de le garder (un état de trésorerie quotidien rassurera le DG, mais un point mensuel lui suffira pour négocier avec le banquier). Il doit être facile à mettre en œuvre, c'est-à-dire matérialisable avec les outils de mesure disponibles ou susceptibles de l'être. Son coût d'obtention doit demeurer en rapport avec le bénéfice escompté par son suivi

Un glossaire des indicateurs mentionne pour chacun des indicateurs la périodicité, le mode de calcul (données et formules), l'unité responsable, les sources et les destinataires. ■

Avantages

✔ Les indicateurs sont des données réelles mises en regard des objectifs.

✔ Ils alertent sur ce qui n'est pas en phase avec les objectifs et sur ce qui ne se déroule pas comme prévu.

Précautions à prendre

✔ Il est important de normer les indicateurs dans un dictionnaire afin d'assurer leur compréhension par tous.

✔ On s'attachera à repérer les comportements pervers suscités par l'atteinte « à tout prix » de l'objectif.

Diagnostic financier

Le diagnostic financier permet d'évaluer le modèle économique de l'entreprise et son potentiel de croissance. Il sert également à prévoir les bénéfices.

Les différents partenaires de l'entreprise y recourront pour répondre à des attentes différentes :
• les fournisseurs, pour évaluer le risque de défaillance de ses clients ;
• les clients, pour apprécier les possibilités de négociation sur les prix ou la pérennité de ses fournisseurs ;
• les concurrents, afin de comparer ses marges à celles d'autres entreprises du même secteur d'activité ;
• les analystes financiers externes, dans le but d'émettre des recommandations d'achat ou de ventes des entreprises cotées ;
• les banquiers, pour estimer la capacité de remboursement des emprunts ;
• les dirigeants, afin d'évaluer la pertinence de leur stratégie et en référer aux actionnaires.
Le diagnostic financier passe par trois grandes étapes :
• **l'analyse de l'activité** : c'est-à-dire celle du chiffre d'affaires. L'évolution du chiffre d'affaires est la première étape car elle conditionne souvent la suite du diagnostic. Une forte croissance des ventes, nécessite des investissements et des financements supplémentaires qui impacteront la profitabilité et la structure financière ;
• **l'analyse de la profitabilité** : au travers des différents niveaux de marge du compte de résultat ;
• **l'analyse de la structure financière** : en évaluant les équilibres financiers du bilan, afin d'apprécier les choix d'investissement et de financement de l'entreprise.
Le diagnostic financier est réalisé à partir des données comptables et financières publiées par les entreprises. Il cherche à apprécier les performances

Étapes du diagnostic	Outils du diagnostic
Activité	Le chiffre d'affaires
Profitabilité	Les soldes intermédiaires de gestion (SIG) L'EBITDA La rentabilité économique La rentabilité financière
Structure financière	L'équilibre financier Les ratios de liquidité Les ratios d'endettement

globales d'une entreprise ou d'un groupe. Pour un groupe, on travaillera à partir des comptes consolidés.

Les analystes financiers travaillent en tendances sur trois à quatre ans. Ceci permet de prendre du recul, de faire apparaître une tendance de fond et de mettre en exergue une année exceptionnellement bonne ou mauvaise. Ces résultats sont souvent comparés à ceux d'autres entreprises du même secteur d'activité.

Pour réaliser un bon diagnostic, il est recommandé de faire attention à certains principes :

• aucun indicateur isolé n'est satisfaisant. Il convient donc d'en connaître les limites et de le compléter par d'autres indicateurs qui le pallient ;

• un indicateur doit pouvoir être comparé sur plusieurs périodes successives (pour constater la tendance) et significatives (pour neutraliser des effets de saisonnalité) ;

• il doit être construit avec des définitions précises et stables, basées sur un seul jeu de règles comptables ;

• les indicateurs doivent être bâtis à partir des données mises à disposition des tiers, et principalement le rapport annuel ;

• un indicateur doit pouvoir être appliqué à de nombreux secteurs économiques et à des entreprises internationales ;

• un indicateur peut être impacté par des éléments inhabituels qui doivent être identifiés : variation du périmètre ou de devises, événements non-récurrents (dévalorisation d'actifs, coûts de fusions...), corrections d'erreurs ou changement de méthodes comptables ;

• un indicateur peut être présenté en valeur absolue ou en valeur relative ;

• un indicateur doit toujours faire l'objet de commentaires ; ceux-ci peuvent introduire les objectifs poursuivis par l'entreprise pour l'exercice ou pour un horizon plus large.

Dossier

Les OUTILS

Le chiffre d'affaires

Les composantes du chiffre d'affaires

Chiffre d'affaires par tête : base de comparaison entre deux sociétés de même activité. Premier niveau d'appréciation de la productivité.

Croissance équilibrée : taux de croissance qu'une entreprise est prête à soutenir avec son cash flow d'exploitation. Sa trésorerie est alors équilibrée.

Taux de croissance autofinancée : bénéfices non distribués/capitaux propres.

Normes françaises

Normes IFRS

Évolution du chiffre d'affaires :
- effet volume
- effet prix de vente
- effet de change
- variation du périmètre de consolidation.

Comptes *pro forma* : comptes d'un exercice antérieur établis en intégrant un événement survenu au cours de l'exercice en cours (variation du périmètre de consolidation ou changement de méthode comptable).

Activités abandonnées : la norme IFRS 5 impose aux groupes de fournir une information sur les activités abandonnées ou en cours d'abandon.

En résumé

L'évolution du chiffre d'affaires impactera la profitabilité et la structure financière de l'entreprise.

Cette évolution sera analysée en deux écarts : écart de prix de vente et écart de volume ; l'écart de volume sera lui-même décomposé en un écart de mix et un écart de quantité.

Insight

*The evolution of the **net sales** will impact the profitability and the financial structure of a company.*

Total sales variance comprises two variances : sales price variance and sales volume variance. Sales volume variance is further sub-divided into two variances : sales mix variance and sales quantity variance.

Pourquoi l'utiliser ?

Objectif

Mesurer la croissance d'une entreprise consiste à expliquer l'évolution de son chiffre d'affaires sur la période d'analyse. Cette évolution sur une activité sera comparée à l'évolution d'ensemble du marché de cette activité et à celle de ses principaux concurrents. L'analyse pourra être détaillée par produit.

Le chiffre d'affaires permet de mesurer la croissance réelle d'une entreprise ou d'un groupe.

Contexte

L'évolution des ventes est très regardée par les analystes financiers, qui savent en retirer un grand nombre d'enseignements. Une hausse du chiffre d'affaires est en général positivement appréciée. Elle démontre un accroissement d'activité, signe d'une bonne santé.

Comment l'utiliser ?

Étapes

- Localiser les évolutions du chiffre d'affaires par *business units*, zones géographiques, familles de produits, familles de clients…
- Expliquer les évolutions du chiffre d'affaires :
  - une croissance des ventes peut indiquer un accroissement d'activité dit effet volume. L'augmentation de volumes peut faire apparaître des économies d'échelle très intéressantes au niveau des marges ;
  - la croissance des ventes peut aussi trouver son origine dans une hausse des prix dite *effet prix*. Une bonne nouvelle si elle accroît la marge, une moins bonne si elle n'est que la répercussion d'une hausse des coûts ;
  - enfin, il sera bon de connaître le point mort.
- Pour mettre les évolutions du chiffre d'affaires en perspective, analyser la répartition des ventes entre les produits ou prestations de l'entreprise, dont les niveaux de marges sont différents. Dans le cas d'une augmentation des ventes :
  - à forte marge, on parlera d'amélioration du mix produit ;
  - provenant d'une évolution favorable des taux de change, il faudra alors analyser les chiffres à taux de change constant, les gains réalisés ayant peu de chance de se reproduire à l'identique ;
  - résultant d'un changement de structure, par cession ou acquisition d'une autre activité, il convient d'obtenir des chiffres retraités à périmètre constant qui reflètent la croissance interne de l'entreprise.

Méthodologie et conseils

L'analyse s'appuiera sur deux sources d'informations très utiles : le reporting sectoriel et le rapport de gestion.

Les auditeurs et les autorités des marchés financiers (AMF) estiment que les comptes *pro forma* deviennent obligatoires à partir du moment où la variation du périmètre d'un groupe entraîne une variation de plus de 15 % des indicateurs clés (dont le chiffre d'affaires).

Selon la norme IFRS 5, une activité est considérée abandonnée à la première des deux dates suivantes : date à laquelle le groupe s'est séparé de l'activité, ou date à laquelle le conseil d'administration approuve et annonce officiellement le plan d'arrêt. ■

Avantages

✔ L'analyse de l'évolution du chiffre d'affaires permet d'isoler la progression des volumes vendus, qui témoigne d'une augmentation réelle de l'activité.

Précautions à prendre

✔ Les comptes *pro forma* portent sur la totalité des états financiers et dépassent la simple analyse du chiffre d'affaires.

Outil 12 Les soldes intermédiaires de gestion (SIG)

Signification et interprétation

Marge commerciale
– c'est l'indicateur phare des entreprises de négoce ;
– elle tend à être constante en taux.

Production de l'exercice
– elle permet le suivi de l'activité commerciale ;
– elle est plus significative de l'activité réelle des entreprises à cycle long que le chiffre d'affaires.

Marge brute
– c'est un solde significatif pour les entreprises industrielles qui indique le poids des achats de matières premières dans la production.

Valeur ajoutée
– elle indique la richesse produite, qui rémunère les facteurs de production : salariés, État, outil de travail, prêteurs, actionnaires, entreprise ;
– sa progression indique que l'entreprise dispose de plus de marge de manœuvre.

Excédent brut d'exploitation : EBE
– il traduit la performance opérationnelle d'un centre de profit ;
– un EBE négatif est souvent un signe annonciateur de faillite.

Résultat d'exploitation (ou résultat opérationnel) : REX
– il est la mesure de la rentabilité réelle de l'activité ;
– sa progression indique une amélioration de la productivité ou un accroissement de l'activité ;
– une entreprise peut avoir un résultat d'exploitation déficitaire et un résultat net positif (ex : produits financiers importants) ; cette situation est à surveiller de près, car non viable à terme.

Résultat courant avant IS
– il exprime la rentabilité de la société en en intégrant les excédents dégagés par la société et les effets de la structure bilancielle ;
– un des indicateurs préférés des analystes financiers, auquel ils appliquent un taux d'impôt société afin de déterminer le résultat avant prise en compte des éléments non récurrents.

Résultat net
– il reprend tous les produits et toutes les charges ;
– il est peu significatif pour les analystes financiers ; il doit être retraité pour servir de base à une analyse de la société.

En résumé

Parmi les SIG, de plus en plus d'analystes financiers font référence à l'Ebitda (ou EBE) et à l'Ebit (ou REX), utilisés en comptabilité anglo-saxonne.

Toutefois, leur calcul fait apparaître des différences par rapport à la comptabilité française.

Insight

Among the SIG, more and more financial analysis refer to Ebitda (or EBE) and Ebit (or REX), used in anglo-saxon accounting.

But the calculation has differences with french accounting.

Pourquoi l'utiliser ?

Objectif

Les soldes intermédiaires de gestion ont pour but de faciliter l'analyse de la formation du résultat net, et donc de la gestion d'une entreprise. Ils sont essentiels au diagnostic du résultat économique d'une entreprise.

Contexte

Ces soldes ont été définis de façon précise par le plan comptable général de 1982 (PCG 82). Les entreprises d'une certaine importance doivent fournir le tableau de calcul des soldes intermédiaires de gestion à l'administration fiscale.

Les analystes français utilisent les SIG pour analyser la profitabilité d'une entreprise.

Comment l'utiliser ?

Étapes

Les soldes intermédiaires de gestions sont calculés à partir du compte de résultat par nature, présenté en cascade.

Méthodologie et conseils

Dans l'analyse financière classique, on ne procède qu'à des reclassements de charges au compte de résultat, sans modifier le résultat net. Ces reclassements ont des répercussions sur la présentation du tableau des soldes intermédiaires de gestion sur les différents niveaux de résultat intermédiaires. Les retraitements faits dans l'optique de l'évaluation d'entreprise modifient quant à eux le résultat.

Pour que cette étude de la formation du résultat net soit intéressante, il faut pouvoir la comparer d'une part, d'une année sur l'autre, d'autre part, avec des entreprises situées dans le même secteur d'activité. ■

PRÉSENTATION EN CASCADE DU COMPTE DE RÉSULTAT

Chiffre d'affaires

Ventes de marchandises
– Coût d'achat des marchandises

= Marge commerciale

Production vendue
+ Production stockée
+ immobilisée

= Production de l'exercice

– Achats matières premières et approvisionnements
– Variations de stocks

= Marge brute

– Autres consommations externes

= Valeur ajoutée

+ Subvention d'exploitation
– Frais de personnel
– Impôts et taxes

= Excédent brut d'exploitation (EBE)

Excédent brut d'exploitation (EBE)

+/– Autres produits & charges d'exploitation
– Dotations aux amortissements
– Dotations aux provisions nettes des reprises

= Résultat d'exploitation (REX)

– Charges financières
+ Produits financiers
– Dotations + reprises sur provisions. financières

= Résultat courant avant IS

+/– Résultat exceptionnel
+/– Variation de provisions et transferts de charges
– Participation des salariés
– Impôts sur les bénéfices

= Résultat net

Avantages

✔ L'analyse de la profitabilité est essentiellement économique. Il est intéressant de comparer le taux de marge de l'entreprise à ceux de la moyenne du secteur d'activité.

Précautions à prendre

✔ Ils ne peuvent être calculés que si le compte de résultat est présenté par nature.

✔ Les groupes cotés utilisent d'autres indicateurs de profitabilité.

Outil 13 L'EBITDA

Signification et interprétation

EBITDA : *Earning before interest, taxes, depreciation and amortization*

Ce qu'est l'EBITDA	Ce que n'est pas l'EBITDA
– C'est la première idée qu'on se fait du résultat opérationnel : l'EBITDA est la différence entre les entrées de cash suite à la facturation et les sorties de cash résultant des charges opérationnelles. – C'est une expression commune de la performance opérationnelle entre des sociétés de pays ayant des pratiques fiscales et d'amortissements différentes. – C'est un indicateur nouveau pour les Anglo-Saxons, habitués à analyser leurs compte de résultats en regroupant les charges par destination (coûts des marchandises ou services vendus, recherche et développement, frais généraux) et non par nature comptable, comme nous en avons la pratique depuis longtemps. – C'est un bon indicateur de mesure des performances des responsables opérationnels associé au besoin en fonds de roulement qui inclut les décalages de flux financiers que les opérationnels doivent gérer.	– Le seul critère de performance à retenir, aucun critère ne pouvant à lui seul exprimer la performance d'une entreprise. – Le critère de mesure de performance d'un patron d'entreprise. En effet, il doit également rendre des comptes sur la qualité de ses investissements et de ses acquisitions, ainsi que sur l'équilibre des financements des capitaux employés du fait de sa stratégie. – Le seul critère pour distribuer un intéressement aux membres d'un comité exécutif. – Une mode passagère, des investisseurs nouveaux étant installés sur nos marchés financiers.

En résumé

L'EBITDA n'est pas un solde intermédiaire normé par les US Gaap ; de ce fait, les entreprises disposent d'une certaine latitude pour le calculer.

Il est utilisé pour apprécier la capacité d'une entreprise à générer du profit.

Il mesure le résultat généré par l'activité qui peut être utilisé pour financer les frais financiers et le remboursement des dettes.

Insight

EBITDA is not a defined measure according to US Gaap, and can thus be calculated however a company wishes.

It is used when evaluating a company's ability to earn a profit.

It is also used for stock analysis by financial analysts.

It measures the cash earnings that may be applied to interest and debt retirement.

Pourquoi l'utiliser ?

Objectif

L'EBITDA mesure la capacité d'une organisation à dégager une marge sur la vente de produits ou de services sur une période donnée. Sa croissance dépend de :

• **l'augmentation des revenus** : volume des ventes, prix de vente, mix-produits…

• **la réduction des charges variables** : prix d'achat, mix-matières…

• **la réduction des charges fixes** : optimisation de l'organisation, variabilisation des frais fixes (externalisation)…

Contexte

L'EBITDA peut être utilisé pour faire un calcul simple de retour sur investissement (Investissement/EBITDA) ou de création de valeur pour l'actionnaire (multiple d'EBITDA du secteur d'activité). Il est également utilisé par les banquiers lors de demande de prêt (endettement/EBITDA, ou EBITDA/intérêts).

L'EBITDA a émergé dans les années 1990 lorsque les entreprises ont réalisé de nombreuses acquisitions financées par de la dette.

Comment l'utiliser ?

Étapes

L'EBITDA sur une période correspond au résultat net des sociétés consolidées avant déduction des intérêts minoritaires sur la même période, dont on élimine :

• le résultat net des sociétés consolidées par mises en équivalence ;

• la charge ou le produit d'impôt sur le résultat, qu'ils fassent ou non l'objet d'un mouvement de trésorerie, les intérêts payés ou encaissés, différés, capitalisés, voire composés ;

• les dotations aux amortissements et aux provisions des immobilisations incorporelles, corporelles et financières, ainsi que l'impact des subventions qui y sont attachées ;

• tout impact positif ou négatif dû à des éléments exceptionnels ou extraordinaires, non susceptibles de se renouveler périodiquement (gain ou perte sur la valeur des actifs cédés) ;

• les charges externes supportées au moment de la fusion, de l'acquisition ou de la cession d'activités ;

• les charges liées à la fermeture complète d'une activité ;

• les charges externes liées à la modification de la structure financière (restructuration de la dette).

Méthodologie et conseils

L'EBITDA est très proche de l'EBE (qui n'inclut pas la participation à la différence des Américains qui incluent tous les avantages dans leurs *compensations and benefits*). Il est calculé avant ou après dépréciation d'actifs circulants, produits et charges non récurrents, parts des minoritaires dans le résultat du groupe, quote-part des résultats des sociétés mises en équivalence. ■

Avantages

✔ Cet indicateur est un bon indicateur de mesure des performances des opérationnels, car il rend compte de la profitabilité avant prise en compte des éléments fiscaux, financiers, exceptionnels sur lesquels les opérationnels ont peu d'impact.

Précautions à prendre

✔ Cet indicateur de profitabilité a été forgé par les analystes financiers et n'est défini officiellement par aucune norme. Il est donc à utiliser avec prudence car le mode de calcul peut varier selon les groupes. Les organes de réglementation boursière comme l'AMF en France recommandent aux groupes qui l'utilise de définir le mode de calcul dans leur rapport annuel.

La rentabilité économique

Les différentes mesures

Rentabilité de l'actif économique

Résultat consolidé / total actif

↓

Ce ratio intègre à la fois la rentabilité des capitaux d'exploitation (immobilisation + BFR) ainsi que les titres de participation non consolidés et les excédents de trésorerie éventuels.

↓

Attention, la rémunération des placements de trésorerie étant inférieure à celle des capitaux d'exploitation, elle tirera le ratio vers le bas.

Rentabilité des capitaux d'exploitation

Résultat opérationnel / immobilisations corporelles et incorporelles + BFR

↓

Ce ratio est utilisé pour calculer la performance :
- d'un groupe (peu fréquent)
- d'un secteur d'activité
- d'un centre de profit ou d'une filiale (fréquent).

En résumé

Le retour sur les capitaux investis ou rentabilité économique se mesure par :

(taux de marge) × (taux de rotation des capitaux)

ou par :

résultat opérationnel/actif =
(ventes/actif) × (résultat opérationnel/ventes).

Il mesure la profitabilité des capitaux employés. Les industries très consommatrices en capitaux auront un ratio faible ; celles utilisant peu de capitaux auront un ratio élevé.

Il est très utile pour comparer des entreprises concurrentes du même secteur économique.

Insight

The profitability is measured by the return on assets (ROA) :

(profit margin) × (total assets turnover)

or by :

Ebit/total assets : (sales/total assets) × (Ebit/sales)

It shows how profitable the assets owned by a company are profitable in generating revenue. Capital intensive industries will yield a low ROA; shoestring operations will have a high ROA.

It is a usefull measure to compare competitive companies in the same economical sector.

Pourquoi l'utiliser ?

Objectif

La rentabilité économique mesure la rentabilité des capitaux investis par une société, ou un groupe dans ses métiers. Elle considère l'efficacité opérationnelle de l'entreprise dans son entier et assure à l'entreprise les bases nécessaires pour bien rémunérer les capitaux propres.

Contexte

Le taux de rentabilité économique tient compte des trois principales variables opérationnelles : le chiffre d'affaires total, le total des charges, les actifs utilisés. C'est donc le moyen le plus complet dont on dispose pour mesurer la performance d'ensemble des dirigeants.

La rentabilité économique constitue une synthèse de la profitabilité et de la structure financière.

Comment l'utiliser ?

Étapes

- La rentabilité économique étant la résultante de plusieurs facteurs, il est utile de la décomposer afin de mieux analyser son évolution.
- Une marge d'environ 10 % et un taux de rotation des capitaux employés d'environ 1,5 assurent une rentabilité confortable.
- Dans le calcul :
  - le résultat opérationnel n'intègre pas les frais financiers ;
  - la rentabilité se calcule avant impôt ;
  - afin d'assurer une certaine stabilité de la valeur des immobilisations, celles-ci seront considérées brutes ;
  - de ce fait, le résultat opérationnel sera intégré avant amortissement.

Méthodologie et conseils

Ainsi, une dégradation ou une amélioration de la rentabilité peut provenir de :
- une baisse de la profitabilité ;
- une dégradation de la rotation des actifs due à une période de sous-activité, à un investissement surdimensionné, à une dégradation de la gestion du BFR.

Deux entreprises exerçant dans deux secteurs d'activité peuvent avoir une rentabilité économique similaire, mais avec des modèles économiques différents. Par exemple, une société de distribution de produits de grande consommation réalisera une faible profitabilité des ventes, mais aura une forte rotation de ces actifs. À l'inverse, un antiquaire aura une faible rotation de ces actifs, mais une forte profitabilité des ventes.
Pour améliorer la rentabilité économique, il y aura lieu de sélectionner des projets d'investissements à forte rentabilité et de se concentrer sur les activités à forte valeur ajoutée et faible besoin en capitaux. ■

Avantages

✔ La décomposition en taux de profitabilité et taux de rotation des capitaux investis facilite la comparaison entre différents secteurs d'activité.

Précautions à prendre

✔ La rentabilité d'un groupe qui aura vécu une croissance externe sera inférieure à celle d'un groupe qui se sera développé par croissance interne.

Outil 15 La rentabilité financière

Les différentes mesures

Mesure de l'actionnaire :

$$\frac{\text{Résultat net}}{\text{Prix réellement payé}}$$

↑

Deux optiques

↓

Mesure de la direction du groupe :

$$\frac{\text{Résultat net consolidé}}{\text{Capitaux propres part groupe et intérêts minoritaires de début d'année}}$$

↓

Rentabilité financière part du groupe

$$\frac{\text{Résultat net part du groupe}}{\text{Capitaux propres part du groupe de début d'année}}$$

Rentabilité financière part des minoritaires des sociétés intégrées

$$\frac{\text{Résultat net part des minoritaires}}{\text{Capitaux propres part du groupe de début d'année}}$$

Rentabilité financière des entités associées

$$\frac{\text{Quote part de résultat des entités mises en équivalence}}{\text{Titres mis en équivalence en début de période}}$$

En résumé

La rentabilité financière pour les actionnaires est mesurée par :

résultat net/capitaux propres

Elle évalue l'efficacité d'une entreprise à générer du profit de ses actifs, et comment elle utilise ses investissements pour croître.

Des entreprises ayant de faibles besoins en actifs peuvent dégager une belle rentabilité financière.

C'est un bon ratio de comparaison entre entreprises d'un même secteur industriel.

Insight

Return on equity measures the rate of financial return of the shareholders.

ROE = net income/average stockholders equity

It measures the company's efficiency at generating profits from its assets, and shows how well it uses its investments to generate earnings growth. But some companies have high ROE because they do not require assets.

ROE is best use to compare companies in the same industry.

Pourquoi l'utiliser ?

Objectif

La rentabilité financière mesure la rentabilité des capitaux propres dont dispose une entreprise ou un groupe. Elle dépend de la rentabilité économique et des choix de financement. Il est préférable qu'elle soit élevée, voir dépasse celle des placements à revenu fixe à longue échéance ; sinon cela signifierait que les capitaux gérés par l'entreprise rapportent moins que de simples placements obligataires.

La rentabilité financière est une synthèse de l'analyse de la profitabilité et de la structure financière.

Contexte

Selon les objectifs des actionnaires, elle constitue, sinon la finalité même du groupe, du moins une condition indispensable pour financer son développement de façon équilibrée et un gage de pérennité. La rentabilité des capitaux propres détermine en partie la valeur de l'entreprise, dans la mesure où elle ne tient compte que des performances passées et pas des performances futures.

Comment l'utiliser ?

Étapes

La rentabilité financière est mesurée par le ratio résultat net/capitaux propres.
Ce ratio représente le pourcentage de rémunération attendu par l'actionnaire qui est couramment estimé à 15 %. Ces 15 % représentent le taux de rémunération des obligations à 10 ans correspondant à un placement sans risque, auquel s'ajoute une prime de risque estimée par les marchés financiers.

La rentabilité financière étant la résultante de plusieurs facteurs, il est utile de la décomposer afin de mieux analyser son évolution :

$$\frac{\text{Résultat net}}{\text{Chiffre d'affaires}} \times \frac{\text{Chiffre d'affaires}}{\text{Actif}} \times \frac{\text{Actif}}{\text{Capitaux propres}}$$

Résultat net / Chiffre d'affaires	Chiffre d'affaires / Actif	Actif / Capitaux propres
↑ Rentabilité d'exploitation	↑ Rotation des actifs	↑ Indépendance financière
Rentabilité économique		

Méthodologie et conseils

Plusieurs leviers d'action permettent d'améliorer la rentabilité financière :
- agir sur la rentabilité économique ;
- améliorer la structure financière en évitant de conserver des excédents de trésorerie inutilisés dont le placement offre un faible rendement ;
- faire jouer l'effet levier en augmentant la part de dette financière par rapport aux capitaux propres. ■

Avantages

✔ Elle permet de comparer une entreprise à une autre (10 à 15 % dans l'industrie, > 25% dans les services).

✔ Elle est devenue une référence dans de nombreuses sociétés qui l'utilisent pour fixer leurs objectifs de rentabilité à long terme.

Précautions à prendre

✔ Pour avoir un effet favorable sur la rentabilité financière, l'effet levier est toutefois soumis à une condition essentielle : la rentabilité économique doit être supérieure au coût de la dette.

Outil 16 L'équilibre financier

Les composantes de l'équilibre financier

Libellé	Définition financière	Signification économique
Fonds de roulement (FR)	= Capitaux permanents – Immobilisations nettes soit : Fonds propres + Endettement à LMT – Immobilisations nettes	Le FR est l'excédent des ressources permanentes sur les emplois permanents de l'entreprise. Il représente la trésorerie durable dont l'entreprise va disposer pour alimenter son cycle d'exploitation. Il correspond à la marge de sécurité destinée à absorber des pertes éventuelles.
Besoin en fonds de roulement (BFR)	= Actif circulant d'exploitation – Passif circulant d'exploitation soit : = Stocks + Clients + Divers actifs circulants d'exploitation – Fournisseurs – Divers passifs circulants d'exploitation	Le BFR exprime le besoin de trésorerie nécessaire à l'entreprise pour financer son cycle d'exploitation Il représente le décalage dans le temps entre le cycle de production (achats-production-vente) et le cycle de paiements/fournisseurs stockage-encaissement clients.
Trésorerie nette (TN)	= Fonds de roulement – Besoin en fonds de roulement ou = Disponible + VMP – Crédit CT	C'est de l'excédent (ou de l'insuffisance) du fonds de roulement par rapport au BFR que résulte la trésorerie positive (ou négative). La TN est la résultante du FR et du BFR. Elle a une fonction d'équilibrage. Elle permet d'équilibrer le total des ressources et des emplois.

En résumé

Ces indicateurs de l'équilibre financier ne sont pas retenus dans l'approche choisie par les normes IAS-IFRS d'inspiration anglo-saxonnes.

En effet, l'analyse du BFR est moindre chez les Anglo-Saxons en raison de délais de règlement inter-entreprises courts.

Insight

*These ratios of **financial structure** are not considered so important in the IAS-IFRS inspired by the US Gaap.*

Indead, the analysis of the working capital is less important for anglo-saxons because the payments delays between companies are much shorter.

Pourquoi l'utiliser ?

Objectif

Il s'agit de mettre en évidence les équilibres financiers du bilan, et d'apprécier les modes de financement retenus par l'entreprise pour financer son outil de travail, son cycle d'exploitation et sa trésorerie.

Contexte

Cette analyse a été conçue par la centrale des bilans de la Banque de France après le premier choc pétrolier. En mettant en évidence les variations du besoin en fonds de roulement et de la trésorerie, elle facilite la détection de crises de trésorerie.

Une politique financière prudente consiste à financer une part importante du BFR par des ressources stables : FR/BFR > 50%.

Comment l'utiliser ?

Étapes

Ces ratios rattachent les postes du bilan à trois cycles :

- investissements : acquisition et cessions d'immobilisations, financements durables ;
- exploitation : achats, production et ventes ;
- trésorerie : équilibre entre les emplois et les ressources.

Emplois	Bilan	Ressources
Actif immobilisé Immobilisations corporelles Immobilisations incorporelles Immobilisations financières		Capitaux permanents Capitaux propres DLMT
	Outil de travail	
Actif circulant Stocks Clients		Dettes CT Fournisseurs Dettes fiscales et sociales
	Cycle d'exploitation	
Trésorerie + Divers Banque		Trésorerie - Divers Banque
	Trésorerie	

Il est intéressant de regarder l'équilibre à l'intérieur de ces pavés.
Les équilibres diffèrent d'un secteur d'activité à un autre.

Méthodologie et conseils

La loi d'équilibre financier minimum impose que :

- les emplois stables soient intégralement financés par des ressources stables, donc un fonds de roulement positif ;
- l'entreprise minimise l'immobilisation de capitaux par la gestion des stocks, la gestion des comptes clients... :
  - le nombre de jours de stocks est de l'ordre d'une quarantaine de jours dans les pays anglo-saxons ; il est beaucoup plus élevé dans les pays européens,
  - le délai de recouvrement des créances est d'environ quarante jours dans les pays anglo-saxons, du double dans la plupart des pays européens ;
- une trésorerie équilibrée est une condition de survie de l'entreprise, une dégradation continue provoquant tôt ou tard la défaillance de l'entreprise.

La baisse du besoin en fonds de roulement dépend de :

- la réduction du niveau et du coût moyen unitaire des stocks, des ventes en valeur (mais c'est généralement au détriment de l'EBITDA), du délai moyen d'encaissement des clients, des impayés, des litiges qualité... ;
- l'augmentation des prix d'achat unitaires (mais c'est généralement au détriment de la croissance de l'EBITDA), du délai moyen de paiement des fournisseurs... ■

Avantages

✔ Cette analyse facilite la détection de crises de trésorerie permettant d'anticiper sur le risque de défaillance.

Précautions à prendre

✔ Le BFR peut être manipulé par le portage des stocks par les fournisseurs, l'utilisation du financement sans recours des créances clients.

Ratios de liquidité

Définition et signification

La liquidité est le fait de pouvoir couvrir des échéances immédiates.

Actifs non courants	**Capitaux propres** – part du groupe – intérêts minoritaires
	Dettes à long et moyen terme
Actifs courants	– emprunts à LMT – provisions de retraite
– stocks – clients – autres créances – trésorerie et équivalent de trésorerie	**Dettes à court terme** – part à moins d'un an des DLMT – fournisseurs – autres dettes à court terme – crédits à court terme

Fonds de roulement liquidité > 0

Ratio de liquidité générale > 1

$$\frac{\text{Actifs courants}}{\text{Dettes à court terme}}$$

L'entreprise a accumulé des ressources stables (capitaux propres et dettes à long et moyen terme) permettant de :
- financer la totalité de l'actif immobilisé et une partie de l'actif courant ;
- constituer un excédent de trésorerie.

Ratio de liquidité réduite > 1

$$\frac{\text{Actifs courants} - \text{Actifs courants à rotation lente}}{\text{Dettes à court terme}}$$

Les actifs à rotation lente peuvent correspondre à des encours de fabrication pour des activités à cycle de production long (BTP) ou des créances clients de longue durée (financement de ventes).

En résumé

Il y a plusieurs façons de calculer la liquidité.

Le ratio général mesure : actif courant/passif courant. Une valeur de 100 % est considérée comme normale.

Le ratio réduit se calcule ainsi : (actif courant – stocks)/ passif courant. Il mesure la capacité à transformer des actifs faciles à vendre en liquidité.

Insight

There are various ratios used to calculate the liquidity.

The current ratio measures : current assets/current liabilities. A value of over 100 % is considered as normal.

The quick ratio is calculated : (current assets – inventories)/ current liabilities. It measures the ability to meet current liabilities from assets that can be readily sold.

Pourquoi l'utiliser ?

Objectif

La liquidité renvoie à la rapidité et au coût auquel un actif peut être transformé en liquidité. L'analyse liquidité consiste à comparer des emplois avec des ressources de mêmes durées. Elle repose sur le fonds de roulement liquidité utilisé pour évaluer la solvabilité de l'entreprise.

Une entreprise doit avoir un minimum de liquidités pour assurer ses échéances de règlements.

Contexte

Le ratio de liquidité générale est très prisé des établissements de prêt. Les normes IAS-IFRS imposent l'analyse de la structure financière par le bilan liquidité. Il en est de même des directives Bâle II qui concernent les entreprises financières.

Comment l'utiliser ?

Étapes

Ces ratios se déterminent à partir du bilan.

- Calculer le fonds de roulement liquidité : différence entre les actifs courants et les dettes à court terme :
  + Actifs liquides de l'entreprise (hors valeur de stocks pour le ratio réduit) : stocks + clients + autres créances + disponible ;
  – Besoins de trésorerie future : part à moins d'un an des dettes à moyen terme + dettes fournisseurs + dettes discales et sociales + crédits à court terme.
- Vérifier que les actifs courants sont supérieurs aux dettes à court terme de façon à pouvoir rembourser les dettes à court terme grâce aux encaissements provenant des actifs courants. Un fonds de roulement liquidité positif est donc un gage de pérennité pour l'entreprise et ses créanciers.

Certaines institutions financières ont du mal à évaluer la liquidité des stocks, et attachent plus d'attention au ratio de liquidité réduit car elles en maîtrisent mieux les composantes.

Méthodologie et conseils

Une valeur de ratio isolée sera de faible enseignement. Sa pertinence viendra de comparaisons des valeurs des années antérieures, des valeurs des concurrents ou des données de la communauté financière.

Le ratio Fonds de roulement liquidité/Chiffre d'affaires complète ces ratios. Il peut se détériorer alors que les ratios de liquidité demeurent stables. Cette situation se rencontre dans des entreprises qui ont connu une forte croissance mal maîtrisée et qui se retrouvent en danger de cessation de paiement. ■

Avantages

✔ Ces ratios mesurent la capacité de l'entreprise à payer ses dettes lorsque l'échéance arrive, sans qu'elle ait à vendre des actifs.

Précautions à prendre

✔ Ces ratios ne font pas de distinction entre les différents types d'actifs à court terme, au regard de leur liquidité : une entreprise qui a un bon ratio peut présenter des difficultés de trésorerie.

✔ Ces ratios sont calculés sur des valeurs bilancielles, donc au jour de clôture de l'exercice.

Outil 18

Les ratios d'endettement

Définition et signification

L'endettement financier est un ensemble de sommes dues par une entreprise à des tiers, sans contrepartie de fournitures de biens ou de services ou d'une obligation légale ou fiscale, et portant intérêt. Il se calcule en retranchant les disponibilités de l'endettement total.

Entreprises

Composition des capitaux permanents

Dettes à LMT / capitaux propres < 1

Les banques n'acceptent plus de prêter lorsque le montant devient supérieur aux capitaux propres.

Capacité dynamique de remboursement

Dettes à LMT / CAF < 3 à 4 ans

Une entreprise s'endette en moyenne sur six à huit ans, et ne doit pas consacrer plus de la moitié de sa CAF au remboursement.

Taux d'endettement

Frais financiers/excédent brut d'exploitation < 25 à 33 %

Un % trop élevé indique que le groupe peut être pris dans une spirale de surendettement pouvant entraîner la défaillance.

Groupes

Endettement financier net ou *gearing*

Endettement financier net/ capitaux propres consolidés = %

Pour les groupes, les distinctions dettes à CT et à LMT s'estompent, et la notion d'endettement financier net est plus pertinente.

↓

Endettement financier net :

– emprunts à LMT
– emprunts à CT
– placements > 3 mois
– disponibilités et équivalents de trésorerie.

En résumé

Les ratios d'endettement mesurent la capacité d'une entreprise à rembourser ses dettes à long terme.

On mesure fréquemment :

(dettes à LMT + leasing)/ capitaux propres

dettes à LMT/cash flow.

Insight

Debt ratios measure the firm's ability to repay long-term debt.

Il is often measured by :

(Long-term debt + Value leases)/ stockholders'equity

Long-term debt/Cash flow

Pourquoi l'utiliser ?

Objectif

Ces ratios facilitent l'analyse de l'endettement d'une entreprise ou d'un groupe. On estime que l'entreprise est en situation délicate lorsque :

- le service de la dette risque d'être difficile à supporter, de déséquilibrer son bilan, entraînant une difficulté à investir ou à saisir de nouvelles opportunités. Pour y remédier, l'entreprise pourra être conduite à céder des actifs ou des activités ;
- elle consacre toute sa capacité d'autofinancement à rembourser sa dette, n'ayant plus de fonds disponibles pour poursuivre son activité et investir.

Contexte

L'endettement financier net est privilégié par les analystes financiers et les responsables financiers des groupes empruntant directement sur le marché financier : il représente le coût de financement global de l'entreprise pendant la période comptable considérée, hors coût des fonds propres.

Le ratio d'endettement éprouve la solidité financière d'une entreprise. Pour les dirigeants, il s'agit d'arbitrer entre risque et rendement.

Méthodologie et conseils

Pour le calcul des ratios classiques de composition des capitaux permanents et de capacité dynamique de remboursement, la dette retenue est la dette financière, remboursée selon un échéancier prévu, comme les emprunts. Les dettes à court terme qui n'affectent pas la structure de l'entreprise ne sont pas prises en compte. On ne retient que les dettes à plus d'un an. Le ratio d'endettement net ne distingue plus les dettes à moyen terme et à court terme. Il est particulièrement pertinent pour évaluer l'endettement des groupes qui se financent sur les marchés financiers.

L'endettement d'une société ou d'un groupe devra être apprécié en fonction du secteur d'activité ; les sociétés industrielles sont plus endettées que beaucoup de sociétés de service qui ne recourent à la dette que pour des opérations de croissance externes.

Le bas niveau de taux d'intérêt peut inciter les entreprises à s'endetter afin de profiter de l'effet levier : le coût de la dette est inférieur à la rentabilité des investissements qu'elle finance. Toutefois, il est important de se rappeler qu'une société très endettée aura de bons résultats en période d'expansion, mais rencontrera de fortes difficultés en période de récession. ■

Comment l'utiliser ?

Étapes

- Les indicateurs classiques d'endettement (composition des capitaux permanents, capacité dynamique de remboursement, taux d'endettement) sont calculés à partir du bilan et du compte de résultat.
- L'endettement financier net est issu du tableau des flux de trésorerie. Il est constitué de l'endettement financier brut diminué de la trésorerie nette.

Avantages

✔ La décomposition en taux de profitabilité et taux de rotation des capitaux investis facilite la comparaison entre différents secteurs d'activité.

Précautions à prendre

✔ La rentabilité d'un groupe qui aura vécu une croissance externe, sera inférieure à celle d'un groupe qui se sera développé par croissance interne.

Dossier 3

Pilotage stratégique et opérationnel

L'entreprise aura soin de contrôler de façon permanente la cohérence des prévisions. Les responsables analyseront les dérapages par rapport aux objectifs et décideront d'actions correctrices.

La mise en place d'outils de pilotage répond à trois objectifs :
• vérifier que les objectifs qui sous-tendent la stratégie choisie sont bien suivis ;
• conseiller les opérationnels à partir de l'analyse des résultats et des tableaux d'indicateurs ;
• exploiter le système d'information.

Il faut que la stratégie s'impose comme ligne de conduite à tenir par tous les collaborateurs de l'entreprise. Elle doit être clarifiée car elle donne une finalité aux actions dans l'entreprise, un cap à maintenir. Il n'y a pas des tableaux de bord opérationnels et des tableaux stratégiques : il y a une chaîne d'information efficace qui permet la mise en œuvre réussie de la meilleure stratégie possible.

Les méthodes traditionnelles de mesure de la productivité sont partielles car elles se limitent à sommer l'impact de projets identifiés de réduction de coût. Elles négligent toutes les contre-productivités. La méthode de calcul du surplus de productivité vise à fournir une grille complète d'analyse des performances de l'entreprise et de sa répartition d'une année sur l'autre.

Chaque jour, managers et employés doivent appliquer des plans d'actions déterminés par avance, tout en restant attentifs aux changements qui interviennent chez leurs clients, sur les marchés, dans la technologie, au sein de la concurrence…

Le reporting financier est plutôt un outil de contrôle *a posteriori*, qu'un support de l'action. Il est principalement tourné vers le management, et est essentiellement constitué d'indicateurs financiers.

Le contrôle budgétaire fait partie intégrante du système de contrôle de gestion. Il assure le lien entre les objectifs globaux et la réalité. Ce n'est pas uniquement un outil d'analyse *a posteriori* car au contraire il prépare et oriente l'action.
Le tableau de bord est plus en amont que le contrôle budgétaire. Par les indicateurs retenus, il est plus proche des besoins des utilisateurs que le contrôle budgétaire qui est plus institutionnel. Le tableau de bord sert à suivre, voire à anticiper des actions sur le terrain.
Les choix informatiques doivent épouser les orientations du système de contrôle. S'ils sont bien faits, ils peuvent améliorer les qualités du système d'information. Le système d'information est constitué par l'ensemble des informations circulant dans l'entreprise, et l'ensemble des moyens et procédures de recherche, de saisie, de mémorisation, de traitement et de partage de ces informations. Ils pourront être restitués sous une forme directement utilisable, au moment utile, afin de permettre la prise de décisions stratégiques ou tactiques, et d'améliorer le fonctionnement opérationnel de l'entreprise.

Piloter	Outils	Objectif	Utilisation
La stratégie	Balanced scorecard Méthode des surplus Plan d'actions	Suivre la mise en œuvre des objectifs stratégiques Analyser les évolutions de performance globale entre 2 années Déployer et s'assurer de la mise en œuvre des actions de progrès	Trimestrielle ou mensuelle Annuelle Trimestrielle ou mensuelle
L'opérationnel	Reporting financier Contrôle budgétaire Méthode Janus	Rendre compte des résultats passés Analyser les réalisations par rapport aux objectifs budgétaires Concevoir un tableau de bord	Annuelle Mensuelle A adapter au besoin
Le système d'information	ERP Workflow	Enregistrer et traiter les transactions au jour le jour Automatiser et gérer les échanges de données entre acteurs	Quotidienne Selon les besoins

Dossier

Les OUTILS

Le balanced scorecard

Les quatre axes du balanced scorecard

Finance
Que faut-il faire pour satisfaire nos actionnaires ?

Accroître la valeur pour l'actionnaire
– croissance et diversification du chiffre d'affaires en créant de nouvelles sources de revenu et en augmentant la valeur pour le client ;
– réduction des coûts directs et indirects, amélioration de la l'utilisation des actifs (capital fixe et BFR).

Client
Qu'est-ce que nos clients attendent de nous ?

Choisir la proposition de valeur dans laquelle l'entreprise va exceller : produit, prix, service, relation et image.
Cinq leviers d'action stratégique :
– part de marché
– rentabilité des segments
– acquisition de nouveaux clients
– fidélisation des clients
– satisfaction des clients.

Vision

Organisation
Comment le personnel doit-il apprendre et accroître ses compétences pour répondre à ces exigences ?

Décrire les actifs immatériels nécessaires pour effectuer les activités et établir des relations avec les clients à des niveaux plus élevés :
– compétences stratégiques des salariés (formation, évaluation) ;
– système d'information stratégique (bases de données, knowledge management) ;
– climat social favorable à l'action.

Processus
Quels processus internes devons-nous maîtriser pour satisfaire nos actionnaires et nos clients ?

Mettre en adéquation les activités internes de l'entreprise avec sa proposition de valeur pour le client :
– innovation : identifier le marché et créer les produits/services à forte valeur pour les clients ;
– production : fabriquer et livrer les produits/services en optimisant le rapport coût/qualité ;
– SAV : assurer le service client.

En résumé

Le balanced scorecard est un concept de mesure des activités d'une société en termes de vision et de stratégies.

Il est centré sur quatre perspectives : financière, client, processus métiers, apprentissage organisationnel.

Les deux premières rendent compte de la performance ; les autres sont plutôt des déterminants de la performance.

Insight

The balanced scorecard is a concept for measuring a company's activities in terms of its vision and strategies.

It focuses on four perspectives : financial, customer, internal business processes and learning and growth.

The two first one show the performance ; the two others are more assimilated to determinants of the performance.

Pourquoi l'utiliser ?

Objectif

L'objectif du balanced scorecard est de traduire la stratégie en un ensemble d'objectifs, d'indicateurs, de cibles et d'initiatives reliées entre eux par des liens de causalité afin de communiquer la vision de l'organisation.

Contexte

Un environnement très turbulent demande l'utilisation d'outils comme le balanced scorecard qui facilite la veille stratégique et le suivi très rapproché de la performance non financière. L'horizon stratégique est variable selon le secteur d'activité ; il est le plus souvent sur trois ans.

Le *balanced scorecard* est l'outil de mise en œuvre de la vision stratégique au travers du dialogue de gestion qu'il encourage.

Comment l'utiliser ?

Étapes

- Après avoir défini les objectifs stratégiques du groupe, la direction communique sa stratégie aux directeurs des business units et des directions fonctionnelles. Chaque direction identifie ses leviers d'action et les déploie par centre de profit.
- Le balanced scorecard s'élabore en priorité au niveau de la direction générale. Il est décliné et adapté par business unit et par directions fonctionnelles, puis par centre de profit. Les balanced scorecard regroupent des indicateurs de résultats et de pilotage, complétés avec des indicateurs avancés permettant de pérenniser les activités (20 à 25).
- Les objectifs du balanced scorecard servent à fixer les objectifs individuels de l'encadrement. Les performances personnelles peuvent être articulées avec le système de récompense.
- Il est important de communiquer régulièrement la mesure des indicateurs stratégiques. On procède par bilans mensuels ou trimestriels, puis annuels.

Méthodologie et conseils

Identifier les facteurs clés de succès (ex : augmenter la qualité, développer des relations gagnant-gagnant...) revient à s'interroger sur ce qui doit changer pour atteindre les objectifs à long terme. Cette réflexion commence par une analyse des forces et des faiblesses de l'organisation, ainsi que des menaces et des opportunités du marché. Elle est suivie par une phase de créativité sur les obstacles actuels et à venir, ainsi que sur les parades possibles. Les cinq parades prioritaires correspondent aux facteurs clés de succès qui seront déclinés sur les quatre axes du balanced scorecard.

Il est important de mettre en évidence les relations de cause à effet entre indicateurs. Par exemple, pour une société d'assurance, il ne suffit pas de mesurer la qualité de la sélection des risques, le taux de frais généraux et le ratio de sinistres payés sur les primes encaissées. Il est plus éclairant d'expliciter que la sélection des risques conditionne à terme le ratio sinistres sur primes, et que la combinaison de ce ratio et du taux de frais détermine la rentabilité de la société.

Avantages

- ✔ Le balanced scorecard permet de focaliser une organisation sur des priorités communes.
- ✔ Il incite les managers à mieux comprendre les multiples aspects de la performance.

Précautions à prendre

- ✔ Le balanced scorecard demeure une approche top down.
- ✔ Les objectifs du balanced scorecard peuvent être difficiles à décliner en objectifs individuels au sein des équipes.

• • •

Comment être plus efficace

Traduire la stratégie en termes opérationnels

Le balanced scorecard décrit les hypothèses stratégiques comme un ensemble de relations de cause à effet qui sont explicitées dans une carte stratégique. Elle décrit le processus par lequel les actifs immatériels sont transformés en résultats matériels sur l'axe financier ou sur l'axe client.

CARTE STRATÉGIQUE

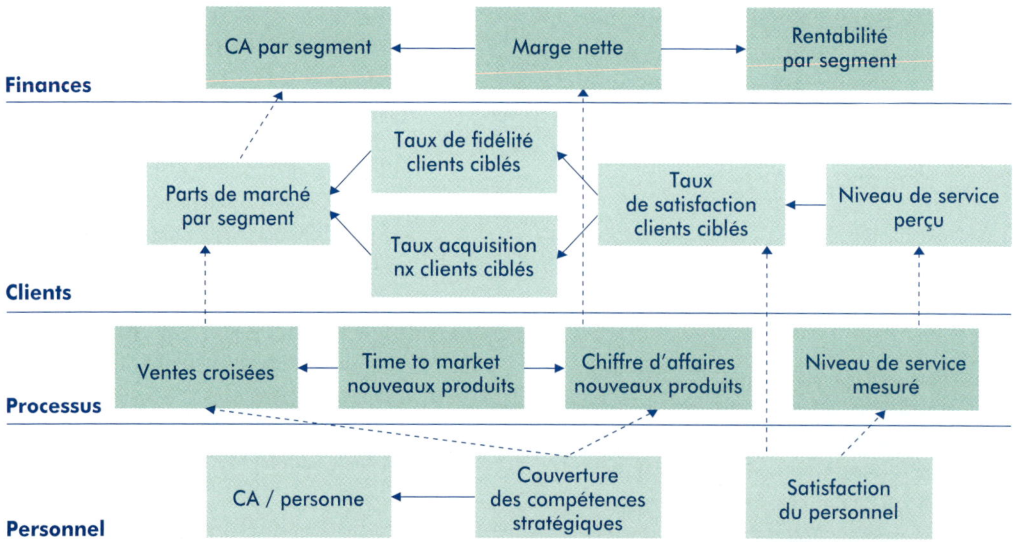

Source Cegos

Des indicateurs isolés ne peuvent capter les moyens par lesquels les améliorations des actifs immatériels et des processus internes peuvent déboucher sur de meilleurs résultats dans la performance.

Mettre l'organisation en adéquation avec la stratégie pour créer des synergies

Lorsqu'un nouveau responsable de centre de profit est nommé, on s'attend à ce qu'il poursuive la stratégie validée par le groupe. S'il veut adapter la stratégie existante, il doit alors proposer un système de mesure et de responsabilité modifié du balanced scorecard pour cette nouvelle stratégie et convaincre l'équipe du siège.

Les services communs doivent apporter de la valeur ajoutée et répondre aux stratégies et aux besoins des centres de profit. Pour relier les centres de profit aux services communs, il faut des accords de service et des tableaux de bord des services communs qui reflètent leur stratégie et leur responsabilité dans l'amélioration des mesures choisies dans ceux des centres de profit.

On est dans un domaine où il faut viser cent pour cent « d'alignement ». À cet effet, il est important de s'assurer que la stratégie a été décrite, et communiquée à tous.

Exemple de **Balanced scorecard** dans l'entreprise Kompass

	Indicateurs	Objectifs annuels	Cumul ou moyenne	Mois en cours
Améliorer la performance financière	CA comptabilisé IFRS	-------	-------	-------
	CA comptabilisé IFRS	-------	-------	-------
	MBO (% CA)	-------	-------	-------
	Coûts commerciaux / CA facturé	-------	-------	-------
	Coûts commerciaux / CA facturé	-------	-------	-------
	Trésorerie	-------	-------	-------
	BFRE	-------	-------	-------
Développer le chiffre d'affaires	Commandes pub	-------	-------	-------
	Commandes data	-------	-------	-------
	Arpa pub	-------	-------	-------
	Arpa data	-------	-------	-------
	Taux augment. contrat / contrat Pub	-------	-------	-------
	Taux de remise exceptionnelle	-------	-------	-------
	Taux de chute clients	-------	-------	-------
	CA nouveaux produits / CA total			
	agences à productivité < indice X	-------	-------	-------
	% CA sur produits à marge ≤ X %	-------	-------	-------
Augmenter la satisfaction des clients	Visites K.fr	-------	-------	-------
	Entreprises MAJ (% de la base)	-------	-------	-------
	Réclamations > 3 mois	-------	-------	-------
	Taux DEFIKCITE des contrats	-------	-------	-------
	Nombre d'appels mensuel	-------	-------	-------
	Parc de clients actifs	-------	-------	-------
	Taux de satisfaction clients	-------	-------	-------
Maîtriser les projets SI	Écart délai top 5 (j)	-------	-------	-------
	Écart budget top 5 (%)	-------	-------	-------
Recruter et garder les meilleurs	Effectif	-------	-------	-------
	Turnover entreprise (%)	-------	-------	-------
	Turnover commerciaux (%)	-------	-------	-------
	Nombre heures formation / pers.	-------	-------	-------
	Absentéisme de courte durée	-------	-------	-------

10 % / objectif   +\- 10 % / objectif   – 10 % / objectif

Un système de gestion stratégique est un système de communication et pas un système de contrôle. On utilise souvent un suivi par *color-coding* qui sert de système d'alerte pour orienter la résolution des problèmes de l'équipe. Chaque réunion de reporting efficace se termine par une liste d'actions à effectuer. ■

La méthode des surplus

Calcul des différentes composantes

Croissance des ventes en prix constant = + 7 %

	Année N – 1	N au prix et mix N – 1	N aux prix N – 1		Année N	Indice prix N – 1 => N
Ventes	1208,3	1295	1295		1304	1,007
Coût direct	567,901		602,175		614,184	1,020
Marge sur CD	640,399	686,35	692,825		689,816	
Marge sur CD en %	53,00%	53,00%	53,50%		52,90%	
Frais	458		474		483	1,019
Publicité	45		53		55	1,038
Frais financiers	10		10		10	1,000
Amortissements	17		21		21	1,000
S/T coûts indirects	530		558		569	
Résultat courant	110,4		134,8		120,8	
Surplus		Gain 24,4		Effet prix – 14,0		
Ensemble coûts directs et indirects			1160,2		1183,2	1,020

Différence : + 45,9 MF
Impact de la croissance sur la marge
(à mix N – 1 constant)

Différence : + 6,5 MF
Productivité directe et mix

Différence : + 16 MF
Croissance des frais indirects

En résumé

La méthode des surplus

Trop souvent, la mesure de la productivité est réduite à la seule mesure de la réduction des coûts. Elle néglige de tenir compte de toutes les contre-productivités (amélioration produit sans augmentation du prix de vente). De même, l'évaluation de la productivité contenue dans un plan ou dans un budget n'est généralement pas accessible.

Insight

Global productivity method

Most of the time, the measure of productivity is reduce to the measure of cost reduction. It neglects to take into account the items which are counter-productives (improvement of a product without increasing the price). The evaluation of the productivity included in a plan or a budget is also not accessible most of the time.

Pourquoi l'utiliser ?

Objectif

La productivité globale, telle qu'évaluée dans la méthode des surplus, mesure l'aptitude de l'entreprise à développer des activités ou à conduire des actions génératrices d'un supplément de profit.

Contexte

Savoir mesurer la productivité globale est un problème central pour une entreprise, tant pour fixer des objectifs, sélectionner des projets, que pour évaluer ses performances. L'analyse budgétaire permet d'évaluer *a posteriori* la productivité globale par rapport au budget, mais on est généralement dépourvu d'outils pour apprécier la productivité réelle accomplie d'une année sur l'autre.

La méthode met sous tension l'amélioration des performances globales. Elle pousse à rechercher des projets capables d'améliorer la qualité du portefeuille de produits ou de prestations.

Comment l'utiliser ?

Étapes

• Comparer l'évolution de deux comptes de résultat séparés par une année : années N et N – 1. Pour cela on doit connaître les taux de hausse des prix et des coûts pour chaque ligne du compte de résultat réel de l'année N. Par exemple, si les prix de ventes ont crû de 1,5 % entre N – 1 et N, on divisera les ventes de N par 1,015 afin d'obtenir les ventes de N au prix de N – 1.
• Introduire un élément de comparaison intermédiaire, le compte de résultat simulant l'année N au prix et coût de l'année N – 1. Les écarts entre le compte de résultat réel de l'année N et celui de la simulation dégagent l'effet prix. Les écarts entre le compte de l'année N – 1 et celui de la simulation dégagent les gains de productivité globale.
• Pour apprécier les gains de productivité globale, faire apparaître un autre solde intermédiaire, la marge sur coûts directs de l'année N au prix de N – 1 et au mix de N – 1. Pour cela, appliquer le taux de marge de N – 1 aux ventes de N aux prix N – 1. Cela permet de séparer l'effet de la croissance de celui de la productivité et du mix.

Méthodologie et conseils

Au travers de l'analyse des surplus, la présentation d'un budget trouve une cohérence et une rigueur très supérieures. L'impact des projets et des actions de progrès naissent :
• du coût des facteurs et des prix de ventes ;
• des phénomènes monétaires ;
• de la croissance, avec une analyse en annexe de la contribution des produits et des marchés ;
• de la réduction des coûts de structure, avec en annexe une comparaison avec les variations de l'activité au sens de l'ABC ;
• de l'amélioration du portefeuille (ou mix) analysée en classant les activités selon leur taux de croissance et leur contribution sur frais variables. ■

Avantages

✔ L'analyse des surplus permet un contrôle par rapport à l'année écoulée, afin de juger du progrès accompli dans l'année.

✔ Elle permet de voir où sont les enjeux et les hypothèses et d'effectuer des analyses de sensibilité, donc de situer les risques afin de les anticiper.

Précautions à prendre

✔ Les indices de prix et de coûts sont calculés de moyenne année à moyenne année.

✔ L'indice de prix est calculé sur des produits existants en N –1 et continués en N ; il s'applique aux nouveaux produits.

✔ Si l'activité de l'entreprise est constituée de sous ensembles très hétérogènes, il faut faire plusieurs analyses, puis les sommer.

Outil 21 Le plan d'actions

Modèle de fiche de plan d'actions

Savoir sélectionner les bons leviers d'action renforce les chances d'obtenir une meilleure performance.

Actions	Responsable	Date		Résultat attendu	Moyens Nécessaires		Indicateurs
		Début	Fin	®	Nature	Coût ©	® / ©
Risques				Opportunités			

Pour un DRH, l'amélioration des recrutements passe par une action d'analyse des besoins.

Les résultats attendus seront de limiter le turnover des nouveaux recrutés à 1 % et d'optimiser à 97 % le taux de qualité des recrutements.

Les indicateurs permettant le suivi de ce plan d'actions seront : « le nombre de départ en période d'essai / nombre de candidats recrutés » et « le nombre de recrutement appropriés à la description du poste ».

En résumé

Un plan d'actions stratégique est un plan de bataille pour les managers qui engage l'entreprise vers une évolution (technologie, compétence, savoir-faire...) stratégique maîtrisée.

Il présente la liste des actions organisées selon une chronologie précise, afin de suivre les délais, le coût et la qualité.

Il évolue au fur et à mesure que les actions prévues se réalisent.

Insight

A ***strategic action plan*** *is a battle plan for the managers which engages the firm for a controlled strategic evolution (technology, skills, know how).*

It presents the list of organised actions according to a precise chronology, in order to follow the planning, the costs and the quality.

It evolves as far as forecasted actions happened.

Pourquoi l'utiliser ?

Objectif

Le pilotage par les plans d'action permet d'aligner l'ensemble de l'organisation sur la mise en œuvre de la stratégie. En décentralisant les objectifs et les plans d'action, on privilégie la réactivité et l'efficacité à la précision des analyses et des chiffres. Cela permet d'orienter les ressources et d'anticiper le futur.

Contexte

Un plan d'actions commande l'implication des responsables à la correction des indicateurs déviants ou à la mise en place de nouveaux moyens d'action. Bizarrement, les plans d'action sont souvent établis en dehors des budgets, ou n'existent pas de façon formalisée. Pourtant, ils semblent globalement apporter satisfaction.

Comment l'utiliser ?

Étapes

- Déterminer l'impact à cinq ans des leviers de la création de valeur (ex : augmenter la part de marché de 6 %), puis lister les actions stratégiques à entreprendre sur les cinq prochaines années. Chaque levier de création de valeur est accompagné d'une action stratégique au minimum (ex : augmenter les ventes en Europe, mettre au point une nouvelle gamme de produits, acheter un concurrent).
- Chaque action stratégique donne lieu à un plan d'actions à entreprendre au cours des mois à venir en se concentrant sur celles dont les effets seront les plus importants. Le choix étant effectué, élaborer une fiche de plan d'actions qui décrit l'impact sur les ventes, le résultat opérationnel, le cash et les capitaux employés.

Les plans d'actions sont des vecteurs essentiels de la culture de résultat.

- La procédure de suivi se déroule trimestriellement. Elle porte sur l'avancement des plans d'actions, avec une analyse des risques et des opportunités. Une synthèse financière de l'impact de l'avancement des plans d'actions est réalisée et permet d'actualiser les prévisions.

Méthodologie et conseils

Les actions et leur mise en œuvre doivent être étudiées avant leur décision de lancement. On sélectionne les actions selon la loi de Pareto (80 %/20%) et la valeur crée. On utilise la matrice d'impact pour définir et prioriser les plans d'action (impact en terme de création de valeur et de consommation de ressources)

On procède au suivi action par action tous les trimestres. Lorsque des écarts significatifs apparaissent, tant dans l'avancement proprement dit, que dans les impacts sur les principaux indicateurs, des plans d'action correctifs sont mis en place. Le modèle intégrera les impacts de ces plans d'action correctifs avec l'analyse des risques et des opportunités. ■

Avantages

- ✔ Ce système est incitatif et en phase avec les objectifs stratégiques.
- ✔ Il favorise l'initiative, les démarches de rupture et le travail transversal.
- ✔ Il permet d'aligner l'ensemble de l'organisation sur la mise en œuvre de la stratégie.

Précautions à prendre

- ✔ Les prévisions et les objectifs doivent être indépendants.
- ✔ Les prévisions doivent être fiables afin de permettre d'identifier des opportunités ou des actions correctives.
- ✔ Il y aura lieu de prendre en compte le fait que certaines activités sont cycliques.

Le reporting financier

Composantes et périmètre

Le reporting est multidimensionnel :
- entités juridiques
- segments de marché
- familles de produits ou services
- familles de clients
- zones géographiques

La norme américaine FAS 131 ne définit aucun critère chiffré.
La segmentation sectorielle se fonde exclusivement sur l'organisation du reporting interne du groupe.

Normes françaises PCG — US Gaap : SFAS 131

Normes IAS 14 (1/1/2005) -- Normes IFRS 8 (1/1/2009)

Segmentation primaire (en général par secteur d'activité) :
- chiffres d'affaires : interne et externe au groupe
- résultat d'exploitation :
- valeurs des actifs et passifs directement attribuables (immobilisations corporelles et incorporelles, besoin en fonds de roulement, provision pour risques et charges)
- dotations aux amortissements, aux provisions, et autres charges calculées
- investissements de l'année en immobilisations corporelles et incorporelles
- titres et résultat des sociétés mises en équivalence si l'essentiel de leurs activités se situe dans ce seul secteur

Segmentation secondaire (en général par zone géographique) :
- chiffre d'affaires
- résultat d'exploitation
- valeurs comptables des actifs
- total des investissements en immobilisations incorporelles et corporelles

Segments opérationnels :
- profits ou pertes
- actifs totaux
- détail / actifs courants, passifs, charges et produits significatifs
- méthodes d'évaluation
- informations géographiques : chiffre d'affaires réalisé avec des clients externes et actifs non courants
- dépendance du groupe / ses clients (> 10 % du CA total)

La sectorisation est calquée sur celle utilisée par la direction générale dans ses prises de décisions relatives à l'allocation des ressources et à l'évaluation des performances

En résumé

Selon la norme SFAS 131, une segmentation du reporting financier basée sur l'organisation interne présente trois avantages : voir l'entreprise avec les yeux du management, être moins subjective, et réduire les coûts supplémentaires pour produire le reporting externe.

Insight

According to the SFAS 131, segments of the financial reporting based on the internal organization have three advantages : see the enterprise through the eyes of management, be less subjective, and rediuce the incremental cost of providing information for external reporting.

Pourquoi l'utiliser ?

Objectif

Le reporting par segments est utile pour détailler l'analyse de l'activité, de la profitabilité et de la rentabilité des capitaux engagés. En effet, les comptes sociaux donnent une vue très réductrice du groupe ; à l'inverse, les comptes consolidés donnent une vue trop globale.

Le reporting financier ne s'impose pas aux groupes non cotés utilisant les normes IAS-IFRS.

Contexte

La norme IAS 14 impose de fournir en annexe des informations détaillées par secteur d'activité et zones géographiques, ceux-ci étant définis en fonction de facteurs de risque et de rentabilité. À partir du 1er janvier 2009, la norme IAS 14 sera remplacée par la norme IFRS 8. L'information sera donnée par segments opérationnels, identifiés par le « décisionnaire opérationnel » et utilisés pour le reporting interne. La norme IFRS 8 se rapproche de la norme américaine SFAS 131.

Comment l'utiliser ?

Étapes

Selon la norme IAS 14, les secteurs d'activité et les zones géographiques sont identifiés par rapport à trois critères :

- un secteur est considéré autonome lorsque moins de 50 % de son chiffre d'affaires est réalisé avec d'autres sociétés du groupe ;
- il représente au moins 10 % de l'ensemble du chiffre d'affaire, du total des résultats, ou des actifs du groupe ;
- il y a obligation d'identifier des secteurs représentant au moins 75 % du total des produits ou services du groupe.

Selon la norme IFRS 8, on identifie les segments opérationnels qui répondent à un des critères suivants :

- le revenu total (clients externes et internes) est au moins égal à 10 % du revenu combiné interne et externe de tous les segments ;
- le montant total de ses profits ou pertes est au moins égal à 10 % du montant total ;
- ses capitaux représentent au moins 10 % des capitaux cumulés de l'ensemble des segments opérationnels.

Méthodologie et conseils

La segmentation en IAS 14 doit en principe s'appuyer sur le système d'organisation et de reporting financier interne du groupe pour identifier les différents segments. Les petits secteurs peuvent être combinés s'ils partagent un nombre substantiel de facteurs. S'ils ne sont pas isolables ou combinables, ils sont inclus en tant qu'élément de rapprochement non affecté.
La norme IFRS 8 laisse la liberté de choisir les indicateurs, ce qui peut limiter les comparaisons entre entreprises. En revanche, une explication du mode de calcul retenu devra être fournie, de même qu'une réconciliation entre les chiffres consolidés et la somme des indicateurs sectoriels. ■

Avantages

- ✔ Cette décomposition identifie les secteurs d'activités et zones géographiques qui ont généré la croissance et la profitabilité du groupe.
- ✔ Elle permet de voir, où le groupe a principalement investi et d'anticiper sur les résultats futurs, en tenant compte des perspectives de chaque secteur.

Précautions à prendre

- ✔ Il convient d'adapter le paramétrage des systèmes d'information aux axes requis par la sectorisation, permettant un alignement du reporting interne et du reporting externe et donc une refonte des flux d'information comptables à destination du groupe.

Le contrôle budgétaire

L'arbre d'analyse des écarts

Le budget ayant été construit à partir d'hypothèses qui ne vont pas se réaliser comme prévu, il est important de comprendre les écarts au fur et à mesure qu'ils se produisent.

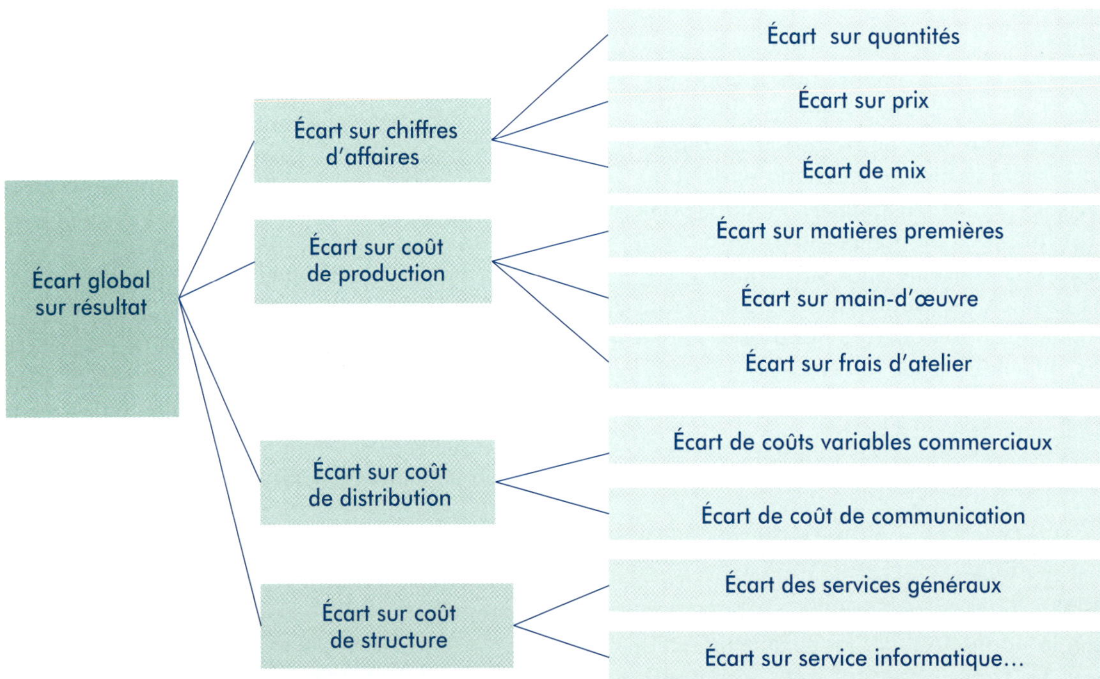

Source Cegos

En résumé

Le contrôle budgétaire

Un écart correspond à la différence entre une valeur budgétée et une valeur réelle.

Les écarts sont calculés en fonction des besoins des utilisateurs :

- coûts variables : écarts sur matières, écarts sur main d'œuvre, écarts sur coûts de production ;
- écarts sur coûts fixes de production ;
- écarts sur chiffre d'affaires.

Ces écarts peuvent être décomposés en écarts de prix, de mix, de rendement, de taux, ou d'efficacité.

Insight

Budget analysis

A variance is a difference between a budgeted and an actual amount.

Variances are calculated according the needs of the users :

- *variable costs : direct material variances, direct labour variances, variable production overhead variances ;*
- *fixed production overhead variances ;*
- *sales variances.*

These variances can be splitted into price variances, mix variances, yield variances, rate variances, or efficiency variances

Pourquoi l'utiliser ?

Objectif

Le suivi budgétaire a pour vocation essentielle de vérifier que les objectifs ont été correctement tenus et si ce n'était pas le cas, d'impliquer les responsables afin de susciter des actions correctrices. L'étude du passé n'offre guère d'intérêt sauf lorsqu'elle amène à trouver des solutions pour éviter dans le futur les erreurs déjà commises.

Contexte

Le contrôle budgétaire se situera à trois niveaux :

• avant l'action, on prendra la précaution de simuler, au moins sur le papier, les solutions envisagées. Chaque responsable devra s'investir dans la préparation de l'action ;

• pendant l'action, il ne faudra pas simplement se contenter d'analyser mensuellement, les décalages entre les prévisions budgétaires et les réalisations. Chaque responsable aura soin de prévoir, en cas de constatation d'écarts, des actions correctrices ;

• après l'action, il est trop tard. On ne corrige plus, on constate. La mesure des résultats finaux nourrira la réflexion pour améliorer la fiabilité des prévisions futures.

Comment l'utiliser ?

Étapes

Il s'agit de :

• valoriser l'impact des écarts favorables et défavorables sur le compte de résultat ;

• demander aux responsables des écarts de les expliquer et de prendre les actions correctrices qui s'imposent.

On procédera de la façon suivante :

• calculer l'écart global ;

• décomposer cet écart global en un écart de prix et un écart de volume, s'il porte sur le chiffre d'affaires ou sur des coûts variables ;

• vérifier que la somme de ces deux écarts redonne bien l'écart global ;

• expliquer les écarts qui dépassent le seuil de significativité ;

• prendre les actions correctrices adéquates.

Pour être plus efficace, avoir un fichier des hypothèses retenues pour la valorisation du budget.

Méthodologie et conseils

Un écart s'analyse comme la différence entre une donnée constatée et une donnée de référence (objectif, standard, budget, norme, réalisation de N – 1). On isole l'incidence de chaque élément en supposant les autres constants. Exemple :

PB (prix budgété) = 10
PR (prix réel) = 12
QB (quantités budgétées) = 100
QR (quantités réelles) = 120

• Écart global = $(120 \times 12) - (100 \times 10) = 440$.

• Écart sur prix = $(12 - 10) \times 120 = 240$.

• Écart sur volume = $(120 - 100) \times 10 = 200$.

Avantages

✔ Le suivi budgétaire concerne non seulement tous les décideurs qui mettent en œuvre des actions correctrices, mais aussi le contrôleur de gestion chargé d'animer le contrôle budgétaire. Lui aussi pourra suggérer des actions correctrices.

Précautions à prendre

✔ Les éléments du suivi budgétaire étant disponibles après l'arrêté comptable, le suivi budgétaire a lieu plus souvent mensuellement.

✔ Certains écarts ne sont que la résultante d'une mensualisation approximative, et n'ont pas de réalité économique.

Comment être plus efficace

Analyse des écarts

On procède systématiquement à l'analyse d'écarts pour les postes importants du compte de résultat car un écart pouvant en cacher un autre (un bonus sur des quantités peut masquer une dérive de prix).

On repère les écarts dus à :

- des événements exceptionnels et qui ne se reproduiront pas les mois suivants ;
- un décalage avec la mensualisation du budget, et qui seront annulés d'ici la fin de l'année (avance ou retard).

Pour les écarts récurrents, on calcule la tendance sur les mois restants afin d'anticiper l'impact global sur l'année et l'ampleur de l'action correctrice à prendre.

Il faudra s'assurer de la fiabilité et de la cohérence des informations concernant les réalisations et les prévisions : les écarts peuvent aussi bien provenir des réalisations (éloignées des objectifs prévisionnels), que d'éléments prévisionnels (budgets ou coûts standards irréalistes).

On ne contrôle que les écarts significatifs, en termes de montant, de tolérance, de taux planchers.

On se focalise ainsi davantage sur les montants importants du compte de résultat, les natures analytiques, et les informations que les responsables souhaitent obtenir pour leur mise au point périodique.

Budget flexible

Les analyses d'écarts portant sur les coûts seront effectuées à partir du budget flexible afin de mesurer la véritable performance. En effet, la référence au budget initial ne présume pas de l'efficacité des résultats, puisque les écarts d'activité et de rendement se retrouveront confondus. Afin de mettre en valeur les responsabilités, il y a lieu d'isoler les effets des variations de volumes.

Le budget flexible consiste à simuler *a posteriori* le fonctionnement normal du centre de responsabilité sur la base de l'activité réelle, tout en conservant les standards du budget.

Pour connaître avec précision la variation des coûts en fonction de l'activité, il faut avoir une mesure et une vision claire de l'activité :

- au niveau global, le chiffre d'affaires est l'instrument de mesure de l'activité ;
- au niveau des centres de responsabilité, on définira des unités d'œuvre (heure machine, ETP…).

La technique du budget flexible consiste à réajuster le budget selon les règles suivantes :

- coûts variables flexibles = coûts variables budget × volume réel/volume budget ;
- coûts fixes flexibles = coûts fixes budget.

L'analyse des écarts part de l'écart global sur le résultat et se décompose en écarts partiels, jusqu'à l'origine de l'écart. Elle permet de mieux comprendre ce qui se passe et d'impliquer les responsables.

Suivi budgétaire dans un laboratoire pharmaceutique	Budget B	Réel R	Ecart (R – B)	Flexible F	Réel R	Ecart (R – F)	Commentaires
Volumes de ventes	730	840	110	840	840	–	
Chiffre d'affaires	1000	1400	400	1400	1400	–	
Frais commerciaux variables	340	434	104	453	434	– 19	
Frais commerciaux fixes	975	941	– 34	975	941	– 34	
Total frais commerciaux	1315	1375	– 70	1428	1375	– 53	

Exemple d'un **Écart de marge nette totale sur coût d'achat (% budget adapté)**

Commentaire :
– les marges unitaires ont joué favorablement par rapport au budget
– cet impact positif a permis de compenser un effet volume négatif
– l'écart de mix a été globalement positif puisque les achats de recyclage, à marge forte, ont été proportionnellement plus importants

Objectif	Meilleur ou égal au budget

	Marge réalisée	*Marge budgétée*	*Écart*
Total	823 500 €	731 000 €	92 500 €

Analyse des écarts

	Marge unitaire réelle (€/TM)	*Marge unitaire budget (€/TM)*	*Écart sur prix*
Métaux raffinés	50	40	69 500 €
Métaux recyclés	70	60	68 000 €

	Tonnage acheté	*Tonnage commandé*	
Métaux raffinés	6 950	7 625	
Métaux recyclés	6 800	100	*Écart sur volume*
Total	13 750	14 725	– 48 402 €

			Écart sur mix
Métaux raffinés			– 6 805 €
Métaux recyclés			10 207 €

Les actions correctrices pour pallier une dérive sur un écart achat sont nombreuses. Le responsable peut, entre autre, renégocier les prix d'achat, trouver de nouveaux fournisseurs pour mise en concurrence, annualiser les commandes, se rapprocher du marketing pour faire évoluer la définition du produit, remplacer un composant par un autre de même qualité, mais moins onéreux, renforcer l'adaptation aux programmes des ventes et de production, mettre en œuvre un processus qualité…

Les budgets ne sont toutefois que l'un des moyens de juger la performance des managers. Un budget non atteint a des conséquences en terme de rémunération, d'implication de la direction à l'avenir, mais entraîne peu souvent un changement de poste. Assez souvent, la non atteinte des budgets est sans conséquence. ■

La méthode Janus

Cinq principes clés

Principes de conception d'un tableau de bord

Indicateurs de performance : est-on en chemin pour atteindre les objectifs de résultat ?
Indicateurs de pilotage : les plans d'actions se déroulent-ils comme prévu ?

Urgence des données : adapter en fonction du besoin de réactivité (jour, mois, trimestre, année…)
Fréquence de sortie : adapter en fonction de l'urgence de la donnée.

Cohérence avec l'organigramme : des indicateurs propres à chaque métier
Cohérence au sein d'un métier : des indicateurs de performance identiques pour toutes les agences, les usines…

Présentation percutante :
– un baromètre sur la première page
– des chiffres : objectif, réel, écart (éventuellement des prévisions, ou des rappels de N – 1)
– des graphiques : historiques d'évolution, de position…
– des commentaires sur l'explication des écarts et les actions à mener.

Exploitation systématique : la finalité du tableau de bord consiste à alerter le responsable sur sa gestion et à l'amener à analyser les écarts, concevoir les actions correctrices, en référer à sa hiérarchie et mettre en œuvre les décisions.

En résumé

La méthode Janus donne une méthodologie pour créer ou faire évoluer un tableau de bord.

Le tableau de bord synthétise les informations propres à un responsable. Il lui permet d'évaluer sa performance, et de piloter ses actions pour améliorer sa performance.

Il regroupe des données opérationnelles et financières.

Insight

The Janus method describes a methodology to create and improve a dash board.

A dashboard is a synthesis of indicators related to a manager. It allows him to estimate his performance, and to drive actions to improve his performance.

It contains operational and financial indicators.

Pourquoi l'utiliser ?

Objectif

La méthode Janus structure la démarche de conception d'un tableau de bord en cinq étapes qui chacune se dédoublera pour n'en faire qu'une seule.

Contexte

Le tableau de bord est un outil d'anticipation et de diffusion rapide d'informations clés pour le suivi opérationnel. Les éléments dégagés guideront les responsables dans leurs prises d'actions correctrices.

Mesurer des paramètres réactifs permettant à des responsables de se rapprocher de leurs objectifs.

Comment l'utiliser ?

Étapes

• La démarche doit partir du sommet de la hiérarchie dont l'engagement est indispensable. Une cellule de projet « tableau de bord » sera constituée et pilotée par un « technicien » compétent, de bon niveau.

• Pour qu'un réseau de tableaux de bord ait une chance d'être opérationnel, il sera donc indispensable de se pencher sur les données critiques qui contribuent à la réussite des activités et au développement stratégique.

• Les utilisateurs exprimeront leurs desiderata en matière d'information au cours d'entretiens libres. Simultanément, les données mesurables, existantes ou non dans les bases de données, devront être recensées.

Lancement du projet	Organigramme de gestion	Information décisionnelle	Supports de l'information	Pérennité du système
Jalonner toutes les étapes du projet	Analyser les besoins des utilisateurs	Normaliser les différentes mesures de la performance	Unifier les modes de representation	Structurer la mise en œuvre du tableau de bord
Justifier d'un cadre pour l'action	Achitecturer le réseau de tableaux de bord	Normer les liaisons entre pilotage et performance	Utiliser un système informatique adapté	Situer le TDB au cœur du management

Méthodologie et conseils

Sur le fond, on retient peu d'indicateurs : « que l'essentiel, mais tout l'essentiel » ; c'est-à-dire des indicateurs de :

• performance (résultat à atteindre) : points-clés en termes de coût, qualité et délai, pour lesquels il faut que les résultats soient conformes aux attentes des clients et sur lesquels l'unité aura les moyens d'agir ;

• pilotage (plan d'actions) : activités et ressources « critiques » pour atteindre la performance attendue. Celles-ci devront répondre aux deux caractéristiques suivantes :

– déterminantes pour atteindre le niveau de performance attendu à la date demandée ;

– contrôlables par le responsable et qu'il puisse agir dessus.

Sur la forme, tout en respectant une présentation homogène à la société, la personnalisation du tableau de bord renforce son efficacité. Il y aura lieu de concevoir les maquettes avec les utilisateurs.

Avantages

✔ Le dictionnaire des indicateurs donne une définition précise et commune de l'information.

✔ Les actions sont liées à la performance de l'unité, ou du processus.

✔ La communication repose sur des éléments factuels.

Précautions à prendre

✔ L'implication de la direction générale est indispensable à la réussite du projet.

✔ Identifier les objectifs stratégiques et choisir des indicateurs de décision.

✔ Favoriser dès le départ l'appropriation par les utilisateurs du système.

Comment être plus efficace

Quelques questions à se poser pour fiabiliser les indicateurs

• **Que cherche-t-on à mesurer** : l'indicateur doit être caractéristique et représentatif de ce que l'on veut mesurer, tout en permettant son contrôle. Par exemple, le ratio « références manquantes/références expédiées » s'élève à 2 %, mais chaque référence manquante gèle toute la commande. Il vaut mieux suivre le ratio « commandes non expédiées pour références manquantes/total des commandes ».

• **Quelle précision est juste nécessaire** : l'indicateur doit être juste, exact, fiable, reproductible. Toutefois, on peut admettre une approximation de 90 % si celle-ci s'avère constante dans le temps.

• **Quels peuvent être les effets induits ou pervers** : l'amélioration d'un indicateur peut entraîner la dégradation d'un autre ; les indicateurs de qualité et de coût évoluent souvent en sens inverse ; ne suivre que le volume des ventes entraînera des ventes « à tout prix » qui risquent de se solder par des annulations. Il faut donc compléter avec d'autres indicateurs : ventes annulées, marges...

• **Qui génère l'information de base** : elle trouve le plus souvent son origine sur le terrain, et doit être générée par les acteurs pour leur propre compte. Une personne nommément désignée prend en charge la formation, la mise à jour et la diffusion de l'indicateur.

Quelques questions à se poser pour faire évoluer son tableau de bord

Vos tableaux de bord vous aident-ils à prendre des décisions ? Pour en être sûr, on vérifie :

• le regroupement en tableaux de tous les indicateurs concernant une décision à prendre ;
• les liens visuels entre des indicateurs s'influençant mutuellement ;
• la mise en évidence des informations les plus importantes ;
• la mise en évidence des ressources libres que le management pourrait engager dans une décision ;
• le rappel des conséquences des décisions précédentes.

Comment vos tableaux de bord sont-ils organisés pour vous aider dans votre fonction de managers qui consiste à motiver les hommes et à les conduire par une vision et une mission : on met en valeur la progression vers l'objectif, les évolutions d'une année sur l'autre, les comparaisons avec les autres unités. On peut créer des liens avec la rémunération.

Quels indicateurs mesurent les comportements des collaborateurs et les influencent : indicateurs de productivité (ex pour un service de ressources humaines : le jour de formation, le salaire payé, l'heure de conseil, le candidat proposé, le changement dans un dossier personnel).

Questions types lors des entretiens avec les utilisateurs :
– Qui sont les clients du service? Quel est le rôle du service ?
– Quels sont les objectifs en termes de coût, qualité, délai ? les résultats à atteindre ?
– Comment pouvons-nous piloter l'atteinte de ces objectifs ?
– De quelles ressources humaines, techniques, financières disposons-nous ?
– Quels sont les dysfonctionnements ? les facteurs clés sur lesquels nous ne pouvons pas agir qui freinent nos résultats ?

Extrait du **Tableau de bord d'une business unit dans le secteur de l'énergie**

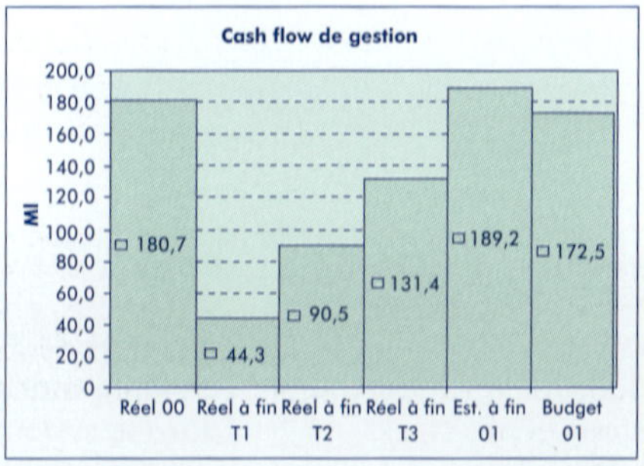

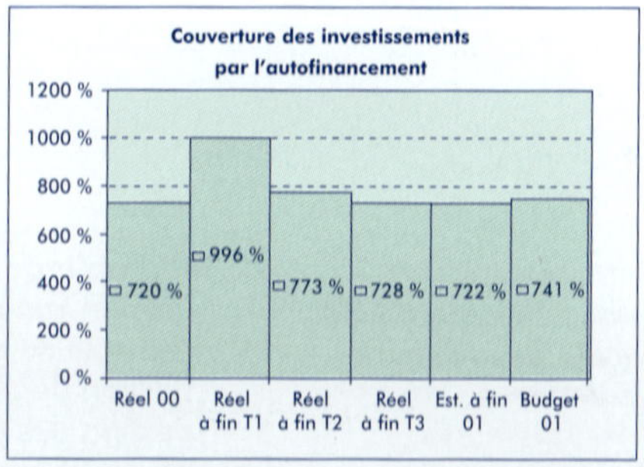

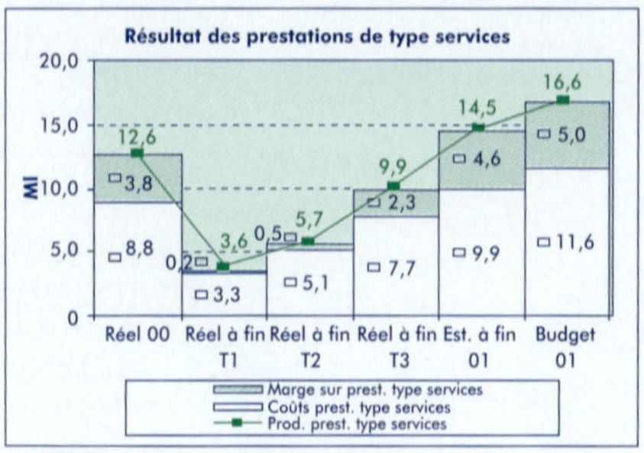

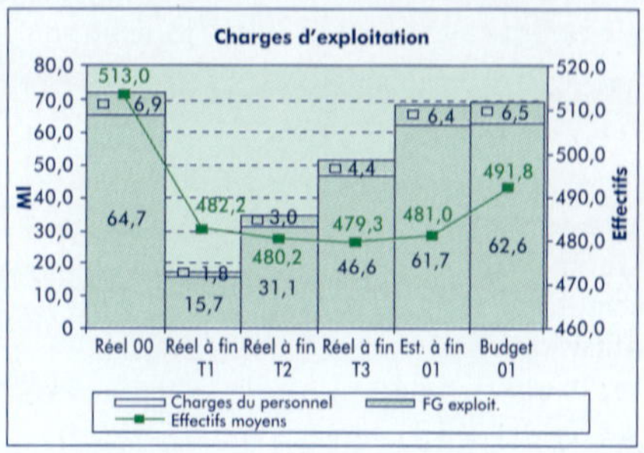

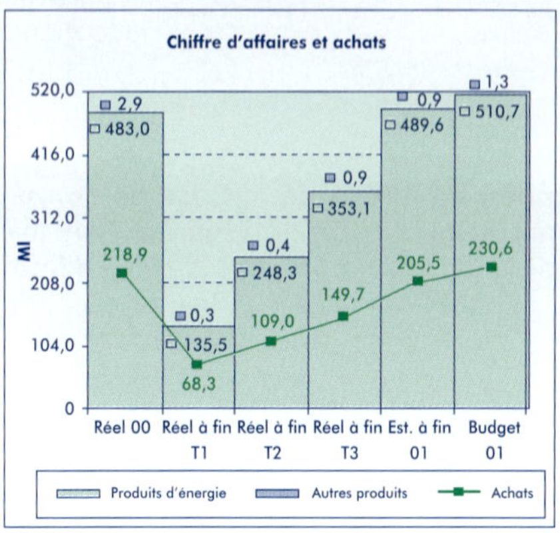

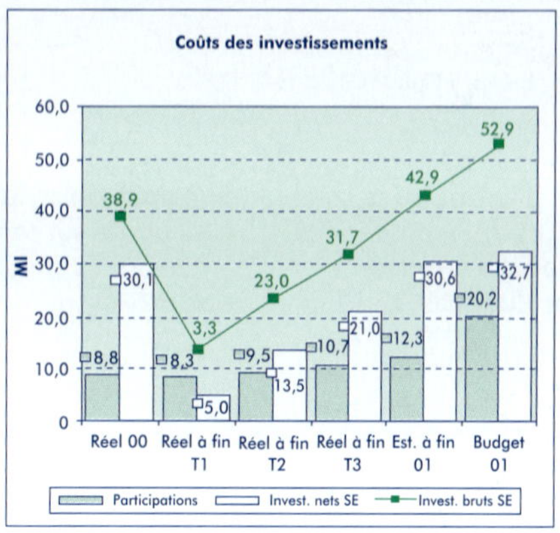

Au niveau d'une direction générale, les objectifs stratégiques se définissent souvent en termes de vente et de rentabilité.

Les impératifs de compétitivité des entreprises dans un environnement instable obligent les entreprises à innover constamment. Il s'agit essentiellement de l'innovation en matière de produits et services, ou de celle concernant les processus de production, les équipements de fabrication, ou encore les formules de prestations et services.

Le suivi des objectifs financiers est souvent obtenu par la mesure de la rentabilité de l'activité de l'entreprise, de la rentabilité des capitaux, et de la capacité d'autofinancement.

D'autres indicateurs suivent la satisfaction des clients, la capacité de l'entreprise à être flexible, ainsi que son potentiel de productivité, et le développement des compétences. ■

L'enterprise resource planning (ERP)

Caractéristiques d'un ERP

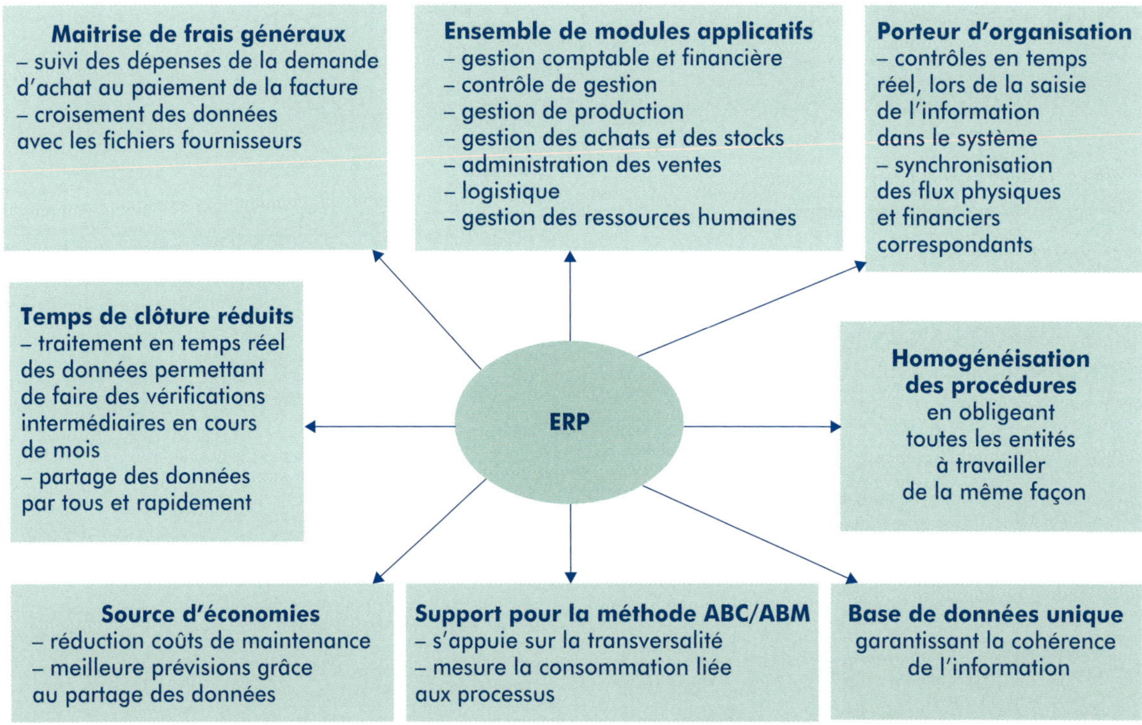

En résumé

Un ERP est un progiciel de gestion qui intègre toutes les données et processus d'une organisation dans un système unifié.

Il utilise une base de données pour stocker les informations des différents modules, comme : production, supply chain, finance, projet, ressources humaines, relation clients, entrepôt de données.

Insight

Enterprise resource planning system integrates all data and processes of an organization into a unified system.

It uses a unified database to store data for the various system modules, which would include : manufacturing, supply chain management, financials, projects, human resources, customer relationship management and data warehouse.

Pourquoi l'utiliser ?

Objectif

Un ERP couvre avec le même progiciel la plupart des domaines fonctionnels de l'entreprise : gestion commerciale, logistique, gestion de production, gestion financière, gestion des ressources humaines. Il construit des applications informatiques de manière modulaire tout en partageant une base de données unique et commune.

Contexte

La mise en place d'un ERP améliore de façon significative la productivité et la compétitivité d'une entreprise, en permettant l'accès à une information toujours plus précise, et sans coût supplémentaire. La difficulté n'est plus dans le stockage de l'information, mais dans le tri et la diffusion de cette information afin de fournir aux décideurs l'information « juste » nécessaire.

Les facteurs clés de succès de la mise en place d'un ERP sont : la gestion du changement, l'engagement des dirigeants, la qualité et l'implication des consultants externes.

Comment l'utiliser ?

Étapes

• La mise en place d'un ERP impose une révision complète des processus de l'entreprise puisque ces progiciels proposent les meilleures pratiques de gestion du moment. Ce reengineering repose sur une représentation des flux et des processus propice à une lecture par activité. Il conduit à redéfinir des équilibres dans la répartition des tâches entre les financiers et les non-financiers.

• On trouve des progiciels très structurants ou plus souples, intégrés ou rassemblant des applications qui collent au métier de l'entreprise. Plus une application est ouverte et souple, plus il faudra de rigueur dans la structuration de l'information et à l'inverse, plus une application est structurante et rigide, plus il faudra de souplesse dans le paramétrage pour intégrer les évolutions futures.

Méthodologie et conseils

Installer un ERP est une opportunité pour revoir son organisation, même s'il est tentant d'adapter le système aux méthodes existantes. Au-delà de la révision des processus, les progiciels ouverts au web et aux échanges de données électroniques permettent de travailler en intégrant les prestataires extérieurs dans la chaîne de traitement interne. Inversement, des prestations peuvent être externalisées.
Les départements RH ont une mission déterminante pour faciliter la transition et rendre les collaborateurs acteurs du changement. Les services qualité, contrôle de gestion, audit et autres fonctions financières devront inscrire en amont des chaînes opérationnelles les points de contrôle, de mesure ou de traitement nécessaires à la fluidité des processus. ■

Avantages

Un ERP entraîne des évolutions en matière de contrôle de gestion :
- élimination des tâches routinières ;
- transfert de connaissances comptables aux managers de terrain ;
- utilisation d'indicateurs avancés plus nombreux ;
- un rôle plus large des contrôleurs de gestion.

Précautions à prendre

✔ La gestion du projet nécessite de la rigueur et une grande disponibilité de l'équipe projet interne.

✔ Il est recommandé de faire simple et progressif et de choisir un bon intégrateur.

✔ La communication sur l'avancement du projet et la formation des futurs utilisateurs sont une des clés de la réussite du projet.

Outil 26 Le workflow

Utilisation pour un plan marketing

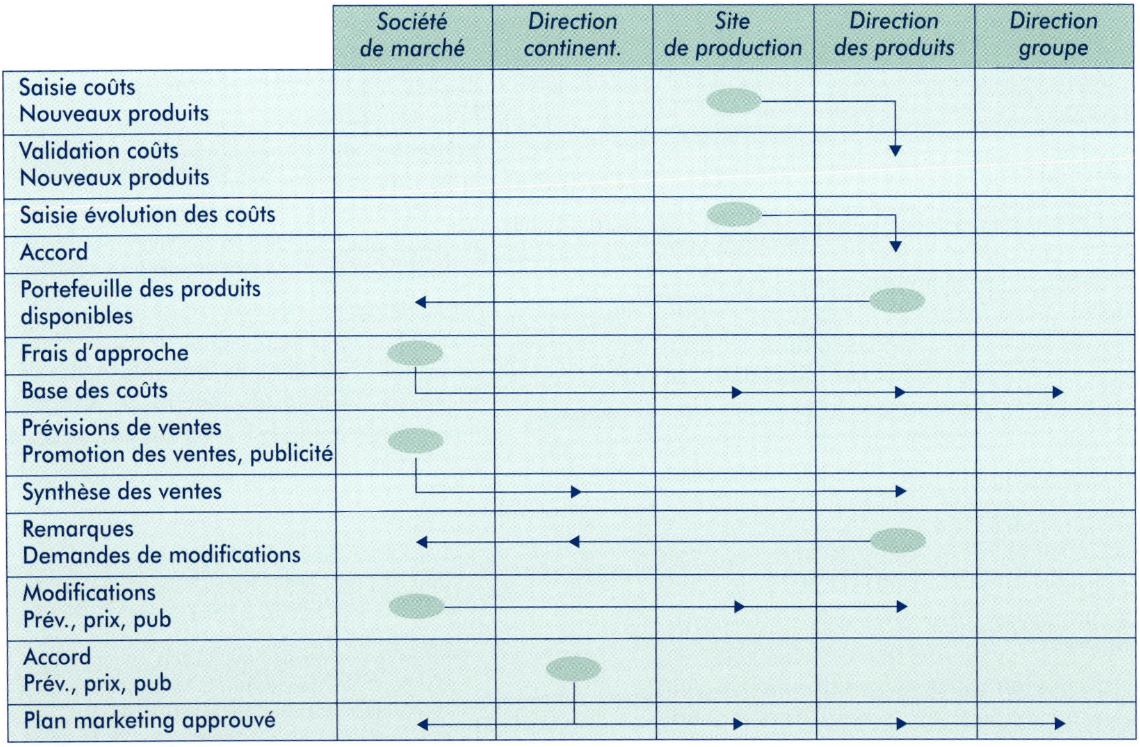

En résumé

Un workflow est un patron de conception répétitif basé sur une organisation systématique des ressources, des rôles déterminés, et des flux d'information, dans un processus qui peut être documenté.

Il est paramétré de telle façon qu'il évalue l'efficacité des routes des flux au travers des silos internes dans le but d'augmenter les contrôles sur les attributs et les règles identifiés, et de réduire les inducteurs d'efficacité à faible potentiel.

Insight

A workflow is a repeatable pattern of activity enabled by a systematic organization of resources, defined roles, and information flows, into a work process that can be documented.

It is modelled in such a way as to evaluate the efficiency of the flow route through internal silos with a view to increasing discrete control of uniquely identified business attributes and rules and reducing potential low efficiency drivers.

Pourquoi l'utiliser ?

Objectif

Le workflow est un outil d'automatisation des processus administratifs. Le paramétrage permet d'aiguiller les messages selon des procédures prédéfinies (demande d'achat transmise au service achat) ou selon la vie du message (une réclamation client non traitée depuis 24h est transmise à la direction).

Contexte

Lorsque les échanges d'informations et de documents deviennent systématiques et informatisés, le contrôle des flux devient incontournable. Avec un workflow, chacun selon ses responsabilités entre des données qui sont mises à la disposition de ceux qui en ont l'usage, bien entendu, sans aucune ressaisie.

Une démarche efficace pour contrôler le déroulement des processus et les flux d'informations.

Méthodologie et conseils

La mise en place d'un workflow remet en cause l'hypothèse de base de l'informatique selon laquelle « ce n'est plus l'utilisateur qui va à l'information, c'est l'information qui va à l'utilisateur ». Par exemple, dans un modèle de planification :

- la direction des achats fixe les hypothèses de variation des coûts d'achat qui sont transférées à l'usine pour le calcul des coûts de revient ;
- la direction des ventes fixe les volumes de ventes qui sont diffusées à l'usine pour le calcul de sa charge ;
- la direction produit suit les prévisions de ventes et réagit si les orientations ne sont pas suivies ;
- la direction générale suit, en cours de processus, sans attendre que tout soit bouclé, si tel objectif ou orientation majeur est bien pris en compte. ■

Comment l'utiliser ?

Étapes

La mise en œuvre d'un workflow nécessite les paramétrages des modules suivants.

- L'explication de la structure décisionnelle traduite dans un wokflow impose de préciser les rôles et les pouvoirs de décision de chacun, ainsi que la diffusion qui en sera faite.
- Définir les modèles des documents, supports des flux : formulaire, page écran, états, interrogations, listes... La présentation de ces modèles est ensuite paramétrée dans le logiciel.
- Pour suivre les processus métiers, formaliser les conditions de passage d'un flux entre chaque acteur : règles de gestion, contrôle, validation, signature électronique...
- Identifier les indicateurs d'avancement de traitement des messages afin de suivre l'avancement du processus. Cela permet de relancer tel ou tel responsable en retard pour fournir des informations.

Avantages

- ✔ Un workflow est particulièrement adapté à la gestion administrative dans le tertiaire ou dans tous les services administratifs.
- ✔ Il libère l'acteur pour des tâches à plus fortes valeurs ajoutées, et renforce la confidentialité.
- ✔ Il permet une maîtrise accrue de la productivité des tâches liées à l'information, et une plus forte réactivité.

Précautions à prendre

- ✔ Un workflow devient inefficace si les rôles des acteurs et des services sont flous.
- ✔ Il faut formaliser son organisation opérationnelle, écrire les procédures.
- ✔ Si les volumes à numériser sont importants, il faut envisager l'implantation simultanée d'un système de classement et de recherche de documents.

Dossier 4

Simulations financières

Seule la prise en compte d'une rentabilité prévisionnelle permet de :

• cerner approximativement la valeur réelle d'une entreprise ou des actifs immatériels ;
• mesurer le couple rentabilité – risque lié à des projets de développement ;
• prévoir le cap à atteindre en fin d'année.

Simuler	Approches	Outils de simulation
La valeur d'une entreprise	Actuarielle Comparative Boursière	Discounted cash flow Méthode des multiples Price earning ratio
La valeur des immatériels	Rating	Méthode Thésaurus
Le risque financier	Stratégique	Business plan Méthode des scénarios Analyse de sensibilité
La rentabilité	Gestion	Budget Coût standard Seuil de rentabilité

Les investisseurs achètent les profits futurs d'une entreprise. Ils pondèrent toutefois ses perspectives de celles de l'économie dans son ensemble, du secteur d'activité et de l'entreprise elle-même.
Dans les faits, on distingue deux approches principales pour évaluer les sociétés non cotées, plus ou moins utilisées en fonction de la taille et du secteur de la société :
• l'approche actuarielle valorise une société à partir de sa capacité à générer des flux de revenus ;
• l'approche comparative valorise une société à partir de données sur des sociétés présentant un profil comparable.

Pour les sociétés cotées, on se base sur l'évaluation du titre sur le marché boursier.
La différence entre la valeur réelle d'une entreprise et sa valeur comptable est associée au capital immatériel. C'est un concept économique et non comptable, qui cherche à identifier les richesses cachées de l'entreprise, soit tout ce qui lui permet de créer de la valeur et que l'on ne peut déceler à la lecture de son bilan. Il n'a pas vocation à être valorisé quantitativement, mais qualitativement. Une méthode de rating (notation) permet d'en obtenir une appréciation assez fine.
Les techniques de gestion sont peu structurées pour les activités stratégiques. Elles ont pour objet de définir le processus organisant la réflexion dans l'entreprise et d'établir des modèles pour une aide à la décision.
Toute décision stratégique comporte un risque du fait de l'incertitude liée à l'évolution de l'environnement, ainsi qu'à celle de l'entreprise. Plus le risque est élevé, plus on a recours à des outils permettant de le cadrer :

- le chiffrage du business plan tient compte des programmes d'actions prioritaires, de l'environnement (PIB, inflation, coûts...), d'hypothèses internes à la division (marché, nouveaux produits...) ;
- un processus organisé nécessaire pour arriver à poser le problème. On examine des scénarios afin de choisir les solutions optimales ;
- le travail sur les alternatives qui conduit à délimiter le champ des possibles, s'y situer et éclairer un pari à faire de façon plus raisonnable.

Les activités opérationnelles sont décrites par des paramètres dont la valeur est connue de façon certaine ou sur lesquels on peut établir des prévisions de type probabiliste. La gestion prévisionnelle consiste à quantifier les objectifs, les options et leurs moyens associés. En structurant l'organisation générale, elle oriente les comportements. C'est une démarche d'amélioration des performances économiques et qualitatives.
On distingue trois outils de gestion pour déterminer les résultats attendus :

- la gestion budgétaire reflète les engagements (résultat/moyens) passés par les opérationnels à tous les niveaux de la hiérarchie ;
- les coûts standards, évalués par avance pour chaque composante du coût de revient. Ils sont applicables sur une longue période car leurs calculs reposent sur des objectifs d'évolution des différents paramètres entrant dans leur composition ;
- le seuil de rentabilité évalue le risque des prévisions budgétaires d'un centre de profit.

Il ne faut jamais perdre de vue que les actionnaires, les dirigeants, les banquiers et les autres partenaires sur le marché observeront avec attention les perspectives de l'entreprise pour déterminer leur position.

Dossier

Les OUTILS

Outil 27 Le discounted cash flow (DCF)

Définition et interprétation

L'entreprise est considérée comme une entité dont la valeur ne dépend pas de son bénéfice, mais de sa capacité bénéficiaire, mesurée par ses *free cash-flows* ou flux de trésorerie disponibles.

↓

Valeur de l'entreprise =
valeur actuelle des flux de trésorerie après impôt sur l'horizon explicite
+ valeur actuelle de la valeur finale retenue à la fin de l'horizon explicite.

↓

Formule de calcul :

Valorisation = $V = \text{Som FCF } a/(1 + t)^{-a} + (\text{FCF } n/(t - g)) \times (1/(1 + t))^{-n}$

FCF a = *free cash flow* de l'année a
t = taux d'actualisation (coût moyen pondéré du capital)
g = taux de croissance à l'infini
FCF n = free cash flow de l'année n (dernière année de la période considérée)

↓

Trois questions se posent :

1. Quel taux d'actualisation retenir ?
2. Quel flux retenir ?
3. Quelle durée retenir pour le calcul ?

En résumé

L'approche par les discounted cash flow décrit une méthode utilisée pour valoriser un projet ou une société.

Tous les cash flows futurs sont estimés et actualisés afin de les convertir en valeur actuelle.

Le taux d'actualisation généralement utilisé correspond au coût des capitaux, augmentés d'une appréciation de l'incertitude sur les cash flows futurs.

Insight

The discounted cash flow approach describes a method to value a project or an entire company.

All futures cash flows are estimated and discounted to give them a present value. The discount rate used is generally the appropriate cost of capital, and incorporates judgements of the uncertainty of the future cash flows.

Pourquoi l'utiliser ?

Objectif

Le modèle DCF repose sur l'idée selon laquelle l'acquéreur n'achète pas les flux passés de l'entreprise, mais les flux futurs. L'entreprise est considérée comme une entité dont la valeur ne dépend pas de son bénéfice, mais de sa capacité bénéficiaire qui est mesurée par ses free cash flows ou flux de trésorerie disponibles.

Contexte

On considère que les cash flows représentent de façon plus réaliste le potentiel de création de valeur pour l'entreprise car ces flux peuvent être réinjectés dans la société. C'est la méthode la plus utilisée pour évaluer des sociétés non cotées.

Les flux de trésorerie doivent être actualisés afin de donner une valeur actuelle que l'acheteur est prêt à payer.

Comment l'utiliser ?

Étapes

- Le choix du taux d'actualisation doit correspondre à l'exigence de rentabilité de l'acheteur. Celle-ci est fonction du risque économique perçu sur la société, de la structure financière de l'acheteur, et des risques pesant sur l'environnement. On se réfère le plus souvent au modèle du MEDAF qui applique un taux sans risque majoré d'une prime de risque calculée à partir du bêta économique d'une entreprise comparable.
- Le flux à retenir doit être un flux de trésorerie ou cash flow. Le cash flow utilisé est le free cash flow, c'est-à-dire l'excédent net de trésorerie après financement des investissements d'exploitation et de distribution.
- Le choix de la durée à retenir pour le calcul intègre l'actualisation des flux à l'infini. Toutefois, comme le taux d'actualisation écrase les cash flows éloignés dans le temps, on procède de manière simplifiée. On considère que l'entreprise correspond à un investissement sur un nombre d'années limitées, le plus souvent 10 à 20 ans, puisqu'au terme elle sera revendue.

Méthodologie et conseils

Pour la détermination des *cash flows*, on réalise un business plan plus ou moins détaillé, avec un prévisionnel de ventes, des coûts variables et fixes, des investissements, des variations du besoin en fonds de roulement. Les évaluateurs utilisent de plus en plus souvent des prévisions sur sept à dix ans (détaillées sur trois à cinq ans, puis extrapolées).

La valeur de revente, ou valeur finale, est évaluée selon une rente perpétuelle croissante :

$$V_n = CF_{n+1}/(t - g).$$

- Vn : valeur de revente ; CF n +1 : *cash flow* n +1 ; t : taux d'actualisation ;
- g : taux de croissance des *cash flows* à l'infini, qui ne peut s'éloigner du taux de croissance du PIB.

La valeur de revente peut également être valorisée par une méthode des multiples (PER ou comparable), puis elle sera actualisée. ■

Avantages

- ✔ La méthode DCF est la plus rationnelle car elle supprime les effets de mode, à l'inverse de la méthode des comparables.
- ✔ C'est un formidable outil de négociation lors d'une transaction, car elle permet de décomposer les divergences de vue liées au choix des paramètres.

Précautions à prendre

- ✔ La méthode DCF n'est nullement exhaustive. Elle est systématiquement complétée par des méthodes comparatives qui permettent d'apprécier la société en tenant compte de son secteur et de ses concurrents.

Outil 28 La méthode des multiples

Caractéristiques de la méthode

La méthode des multiples consiste à valoriser une société par comparaison avec des sociétés comparables dont on connaît la valeur, soit parce qu'elles sont cotées, soit parce qu'elles ont fait l'objet d'une transaction récente dont les caractéristiques ont été rendues publiques.

L'approche par les sociétés comparables se base sur les éléments suivants :

- Des transactions comparables permettant d'apprécier la valorisation et les multiples de sociétés similaires cédées.
- Des sociétés présentant un profil similaire en termes de taille, marché, risques…
- Des indices de références comme le CAC 40, le nouveau marché que l'on utilisera si l'on considère que l'entreprise est représentative de cet indice.
- Un secteur d'activité, si l'on considère que l'entreprise possède des caractéristiques représentatives d'un secteur.

En résumé

La **méthode des multiples** consiste à comparer un certain nombre de sociétés semblables sur un secteur d'activité, afin de mettre en exergue des éléments de référence.

L'évaluateur se réfère souvent à des transactions significatives réalisées sur un échantillon de sociétés comparables.

Pour les sociétés cotées, plusieurs ratios peuvent être utilisés : PER, PBR, PSR…

Insight

*The **analogical method** consists in comparing several similar companies in a sector, in order to see indicators of reference.*

The evaluator often refers to significant transactions done on a sample of similar companies.

For coted companies, several ratios can be used : PER, PBR, PSR…

Pourquoi l'utiliser ?

Objectif

Elle permet de donner le prix de marché d'une entreprise à un moment donné, en s'appuyant sur les exemples de transactions passées concernant des sociétés comparables.

Contexte

Cette méthode est largement utilisée pour évaluer des sociétés car elle est assez réactive au marché. En effet, elle reflète plus un prix de marché que la valeur comptable de l'entreprise. Contrairement à la méthode actuarielle, les éléments ne sont pas figés.

C'est une approche analogique, pragmatique qui s'appuie sur la théorie des marchés à l'équilibre.

Comment l'utiliser ?

Étapes

• Cette méthode nécessite la construction d'un panel de sociétés comparables avec des critères significatifs (taille, positionnement géographique...) ; on pourra s'appuyer sur les analyses des cabinets Bloomberg ou Merger Market.

• À partir de données de sociétés similaires, les professionnels vont établir la moyenne de certains ratios qui permettront d'évaluer l'entreprise. On utilise les derniers agrégats financiers connus pour estimer des multiples prévisionnels. Une pondération peut être affectée aux trois derniers exercices afin de lisser l'évolution des résultats.

• La comparaison des multiples obtenus pour l'échantillon avec ceux de la société permet de savoir si celle-ci est surévaluée, sous-évaluée ou justement évaluée par le marché.

Méthodologie et conseils

On s'assurera que les sociétés de l'échantillon sont comparables en termes de risque, de rentabilité, de croissance, et suffisamment liquides, et qu'il se réfère à des transactions récentes. Même si la sélection des entreprises comparables a été rigoureuse, il subsiste toujours des éléments différenciateurs qui influent sur la valeur. L'ajustement par des primes/décotes permet en partie de corriger ces biais :

• décote d'illiquidité (20 % à 30 %) actant de l'inexistence d'un marché actif boursier pour les PME non cotées ;

• prime de contrôle (moyenne de 20 %) correspondant à la survaleur qu'un acquéreur est prêt à payer pour contrôler la majorité du capital d'une société (inexistant pour les groupes cotés).

On vérifiera que les multiples tiennent comptes des spécificités de l'entreprise et des comparables à évaluer. On se réfère à deux types de multiples :

• les multiples de valeur économique : chiffre d'affaire, EBE ou Ebitda, résultat d'exploitation ou Ebit, endettement net de la cible lors de la transaction

• les multiples de valeur de capitaux : résultat net, PER, capacité d'autofinancement, résultat courant.

Les PME sont souvent valorisées sur la base de six à huit fois leurs résultats nets (retraités des éléments exceptionnels). Les activités de prestations de services sont plutôt valorisées deux à trois fois leur chiffre d'affaires annuel, et les activités de transports trois à cinq fois leur capacité d'autofinancement. ■

Avantages

✔ Afin d'obtenir une bonne valorisation et de tenir compte de la majorité des éléments comptables, les professionnels utilisent de nombreux ratios.

Précautions à prendre

✔ Les calculs reposent sur des chiffres comptables comportant de nombreux ajustements arbitraires.

Outil 29 Le price earning ratio (PER)

Les différents ratios

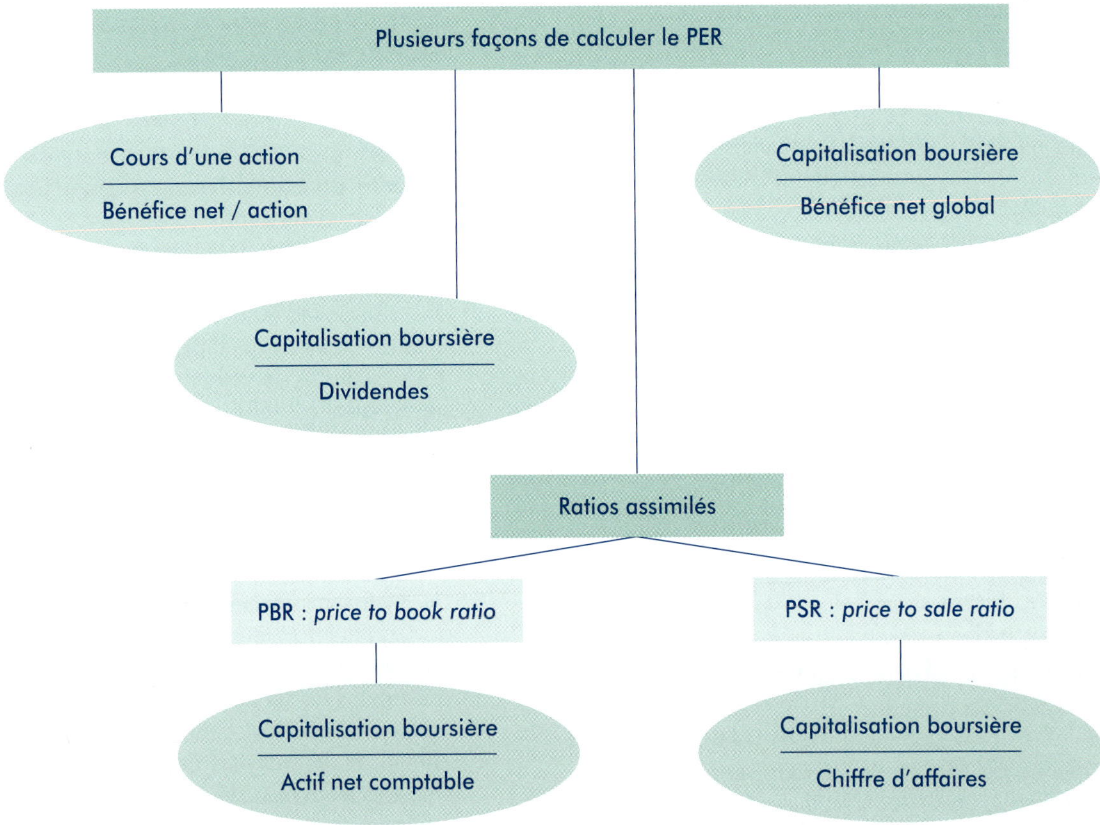

En résumé

Le price earning ratio d'une action est une mesure du prix payé pour une action au titre du profit par action gagné par une entreprise.

Il est très utilisé pour évaluer des sociétés cotées, et notamment lors d'introduction en bourse pour apprécier le prix proposé par rapport au marché.

Un price earning ratio plus élevé signifie que les investisseurs paient plus pour chaque point de profit.

Insight

The price earning ratio of a stock is a measure of the price paid for a share relative to the income or profit earned by the firm per share.

It is much used to evaluate a quoted company, and specially when it is introduce on the stock market in order to estimate the offered price in relation to the market.

A higher price earning ratio means that investors are paying more for each unit of income.

Pourquoi l'utiliser ?

Objectif

Ce ratio s'apparente au délai de récupération d'un investissement, puisqu'il indique le nombre d'années de bénéfice qui permettront de récupérer l'investissement initial. Pour évaluer la société, on multiplie son bénéfice par le PER moyen. Plus un titre est liquide, plus son PER est élevé. Plus il est bas, plus l'entreprise est bon marché.

Ce ratio permet à un investisseur de mesurer son retour sur investissement.

Contexte

Le PER d'une société sera comparé au PER moyen du secteur d'activité. Un changement de PER peut rendre compte de changements réalisés dans l'entreprise (variation du périmètre, perspective de croissance…).

Comment l'utiliser ?

Étapes

Le PER correspond au cours bénéfice d'une société. Il est valorisé :

• soit par le rapport entre le cours d'une action (ex : 130) et le bénéfice net par action (ex : 10) ; d'où PER = 130/10 = 13 ; on dit que l'entreprise capitalise 13 fois ses bénéfices ;

• soit par la valorisation (capitalisation boursière pour une société cotée) sur le bénéfice net global.

Le bénéfice par action est égal au bénéfice net hors éléments exceptionnels divisé par le nombre d'actions composant le capital.

Le PER peut porter sur des bénéfices passés ou sur des bénéfices futurs estimés. Il ne se calcule pas sur des pertes. Il est particulièrement intéressant sur les bénéfices futurs, car plus le taux de croissance est fort, plus le multiple sera élevé.

Le PBR prend en compte l'actif net comptable. Les analystes financiers le calculent à partir de l'actif net réévalué par action (c'est-à-dire en intégrant les plus-values latentes sur les immobilisations) :

Actif net = Actif comptable – Actif fictif – Dettes = Capitaux propres – Actif fictif.

Méthodologie et conseils

Le PSR est souvent utilisé dans la mesure où le chiffre d'affaires (CA) est considéré comme une donnée plus facile et homogène que le bénéfice (ex : une entreprise se vend à 0,5 fois le CA, alors que des opérations précédentes se sont réalisées à 2 fois le CA). Toutefois deux sociétés ayant la même activité et le même chiffre d'affaires, mais ayant une rentabilité différente seront valorisées différemment.

Le PBR exprime le mieux la synthèse des réactions du marché boursier. Un PBR supérieur à 1 traduit une surcote de l'entreprise par rapport à son actif net dû à une gestion dynamique de l'entreprise. Inversement, un PBR inférieur à 1 se solde par une faible confiance dans l'avenir de la société. Depuis environ dix ans, il est en moyenne de 3. Cela signifie que $\frac{2}{3}$ de la valorisation des entreprises ne se lit plus dans le bilan. ■

Avantages

✔ Une capitalisation de résultats élevés entraîne :

– une augmentation de la valeur du patrimoine des actionnaires ;

– la possibilité de lever de nouveaux capitaux à des taux plus favorables ;

– la réduction des chances d'OPA hostile.

Précautions à prendre

✔ Le PER ne peut à lui seul fournir une valorisation, car il varie dans les faits d'une année sur l'autre.

✔ Les entreprises comparables doivent être de même taille, du même secteur d'activité, avoir la même structure d'endettement.

La méthode Thésaurus

Cartographie du capital humain

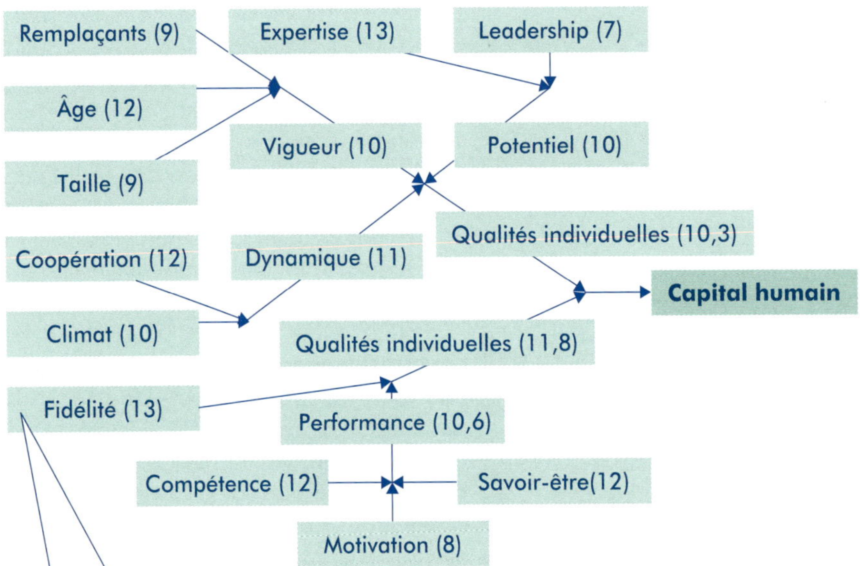

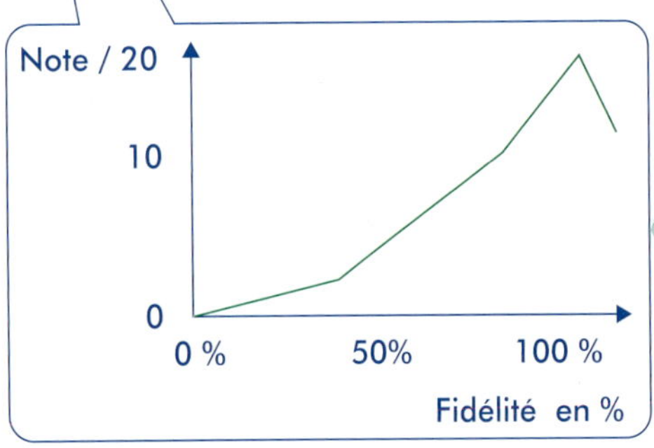

Indicateurs	Valeur	Note
A. Départ des dirigeants/début d'année	12 %	
B. Départ des managers/début d'année	21 %	
C. Départ des experts/début d'année	18 %	
D. Départ d'autres salariés/début d'année	23 %	
Indicateur composite (4A + 3B + 2C + D)	17 %	13/20

Source : Goodwill management

En résumé

La méthode thésaurus envisage la mesure du capital immatériel de deux manières différentes. Tout d'abord une mesure qualitative, afin d'en connaître les points forts et faibles qui préfigurent leur valeur financière. L'évaluation qualitative sera utilisée comme coefficient de risque pour l'actualisation des flux lors de l'évaluation financière.

Insight

*The **method Thesaurus** considers the measure of intangibles in two different manners.*
At first a qualitative measure in order to know the different strong or weak points which prefigure their financial value. The qualitative valuation will be used as a rate of risk to discount the cash flows for the financial valuation.

Pourquoi l'utiliser ?

Objectif

La méthode Thésaurus est une méthode d'évaluation de la qualité et de la valeur financière des actifs immatériels. Une forte corrélation existe entre la notation des actifs immatériels et la performance économique.

Contexte

La valeur des entreprises se lit de moins en moins dans leurs comptes. Le capital immatériel qui représente environ deux tiers de la valeur totale d'une entreprise est valorisé hors bilan.

C'est le lien sémantique entre les critères qui crée une pondération naturelle des facteurs.

Comment l'utiliser ?

Étapes

• La cartographie du capital immatériel présente neuf types d'actifs immatériels : le capital client, le capital humain, le capital organisation, le système d'information, le capital du savoir (ou innovation), le capital de marque, le capital partenaires, le capital actionnaires, le capital environnemental.

• Sur la base d'un audit de la société, et plus particulièrement d'une analyse stratégique, chaque actif est découpé en critères déterminés en fonction de leur incidence sur la valeur immatérielle de l'entreprise, de leur pertinence avec les objectifs stratégiques et de leur mesurabilité. Il s'agit de différencier les actifs selon l'importance qu'ils revêtent pour l'entreprise (primauté du capital savoir et brevets dans un laboratoire pharmaceutique).

• Chaque critère se voit attribuer une large palette d'indicateurs. Par exemple, pour apprécier le climat social, on retient des indicateurs comme le taux d'absentéisme, le turn over, la productivité, l'existence d'une enquête de satisfaction des salariés, le nombre de jours de grève, le nombre de licenciements, l'appréciation des salariés (sondage), l'appréciation des managers (sondage)… Pour chaque indicateur, un système de conversion de la valeur est mesuré en note de 1 à 20. Cette méthode induit une pondération naturelle entre les notes pour calculer la note finale (rating).

• La valorisation financière distingue les actifs d'offre (capital client) des actifs de demande (autres actifs) avec exploitation de la notation au niveau de l'actualisation des flux. La valeur du capital immatériel se situe donc dans cette fourchette de valeurs.

Il y a plusieurs méthodes pour apprécier la valeur financière des actifs immatériels :

- coût de remplacement ;
- comparable ;
- valeur de rendement (type DCF, la plus utilisée).

Méthodologie et conseils

Il est possible de déterminer les indicateurs en distinguant trois catégories : indicateurs généraux à toutes les entreprises, ceux particuliers à un secteur d'activité ou spécifiques à une entreprise. Le choix des indicateurs peut être influencé par le contexte de l'analyse, à savoir si elle est faite en vue d'une vente de l'entreprise ou dans un souci de meilleur pilotage. ■

Avantages

✔ Le capital immatériel ainsi qualifié peut faire l'objet d'un suivi en vue de son amélioration.

Précautions à prendre

✔ Concept économique et non comptable, la valeur de rendement du capital immatériel n'a pas pour objectif de servir de base à une éventuelle mise au bilan pour sa fraction éligible (R & D, brevets, marques).

Outil 31 Le business plan

Démarche d'élaboration

En résumé

Un business plan est un document qui formalise un projet, les raisons pour lesquelles il est considéré réalisable, et le plan d'action pour aboutir.

Il peut inclure des informations sur l'organisation ou l'équipe responsable du projet.

Il peut être tourné vers l'intérieur (développement d'un nouveau service) ou l'extérieur (partenaires financiers).

Insight

A business plan is a formel statement of a largely enforced business goal, the reasons why it is believed attainable, and the plan for reaching this goal.

Il may contain informations about the organization or the team attempting to reach this goal.

It may be internally (development of a new service) or externally (financial stakeholders) focused.

Pourquoi l'utiliser ?

Objectif

Le business plan a pour but de fixer les grandes orientations, de donner des directives pour lancer de grands projets, de préciser des priorités, et de fixer des objectifs. Les objectifs sont dits « tentatifs », en ce sens qu'il n'est pas encore certain qu'il sera possible et réaliste de les atteindre, et qu'ils devront être validés.

> Le business plan est un document synthétique de présentation d'un projet d'investissement ou d'évolution d'une entreprise à moyen terme

Contexte

Le business plan permet de :

• simuler des alternatives par exemple plus de publicité pour accroître les parts de marché ;

• évaluer des risques, par exemple les conséquences de la perte d'un marché ;

• donner des objectifs à chacun des responsables. Ces objectifs sont réalistes car ils intègrent les actions prévues et préparées de façon participative.

Comment l'utiliser ?

Étapes

L'analyse stratégique porte à la fois sur des éléments :

• internes, en identifiant dans son métier les forces et les faiblesses de l'entreprise (notoriété, savoir faire, innovation...) ;

• externes, en isolant dans l'environnement les opportunités et les menaces sur son propre marché (croissance, réglementation, concurrence...).

Il s'agit d'évaluer les « facteurs clé de succès » (qualité de service, notoriété...) de l'entreprise et sa performance relative par rapport à ses concurrents, sur chacun d'entre eux, et de repérer les évolutions majeures affectant son secteur d'activité. Ces analyses permettent de déceler des potentiels de développement, les objectifs et les actions stratégiques.

Le calcul du plan à moyen terme ou business plan est un processus itératif.

Méthodologie et conseils

Quel que soit le nombre de scénarios recensés, il faut en choisir un seul qui doit être le plus proche des tendances observées sur une modélisation simple à trois ans.

Néanmoins, toute la difficulté consiste à choisir le scénario le plus vraisemblable en tenant compte de versions élaborées dans un cadre haut, moyen et bas, chacun d'eux correspondant à des choix cruciaux de gestion pour les dirigeants.

Avantages

✔ Le business plan est un outil de travail qui aide à :
– bâtir son projet ;
– convaincre de l'intérêt d'un projet ;
– évaluer et piloter tout au long de la vie du projet.

Précautions à prendre

✔ Il est important de :
– concentrer ses efforts sur quelques semaines ;
– bien positionner les objectifs de la première année afin de se ménager de la flexibilité les années suivantes.

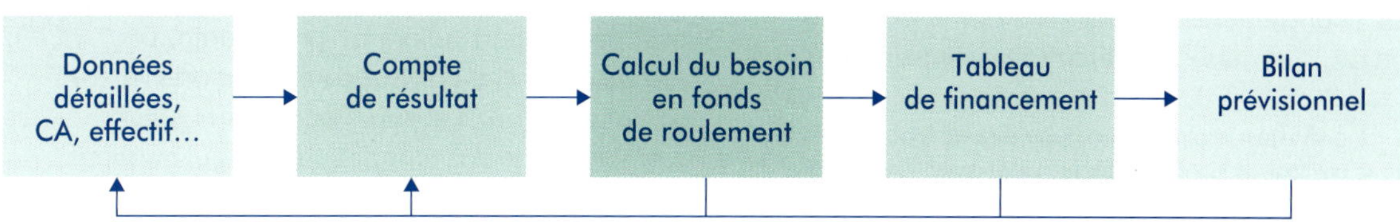

Comment être plus efficace

La norme IAS 36 impose d'élaborer un business plan par unité génératrice de trésorerie (UGT[1]) en quatre phases

Les immobilisations corporelles, incorporelles et financées en crédit bail sont regroupées par UGT. Les immobilisations de l'UGT figurent à l'actif si :

- l'UGT génère des cash flows ;
- la somme des cash flows bruts prévisionnels est positive ;
- la valeur actuelle nette du projet est positive.

La durée de vie économique est définie par un business analyst suite à une étude économique. Elle doit être validée par le conseil d'administration et les commissaires aux comptes.

Pour établir le business plan sur la durée de vie économique, on réalise une étude de marché préalable pluriannuelle afin de définir la taille du secteur et les parts de marché relatives, ainsi que l'estimation du chiffre d'affaires. Pour respecter la règle de prudence, on applique des taux de croissance décroissants année après année. Les charges d'exploitations sont estimées à partir de la comptabilité analytique.

Le business plan est validé par le conseil d'administration et les commissaires aux comptes

La norme IAS 36 impose de revoir ce business plan tous les ans et de réaliser un test *impairment*

Pour actualiser le business plan, on intègre les changements stratégiques par rapport au passé, et les modifications importantes depuis le dernier test impairment : croissance du chiffre d'affaires et des marges divergentes, investissements et restructuration non engagés…

On identifie les critères *impairment* (permettant de repérer une sous-activité structurelle) en utilisant des sources :

- externes : baisse significative de la valeur marchande d'un actif, changements néfastes dans l'environnement de la société, augmentation des taux d'intérêt, valeur comptable de l'actif net de la société supérieure à sa capitalisation boursière ;
- internes : obsolescence ou détérioration d'un actif, changement des conditions prévisibles d'utilisation de cet actif, non respect des budgets initiaux.

On pratique le test *impairment*. Si la valeur nette comptable est inférieure ou égale à la somme des cash flows bruts révisés, la juste valeur reste égale à la valeur nette comptable Dans le cas inverse, la juste valeur de l'UGT est égale à la valeur recouvrable. La valeur recouvrable est la valeur la plus élevée entre le prix de cession optique liquidative et la somme actualisée des cash flows bruts révisés basée sur le coût du capital de la *business unit* de rattachement. La dotation impairment constate la perte pour dépréciation qui diminue la valeur de l'actif. Et le résultat opérationnel (élément inhabituel du résultat ordinaire).

L'*impairment* est réversible en cas d'accroissement de la valeur recouvrable d'un actif par rapport à l'année précédente. Le renversement ne doit pas conduire à une valeur comptable de l'actif supérieure à sa valeur d'origine nette des amortissements qui auraient été pratiqués en l'absence de dépréciation

1. Une UGT est le plus petit groupe d'actifs identifiables dont l'utilisation continue génère des cash flows indépendants de ceux d'autres actifs ou groupes d'actifs.

Exemple de **Maquette de calcul**

Détermination des flux de trésorerie actualisés							
1 Comptes de résultat prévisionnels							
En k euros	**N**	**N + 1**	**N + 2**	**N + 3**	**N + 4**	**N + 5**	
Chiffre d'affaires	1 000	1 050	1 103	1 158	1 216	1 276	
– Charges d'exploitation	(600)	(630)	(662)	(695)	(730)	(765)	
Excédent brut d'exploitation	400	420	441	463	486	511	
– Dotation aux amortissements	(100)	(100)	(100)	(100)	(100)	(100)	
= Résultat d'exploitation	300	320	341	363	386	411	
2 Éléments bilantiels							
En k euros	**N**	**N + 1**	**N + 2**	**N + 3**	**N + 4**	**N + 5**	
Besoin en fonds de roulement	400	450	500	500	500	550	
Investissements de maintien		100	150	150	150	150	
3 Détermination des flux de trésorerie							
En k euros	**N**	**N + 1**	**N + 2**	**N + 3**	**N + 4**	**N + 5**	**Total**
Résultat d'exploitation		320	341	363	386	411	
+ Dotations aux amortissements		100	100	100	100	100	
– Variation du BFR		(50)	(50)	0	0	(50)	
Récupération BFR en fin de période						550	
– Investissements		(100)	(150)	(150)	(150)	(150)	
Flux de trésorerie (non actualisés)		270	241	313	336	861	
Flux de trésorerie (actualisés au 31/12/N à 10 %)		245	199	235	230	534	1 443
Déduction du BFR en début de période							(400)
Valeur de l'actif (au 31/12/N)							1 043

Source Cegos

Les prévisions de ventes sont, soit extrapolées à partir du marché ou de l'entreprise, soit à partir du coût de l'investissement et de l'exigence de rentabilité que se fixe l'entreprise.

Les prévisions de charges sont extrapolées des normes de coûts habituellement utilisées dans l'entreprise pour les activités nouvelles. Pour les activités maîtrisées, on se contente de partir du taux de marge actuel (excédent brut d'exploitation).

Même si l'élaboration du business plan est un projet pluridisciplinaire qui fait appel à de nombreuses compétences, l'évaluation de la rentabilité et les prévisions financières sont souvent réalisées par un directeur financier ou un contrôleur de gestion. ■

Outil 32 La méthode des scénarios

Variable de décision et variables sensibles

Carte de la variable de décision en fonction des variables sensibles, avec détermination du seuil correspondant aux décisions possibles

	150	170	190	210	230	250	270	290	310	330	350
1,20	– 40,0	– 34,1	– 29,5	– 25,7	– 22,6	– 20,0	– 17,8	– 15,9	– 14,2	– 12,7	– 11,4
1,18	– 38,3	– 32,5	– 27,9	– 24,2	– 21,2	– 18,6	– 16,4	– 14,5	– 12,9	– 11,4	– 10,1
1,16	– 36,7	– 30,9	– 26,4	– 22,8	– 19,7	– 17,2	– 15,0	– 13,2	– 11,5	– 10,1	– 8,9
1,14	– 35,0	– 29,4	– 24,9	– 21,3	– 18,3	– 15,8	– 13,7	– 11,8	– 10,2	– 8,8	– 7,6
1,12	– 33,3	– 27,8	– 23,4	– 19,8	– 16,9	– 14,4	– 12,3	– 10,5	– 8,9	– 7,5	– 6,3
1,10	– 31,7	– 26,2	– 21,8	– 18,3	– 15,4	– 13,0	– 10,9	– 9,1	– 7,6	– 6,2	– 5,0
1,08	– 30,0	– 24,6	– 20,3	– 16,9	– 14,0	– 11,6	– 9,6	– 7,8	– 6,3	– 4,9	– 3,7
1,06	– 28,3	– 23,0	– 18,8	– 15,4	– 12,6	– 10,2	– 8,2	– 6,4	– 4,9	– 3,6	– 2,4
1,04	– 26,7	– 21,4	– 17,3	– 13,9	– 11,1	– 8,8	– 6,8	– 5,1	– 3,6	– 2,3	– 1,1
1,02	– 25,0	– 19,8	– 15,7	– 12,4	– 9,7	– 7,4	– 5,4	– 3,8	– 2,3	– 1,0	0,1
1,00	– 23,3	– 18,2	– 14,2	– 11,0	– 8,3	– 6,0	– 4,1	– 2,4	– 1,0	0,3	1,4
0,98	– 21,7	– 16,6	– 12,7	– 9,5	– 6,8	– 4,6	– 2,7	– 1,1	0,4	1,6	2,7
0,96	– 20,0	– 15,1	– 11,2	– 8,0	– 5,4	– 3,2	– 1,3	0,3	1,7	2,9	4,0
0,94	– 18,3	– 13,5	– 9,6	– 6,5	– 4,0	– 1,8	0,0	1,6	3,0	4,2	5,3
0,92	– 16,7	– 11,9	– 8,1	– 5,0	– 2,5	– 0,4	1,4	3,0	4,3	5,5	6,6
0,90	– 15,0	– 10,3	– 6,6	– 3,6	– 1,1	1,0	2,8	4,3	5,6	6,8	7,9
0,88	– 13,3	– 8,7	– 5,1	– 2,1	0,3	2,4	4,1	5,7	7,0	8,1	9,1
0,86	– 11,7	– 7,1	– 3,5	– 0,6	1,8	3,8	5,5	7,0	8,3	9,4	10,4
0,84	– 10,0	– 5,5	– 2,0	0,9	3,2	5,2	6,9	8,3	9,6	10,7	11,7
0,82	– 8,3	– 3,9	– 0,5	2,3	4,7	6,6	8,3	9,7	10,9	12,0	13,0
0,80	– 6,7	– 2,4	1,1	3,8	6,1	8,0	9,6	11,0	12,3	13,3	14,3
0,78	– 5,0	– 0,8	2,6	5,3	7,5	9,4	11,0	12,4	13,6	14,6	15,6
0,76	– 3,3	0,8	4,1	6,8	9,0	10,8	12,4	13,7	14,9	15,9	16,9
0,74	– 1,7	2,4	5,6	8,2	10,4	12,2	13,7	15,1	16,2	17,2	18,1
0,72	0,0	4,0	7,2	9,7	11,8	13,6	15,1	16,4	17,5	18,5	19,4
0,70	1,7	5,6	8,7	11,2	13,3	15,0	16,5	17,8	18,9	19,8	20,7
0,68	3,3	7,2	10,2	12,7	14,7	16,4	17,9	19,1	20,2	21,2	22,0
0,66	5,0	8,8	11,7	14,1	16,1	17,8	19,2	20,4	21,5	22,5	23,3
0,64	6,7	10,4	13,3	15,6	17,6	19,2	20,6	21,8	22,8	23,8	24,6
0,62	8,3	11,9	14,8	17,1	19,0	20,6	22,0	23,1	24,2	25,1	25,9
0,60	10,0	13,5	16,3	18,6	20,4	22,0	23,3	24,5	25,5	26,4	27,1

Courbe seuil

Source Cegos

La **variable de décision** correspond ici au gain d'une fabrication au Mexique par rapport à une fabrication en France (données de la matrice) en fonction de deux **variables sensibles** :

- variable d'action : quantités à produire en milliers d'unités (en colonnes)
- variable externe : taux de changes dollar – euro (en lignes)

Le seuil inverse le sens de la décision à prendre : en dessous, l'économie est positive et il vaut mieux produire au Mexique ; au-dessus, l'avantage est en France.

En résumé

Un scénario est une sorte de synopsis d'une action ou d'une situation projetée. C'est souvent utilisé par une entreprise qui souhaite tester ses stratégies face à des développements incertains. Il aide à comprendre les différentes façons dont des événements futurs pourraient se produire.

Insight

A scenario is an account or synopsis of a projected course of action or situation. It is often used when a company wishes to test strategies against uncertain future developments. It helps to understand different ways that future events could unfold.

Pourquoi l'utiliser ?

Objectif

Les situations à caractère imprédictible et l'interaction croissante des marchés internationaux font que des décisions doivent être prises en environnement incertain. On aura alors recours à la modélisation afin de représenter efficacement une réalité complexe.

Contexte

Le scénario sera jugé par les valeurs de la variable de décision établie par le modèle. On validera ou non les décisions représentées par ces valeurs. On étudiera plusieurs scénarios correspondant à des alternatives, par exemple, réduire l'investissement industriel en acceptant une augmentation du prix de revient…

Le modèle a généralement une traduction informatique mais pas toujours. Des graphiques ou algorithmes simples sont parfois suffisants.

Comment l'utiliser ?

Étapes

Pour établir le scénario, on définit successivement :

• **la variable de décision** choisie pour analyser la pertinence d'une décision, par exemple de la progression du bénéfice net pour action pour une acquisition d'entreprise. Dans des cas complexes, on en fixe plusieurs et on définit des fourchettes admissibles pour chacune. Par exemple, les conditions d'acceptation d'un projet peuvent être d'atteindre :
  – une valeur actualisée par euro investi supérieure à 2,
  – un bénéfice par action dépassant 10 % de croissance annuelle en année 3 ;

• **les variables ayant une influence** sur la variable de décision :
  – les variables externes décrivant l'environnement : taux de change, évolution du marché…
  – les variables d'action représentant les choix du décideur : montant de l'investissement publicitaire pour le lancement d'une nouvelle prestation…

• **les relations** permettant de calculer la variable de décision à partir des variables externes et d'action. Ces relations peuvent être de simples calculs, ou représenter des interdépendances plus complexes (calcul de la part de marché à partir d'un sous-modèle la reliant au prix de vente et au niveau d'investissement publicitaire) ;

Une fois les relations **modélisées**, la définition de l'ensemble des valeurs des variables externes et d'action correspond à un scénario.

Méthodologie et conseils

Le choix du nombre de variables détermine la complexité du modèle. Ainsi, on décide, soit de raisonner toutes références de produits confondues, soit de distinguer des familles, voir des sous-familles. De même pour les marchés, comment doit-on agréger (ou pas) des secteurs géographiques, des canaux ou des clients ?
Chaque fois qu'il est impossible d'être pertinent dans une estimation de l'évolution d'une sous-catégorie à l'intérieur d'une catégorie de niveau supérieur, il convient de remonter et de s'en tenir à cette catégorie supérieure. ■

Avantages

✔ Un modèle est une représentation de la problématique que l'on désire étudier afin d'en permettre la communication, le travail en groupe, et de faciliter une prise de décision.

Précautions à prendre

✔ Il est important de rester lucide et critique sur les choix faits sur les variables d'action et les variables externes, qui sont un ensemble de prévisions, d'hypothèses et d'objectifs, et ne sont pas, pour la plupart, des valeurs certaines.

Outil 33 L'analyse de sensibilité

L'arbre de décision

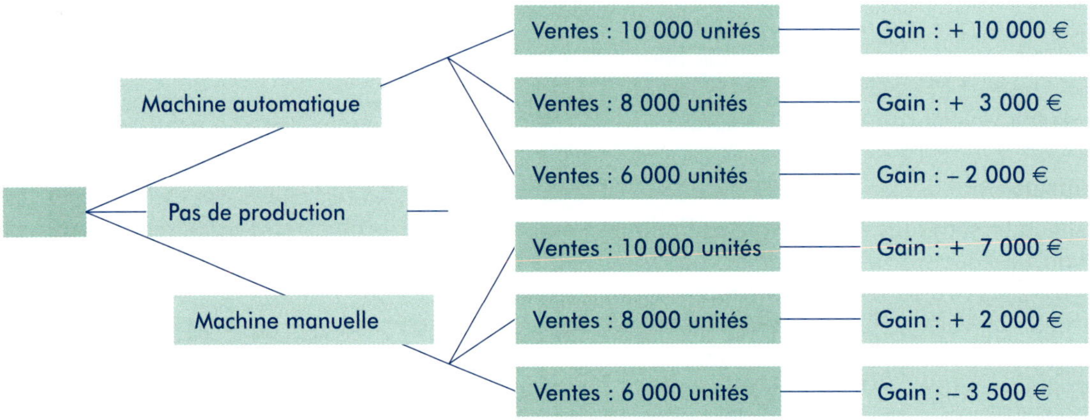

Dans cette méthode, l'idée est de représenter les différentes hypothèses ainsi que leur probabilité associée sous forme d'arbre. Dans cette logique, la décision d'investir, ou pas, se matérialise en une branche « ne pas investir » qui se solde donc par des coûts et des recettes nuls, et une branche « investir », qui se subdivise en trois autres branches, reprenant par exemple trois hypothèses de part de marché…

En associant à chaque scénario, une probabilité de réalisation, il est possible de déterminer :

- un résultat moyen (espérance mathématique), qui sert de critère de rejet (projets dont l'espérance de VAN est < 0), et de critère de sélection (entre plusieurs projets concurrents, on retient celui qui a l'espérance de VAN la plus forte).
- un coefficient de risque (à partir de l'écart type) expression de la distribution des résultats autour de cette moyenne.

En résumé

L'analyse de sensibilité correspond à l'étude de l'impact sur les résultats d'un modèle des différentes sources de variations.

Elle peut être utilisée pour déterminer, les facteurs qui contribuent le plus à des variations significatives des résultats, la zone pour laquelle la variation du modèle est maximum, ainsi que les interactions entre ces facteurs.

Insight

Sensitivity analysis is the study of how the variation in the output of a model can be apportioned to different sources of variation.

Il can be used to determine factors that mostly contribute to significant output variability, the region for which the model variation is maximum, and interactions between factors.

Pourquoi l'utiliser ?

Objectif

L'analyse de sensibilité met en évidence les hypothèses d'un projet de développement dont une faible variation peut entraîner une variation importante des flux nets de trésorerie d'exploitation. Elle permet de mesurer le résultat suivant différents scénarios, et de faire varier isolément les variables les plus sensibles.

Contexte

Le travail sur les sensibilités est essentiel pour préparer une décision stratégique. Il conduit à la seule vision qui prévaut dans un environnement fait d'incertitude : la délimitation du champ des possibles, s'y situer et éclairer un pari à faire de façon plus raisonnable.

L'analyse de sensibilité permet d'anticiper des décisions que l'on sera amené à prendre si une variable externe atteint une valeur critique.

Comment l'utiliser ?

Étapes

- Étudier des scénarios introduisant la sensibilité à certaines variables externes. C'est la technique du « *what if ?* », permettant la réponse à la question : que se passerait-il si telle variable externe s'écartait de la valeur choisie ? Par exemple, que deviendrait la rentabilité d'un projet si le coût d'une matière flambait, si le taux de change du USD décrochait de son taux actuel ?
- Définir des valeurs seuils pour ces variables sensibles :
  - dans un premier temps, les faire varier de 10 %, l'une après l'autre, en isolant à chaque fois l'impact sur la variable de décision (impact d'une chute de 10 % du chiffre d'affaires sur le taux interne de rentabilité). Noter l'amplitude de la variation de cette dernière et constituer un tableau d'amplitudes décroissantes ;
  - dans un deuxième temps, calculer l'amplitude de la variation de chaque variable sensible qui conduit à une valeur minimale acceptable de la variable de décision (quelle est la variation du chiffre d'affaires qui conduit à un taux interne de rentabilité minimum de 15 % ?). Plus l'amplitude est faible, plus le risque de réalisation est fort.

Méthodologie et conseils

Il ne faut pas craindre de prendre de grandes amplitudes sur ces variables sensibles. Cela correspond souvent à une attitude de réalisme traduisant le grand degré d'incertitude. Le mérite est d'évaluer lucidement un risque.
Le repérage des variables sensibles a aussi son utilité dans la préparation de la phase d'intégration. Le tableau de bord opérationnel doit contenir ces variables qui sont un facteur explicatif de la performance.
Cette pratique pousse aussi à imaginer des alternatives réduisant la sensibilité à la variable incertaine. Ainsi la recherche d'un meilleur équilibrage entre des achats et des ventes en USD réduit le risque aux fluctuations du taux USD/EUR. ■

Avantages

✔ La méthode de l'arbre de décision est une excellente technique pour modéliser les grandes options qui déterminent une importante décision à prendre.

Précautions à prendre

✔ Néanmoins, dès que l'on entreprend d'affiner cette méthode, l'arbre devient rapidement très étoffé et, par conséquent illisible.

✔ Dans la réalité, une combinaison de variations faibles des hypothèses peut compromettre la rentabilité d'un projet.

Outil 34 Le budget

Les horizons temporels

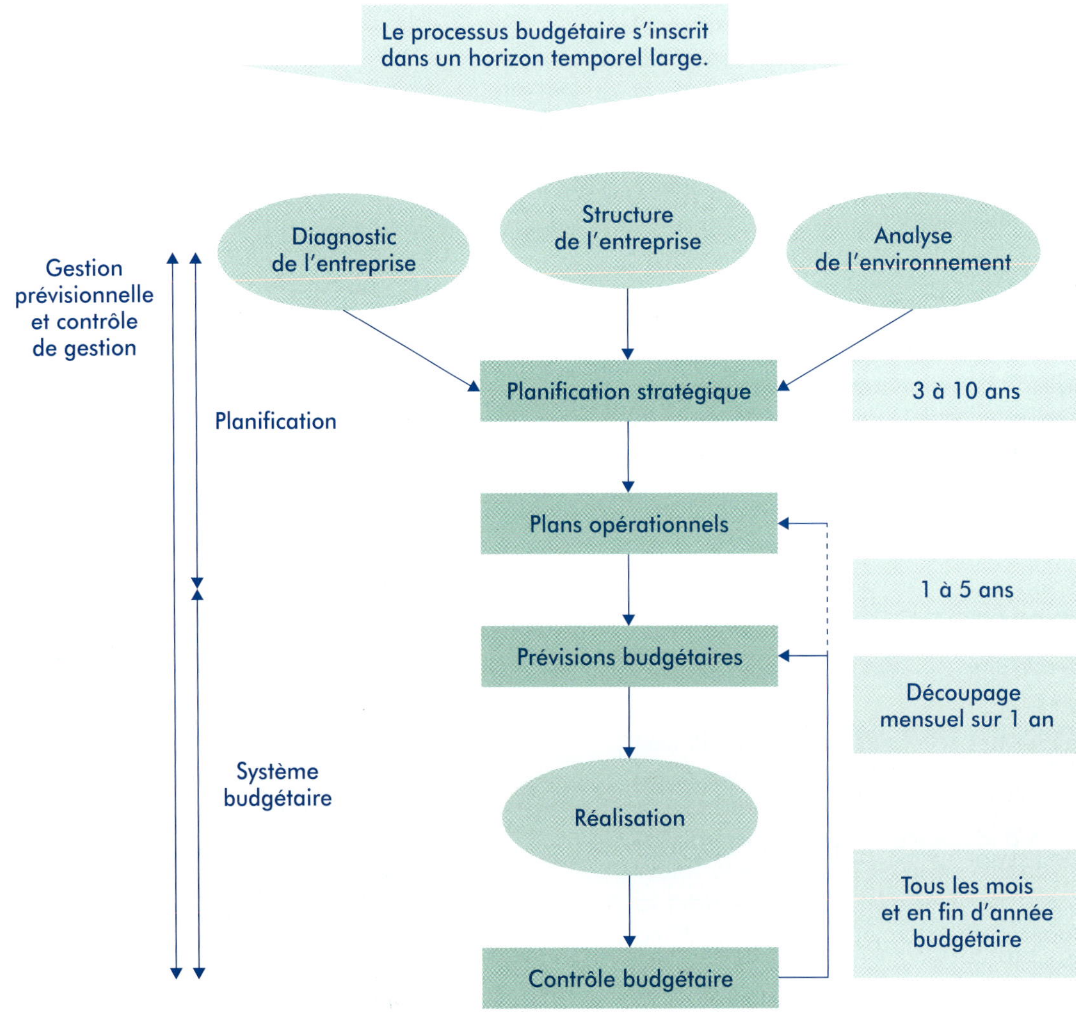

En résumé

Le budget correspond généralement à une liste des dépenses et des revenus prévisionnels. Le budget d'une entreprise est établi chaque année. Si les chiffres réels sont proches de ceux budgétés, cela prouve que l'entreprise maîtrise ses activités et a réussi à les conduire dans la direction planifiée.

Insight

Budget generally refers to a list of all planned expenses and revenues. The budget of a company is compiled annually. If the actual numbers turn out to be close to the budget, this will demonstrate that the company understands their business and has been successfully driving it in the direction they had planned.

Pourquoi l'utiliser ?

Objectif

Un budget peut être considéré comme un ensemble cohérent d'hypothèses et de données chiffrées prévisionnelles, fixées avant le début de l'exercice, décrivant l'ensemble de l'activité. Les données les plus importantes constituent les objectifs à atteindre, définis à la suite d'un dialogue entre les responsables.

Le budget est une méthode quantifiée qui couvre la totalité des activités de l'entreprise, dans un ensemble complexe et interdépendant.

Contexte

Le cadre prévisionnel se dessine au travers de l'expression d'objectifs, d'un référentiel dans le temps et l'espace, et à partir de supports formels aidant à la communication au sein de l'entreprise. Il permet de clarifier les responsabilités, les performances, les moyens et les plans d'action.

Comment l'utiliser ?

Étapes

La procédure budgétaire se déroule en quatre étapes.

• **Lors de la préparation**, la direction élabore les directives générales, les hypothèses à retenir, un calendrier court, et un cadre (tableaux et commentaires) permettant la consolidation. La lettre de cadrage de la direction générale communique les principales données chiffrées devant apparaître dans les propositions budgétaires.

• **La réunion de lancement** a pour objectif de clarifier l'ensemble du processus budgétaire auprès des responsables. Les exposés et les débats portent sur, l'analyse des faits marquants de l'année en cours, les axes prioritaires de développement de l'année future, ainsi que les moyens nécessaires (organisation, effectif, investissement).

• **Le déroulement** consiste :

– pour les responsables budgétaires à analyser les performances du passé, définir les objectifs, formaliser les plans d'actions... et les moyens correspondants, chiffrer, itérer, proposer ;

– pour le contrôleur de gestion à piloter la procédure, s'assurer du respect des délais, donner un appui technique aux opérationnels en les conseillant, vérifier la cohérence, consolider les différents budgets et présenter la synthèse.

• **La mensualisation** est finalisée à l'issue des réunions d'arbitrage avec la direction générale, et le budget définitif est diffusé.

Méthodologie et conseils

Un processus budgétaire est généralement lourd et ne se prête pas à des itérations et des alternatives trop nombreuses. Les calculs de sensibilité et l'appréciation des risques sont malaisés à réaliser à partir du budget. Un budget étant monté, il ne reste plus de temps pour le remettre en cause. Il nécessite des directives précises ; son résultat ne doit pas être une surprise, et doit correspondre aux attentes. Il constitue le contrat de moyens et de résultats de chacun des responsables, exprimé de façon contrôlable tout au long de l'exercice.

Avantages

✔ Un processus budgétaire organisé fournit à chaque opérationnel un cadre de réflexion, afin de :
– replacer sa gestion quotidienne dans sa dimension stratégique ;
– rendre ses objectifs annuels en adéquation avec ceux des autres.

Précautions à prendre

✔ Le processus budgétaire annuel est à recommander dans un environnement relativement stable ; en revanche dans un environnement turbulent, il est préférable de travailler plutôt avec des budgets glissants.

Comment être plus efficace

Les réestimations budgétaires

On peut faire des réestimations budgétaires en cours d'exercice pour estimer les résultats de fin d'année (*forecast*). Il peut s'agir d'un point à mi-année, de prévisions glissantes ou de prévisions trimestrielles...

La prévision consiste à élaborer une simulation de scénarios pour le futur en s'appuyant sur l'incertitude des événements extérieurs et en combinant les dernières réalisations connues de l'activité. On distingue :

- Prévision = Réel cumulé des mois passés + Budget des mois restants

Ce raisonnement a pour inconvénient de présenter une faible valeur ajoutée.

- Prévision = (Réel cumulé des mois passés/ Nombre de mois passés) × 12

Cette méthode est une simple extrapolation des réalisations sur les mois restants.

- Prévision = Réel cumulé des mois passés + Nouvelle prévision détaillée

Cette démarche présente, en revanche elle, une vraie valeur ajoutée, à la condition que les données prévisionnelles prennent en compte :

  – les tendances, sur la fin de l'année, des écarts par rapport au budget observés sur les premiers mois ;
  – l'évolution prévisible de l'environnement pour les mois à venir ;
  – les nouvelles actions permettant d'atteindre le résultat prévu au budget.

Ces réestimations ne doivent cependant pas remettre en cause le budget qui demeure la référence pour toute l'année.

Les budgets glissants en période de turbulence

Ce concept introduit une notion de cycle de planification tous les trois mois sur un horizon de six trimestres, soit dix-huit mois. Chaque trimestre, les prévisions portant sur les volumes, les prix et les postes de coûts importants sont revues. L'évolution des plans d'action est intégrée. La prévision *glissante* donne une vision permanente du futur, en éliminant le rituel du budget annuel et le *tunnel noir* de la fin de l'année fiscale.

En pratique, seules les variables sensibles sont concernées par la prévision glissante : chiffre d'affaires et coûts variables. Les frais fixes sont budgétés une fois par an et font ensuite l'objet d'un suivi budgétaire classique.

Cette méthode s'applique assez bien aux sociétés qui :

- doivent faire face à des changements rapides dans leur environnement, et à des restructurations rapides et profondes ;
- connaissent une forte croissance de leur chiffre d'affaires, notamment lorsqu'elles ont réalisé leur budget annuel après six mois à peine d'activité, voire trois mois pour celles du secteur de la nouvelle économie ;
- viennent de se créer et ne disposent pas d'historiques et d'informations précises sur leur marché ;
- ont pour principale préoccupation d'identifier les besoins en trésorerie des filiales, afin de les doter des moyens financiers nécessaires pour qu'elles assurent leurs activités.

Gérer, c'est prévoir, c'est optimiser l'allocation des ressources rares en Hommes, en équipements et en argent... ou encore utiliser ses points forts.

Schéma d'**Une procédure budgétaire simplifiée**

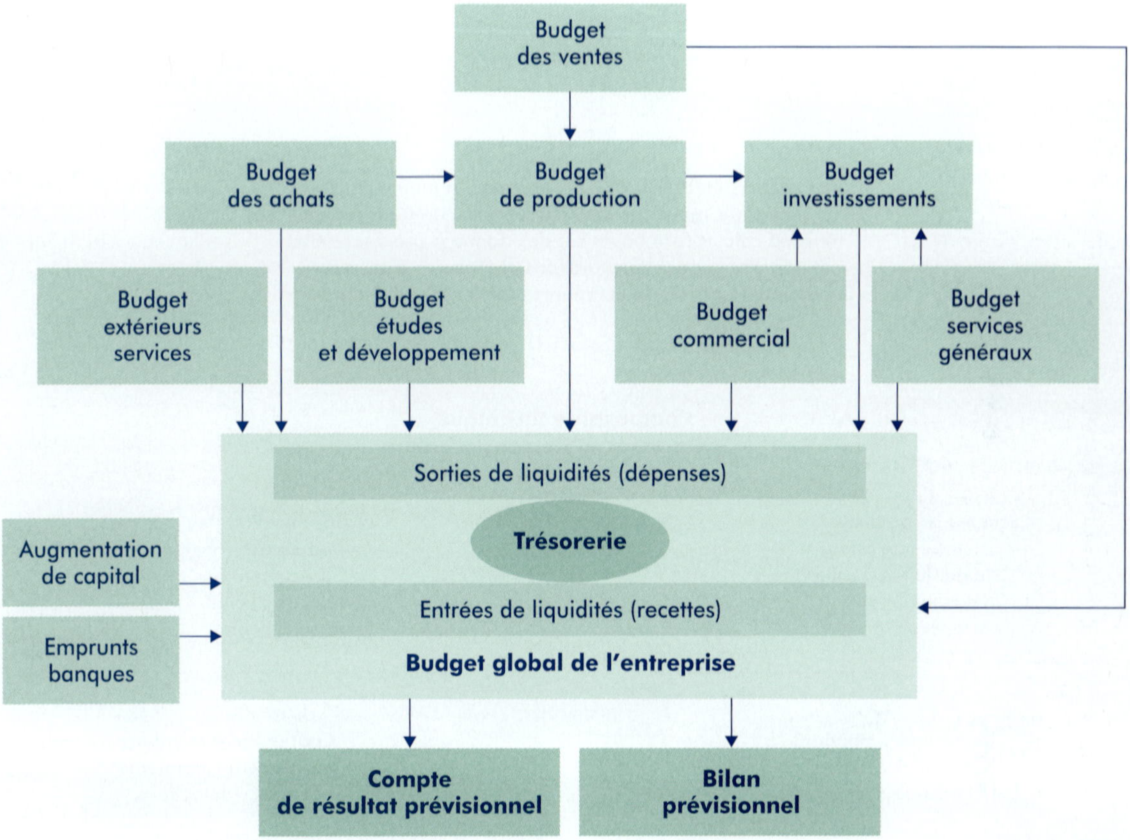

Source Cegos

L'articulation des budgets suit une logique à respecter :

– il existe deux budgets déterminants en lien étroits avec l'activité : commercial et production ;

– tous les autres sont une résultante : frais généraux, investissement ;

– l'ensemble constitue le budget général.

La logique budgétaire est assortie d'une procédure itérative, chaque budget étant connecté avec les autres. Pour que cette synchronisation puisse avoir lieu, elle suppose un travail d'articulation préparatoire qui oblige les intéressés à admettre, d'une part des remises en cause, d'autre part des modifications successives.

Après arbitrage final, le budget devient irrévocable. Il peut être assimilé à un contrat passé entre la direction générale et les directions opérationnelles. Il est la référence par excellence. En conséquence, aucune révision n'est autorisée, sauf en cas d'un événement exceptionnel qui aura un impact fort sur le chiffre d'affaires ou le résultat de l'entreprise. Dans ce cas précis, le budget recalé deviendra la nouvelle référence. ■

Outil 35 Le coût standard

Les deux composantes

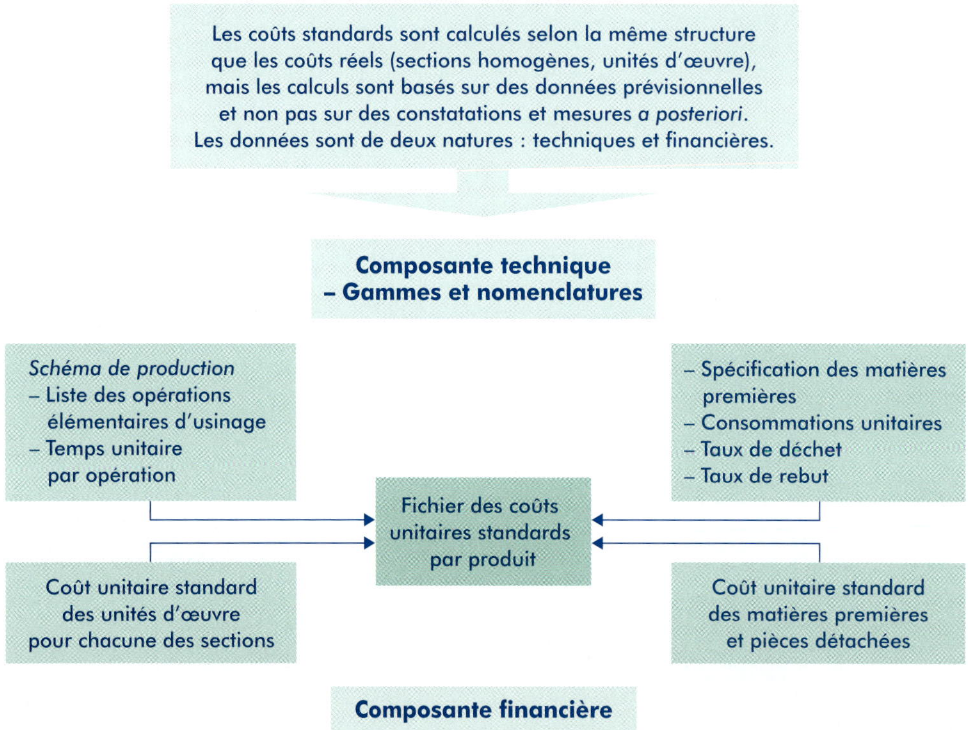

En résumé

La comptabilité en coût standard consiste à allouer les coûts fixes de l'entreprise au cours d'une période donnée, sur les unités produites durant cette période, et à enregistrer les résultats comme les coûts totaux de production.

Elle permet aux managers d'analyser les résultats de chaque période en référence aux coûts standards pour n'importe quel produit.

Insight

Standard cost accounting consists in allocating the company fixed costs over a given period of time to the items produced during that period, and recording the results as the total costs of production.

It enabled managers to look at the results of each period in relation to the "standard costs" for any given products.

Pourquoi l'utiliser ?

Objectif

Les coûts standards sont des coûts préétablis, c'est-à-dire calculés par avance pour chaque composante du coût de revient. La méthode consiste à comptabiliser chaque opération en la décomposant en deux éléments : la norme ou standard, et la différence positive ou négative entre la norme et la réalité ou écart.

Contexte

Les coûts standards sont applicables sur une longue période, car leurs calculs reposent sur des objectifs d'évolution des différents paramètres entrant dans leur composition. Leur structure devra être identique à celle des coûts réels.

L'ensemble des coûts standards constitue un fichier (fichier des coûts standards).

Comment l'utiliser ?

Étapes

• La première étape de construction d'un coût standard est identique à celle d'une comptabilité analytique à coûts réels. On affecte les dépenses réelles constatées par la comptabilité générale à chacune des sections de l'entreprise.

• Au cours de la deuxième étape, on valorise la production standard de chacune des sections. Pour cette opération, on mesure les quantités de chacun des articles produits par la section et on multiplie ces quantités par leurs coûts unitaires standards respectifs. (Rappelons que ces coûts unitaires ont été préétablis à partir des consommations normales d'unités d'œuvre pour chacun des articles et du coût prévisionnel de l'unité d'œuvre).

• L'étape finale consiste à mettre en évidence les écarts entre les dépenses standards ainsi calculées (crédit de la section analytique en fonction de son activité) et les dépenses réelles déterminées dans la première étape (débit de la section analytique).

Méthodologie et conseils

Avec une comptabilité à coûts standard, on ne calcule plus de coût de revient réel par produit, le coût standard étant supposé être une estimation suffisamment précise du coût de revient. Le bien-fondé de ce postulat est contrôlé par le suivi et l'analyse des écarts. En revanche, on maintient la ventilation des dépenses réelles par section.

L'établissement des coûts standards résulte d'une démarche plus ou moins volontariste du management. On distinguera des coûts standards :

• estimés à l'aide d'informations extérieures ;
• calculés en fonction d'un historique ;
• idéaux basés sur une analyse théorique ;
• budgétés dits standards normaux.

La révision des coûts standards s'effectue au niveau de la comptabilité analytique lors d'une variation de prix importante. Elle a également lieu au niveau des temps lors d'une modification technique ou de l'enregistrement d'un progrès stable. ■

Avantages

- ✔ Le standard facilite la surveillance de la productivité si les normes établies sont raisonnables.
- ✔ Il permet de fixer des prix de vente, de calculer des devis.
- ✔ Il aide à déterminer le résultat flash.

Précautions à prendre

- ✔ Le standard doit être motivant et accepté par les acteurs ; il doit être accessible mais ambitieux.
- ✔ Il est rarement pertinent pour évaluer la performance, tant les causes d'évolution des coûts sont nombreuses.

Outil 36

Le seuil de rentabilité

Représentation graphique

On appelle seuil de rentabilité le niveau d'activité pour lequel l'entreprise ne réalise aucune perte ou aucun bénéfice. Ce chiffre d'affaires critique doit donc couvrir les charges variables correspondantes, ainsi que le total des charges fixes, ces dernières étant irrémédiablement engagées en début d'exercice.

↓

Chiffre d'affaires critique = charges variables + charges fixes

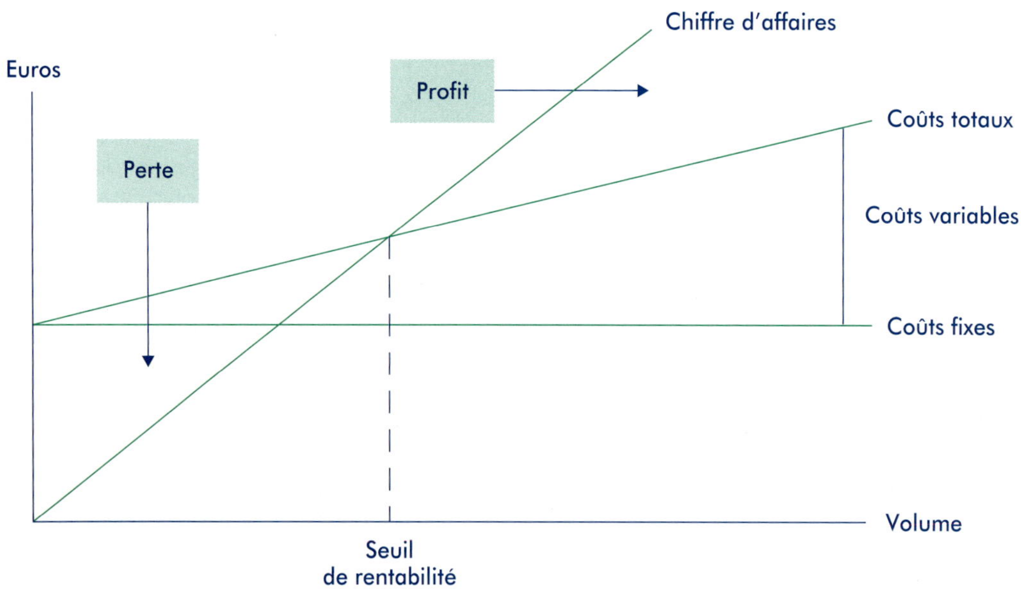

En résumé

Le seuil de rentabilité est un outil simple qui permet à la direction de s'assurer que sa structure de coûts est bien compatible avec ses objectifs à court terme.

Si ce n'est pas le cas, la direction devra en tirer des conséquences et augmenter la marge sur coûts variables ou réduire les coûts fixes.

Insight

*The **breakeaven** is an elementary tool which allows the management to ensure that the model of costs of the firm is compatible with its short term goals.*

If it is not the case, the management will have to deal with the consequences and increase the variable margin or reduce the fixed costs.

Pourquoi l'utiliser ?

Objectif

La connaissance du seuil de rentabilité permet d'évaluer le risque des prévisions budgétaires. On comprend aisément que le risque n'est pas le même si la marge de sécurité (chiffre d'affaires budgété – chiffre d'affaires du seuil de rentabilité) s'élève seulement à 2 % ou à 30 %.

Contexte

Le seuil de rentabilité se calcule généralement par activité. Par exemple, à partir d'une vente d'un million d'unités, tel fabricant parvient à son seuil de rentabilité. Cela signifie que les recettes correspondantes suffisent à absorber les charges variables inhérentes à la production, ainsi que l'ensemble des frais fixes. Au-delà du seuil, les ventes produisent un fort effet de levier sur les bénéfices.

Le seuil de rentabilité est un seuil important du niveau d'activité auquel les dirigeants sont très attentifs.

Comment l'utiliser ?

Étapes

Le seuil de rentabilité s'exprime en termes de chiffre d'affaires, de volume ou de temps. Sa détermination nécessite d'avoir dissocié les coûts variables et les coûts fixes dans la comptabilité analytique, afin de pourvoir calculer un élément intermédiaire : la marge unitaire sur coûts variables (chiffre d'affaires – coûts variables).

Soit une entreprise qui vend un produit à 50 €, incorporant 30 € de coûts variables, et ayant des coûts fixes qui s'élèvent à 15 000 €. Le seuil de rentabilité se calcule ainsi (cf. tableau).

Calcul du seuil de rentabilité

Seuil de rentabilité	Formule de calcul	Détermination
En chiffre d'affaires	Coûts fixes / % de marge sur coûts variables	15 000 € / (20 € / 50 €) = 37 500 €
En volume	Coûts fixes / marge sur coûts variables unitaire	15 000 € / 20 € = 750 unités
En nombre de mois	(CA seuil / CA actuel) 12	(37 500 € / 80 000 €) 12 = 5 mois et demi

Méthodologie et conseils

Dans le cas d'une entreprise multiproduits, il faut faire abstraction de la diversité des productions et considérer que les données de base de l'exploitation restent plutôt stables : même proportion entre les différents produits, même prix unitaires, stabilité des frais fixes, et stabilité en proportion des frais variables liés aux produits.

Lorsque la marge de sécurité est trop faible, plusieurs leviers d'action sont à la disposition du responsable du centre de profit pour abaisser le point mort. Il peut augmenter les prix de vente, et le volume des ventes, variabiliser des coûts fixes en ayant par exemple recours à la sous-traitance. Le résultat des diverses simulations conduit souvent à utiliser les effets combinés de deux ou trois des leviers d'action. ■

Avantages

- ✔ Le seuil de rentabilité contribue à apprécier les conséquences des décisions stratégiques d'une entreprise.
- ✔ Il permet de motiver les commerciaux qui voient l'évolution de la réalisation des objectifs.

Précautions à prendre

- ✔ Il est délicat d'analyser le seuil de rentabilité global d'une entreprise ayant une gamme de produits différents.
- ✔ Dans la réalité, les charges variables ne sont pas complètement proportionnelles, et les charges fixes pas toujours figées.

Dossier 5

Optimisation financière

Ces outils ont pour but de gérer les ressources financières car elles sont limitées, et les emplois car les ressources financières sont limitées.

Il est nécessaire de formaliser la stratégie et les résultats qui en découleront afin d'équilibrer les emplois et les ressources financières. Cela se traduit par des choix de politiques financières : opérations d'augmentation du capital, opérations de croissance externe ou de développement, augmentation des emprunts, politique de distribution de dividendes, politique de communication financière.

La gestion de trésorerie représente un enjeu financier considérable. Une bonne gestion de trésorerie ne doit pas se limiter à la connaissance des instruments financiers, mais consiste à prévoir et gérer les flux financiers de l'entreprise.

L'épargne dégagée par l'entreprise sur un exercice indique sa capacité à financer son propre développement. Ce flux de trésorerie est considéré comme « potentiel » dans la mesure où les décalages de paiement recensés au bilan affectent les produits et les charges. Cette épargne calculée à partir du compte de résultat renforce les ressources figurant dans le tableau de financement. Toutefois, la capacité d'autofinancement néglige les décalages de règlements, et n'est donc pas représentative de la trésorerie réelle de l'entreprise.

La décision d'investissement absorbe des ressources financières et réduit la capacité de financement de l'entreprise. C'est une décision importante puisqu'elle est irréversible dans la plupart des cas, excepté pour des investissements dans des brevets ou d'achats de matières premières ou de stocks. La limitation des capitaux permanents impose de déterminer le montant exact de l'investissement et de mettre en place une procédure décisionnelle globale.

La non-gratuité des capitaux permanents nécessite de calculer la rentabilité du projet pour s'assurer que la rentabilité est supérieure au coût des capitaux. La rentabilité se mesure en rapprochant un résultat des moyens mis en œuvre pour l'obtenir (retour sur investissement ou ROI). Les calculs de rentabilité sont fondés sur une optique financière et mettent en relation le montant de l'investissement avec les capacités d'autofinancement (ou flux nets de trésorerie) prévisionnelles.
L'échec d'un projet peut mettre en péril la vie de l'entreprise. Il s'agit alors d'étudier les scénarios d'échec du projet et d'en chiffrer le coût.

Gérer	Outils d'optimisation	Objectif
Les ressources financières	Plan de financement	Déterminer les financements que l'entreprise doit mettre en place
	Prévision de trésorerie	Prévoir le niveau de trésorerie et ses variations mensuelles
	Capacité d'autofinancement	Évaluer l'autofinancement généré par l'activité
	Free cash flow	Évaluer la trésorerie réelle générée par l'activité
Les emplois	Taux d'actualisation	Rendre cumulable des sommes générées sur des périodes différentes
	Délai de récupération	Évaluer le temps nécessaire pour récupérer sa mise de départ
	Valeur actuelle nette	Estimer le bénéfice économique lié à l'exploitation de l'investissement
	Taux interne de rentabilité	Appréhender le rendement du capital investi
	ROCE	Apprécier la capacité d'un projet à créer de la valeur
	Analyse de réversibilité	Évaluer les recettes ou les dépenses générées par l'abandon d'un projet

Dossier

Les OUTILS

Outil 37 Le plan de financement

Modèle basé sur l'unité de trésorerie

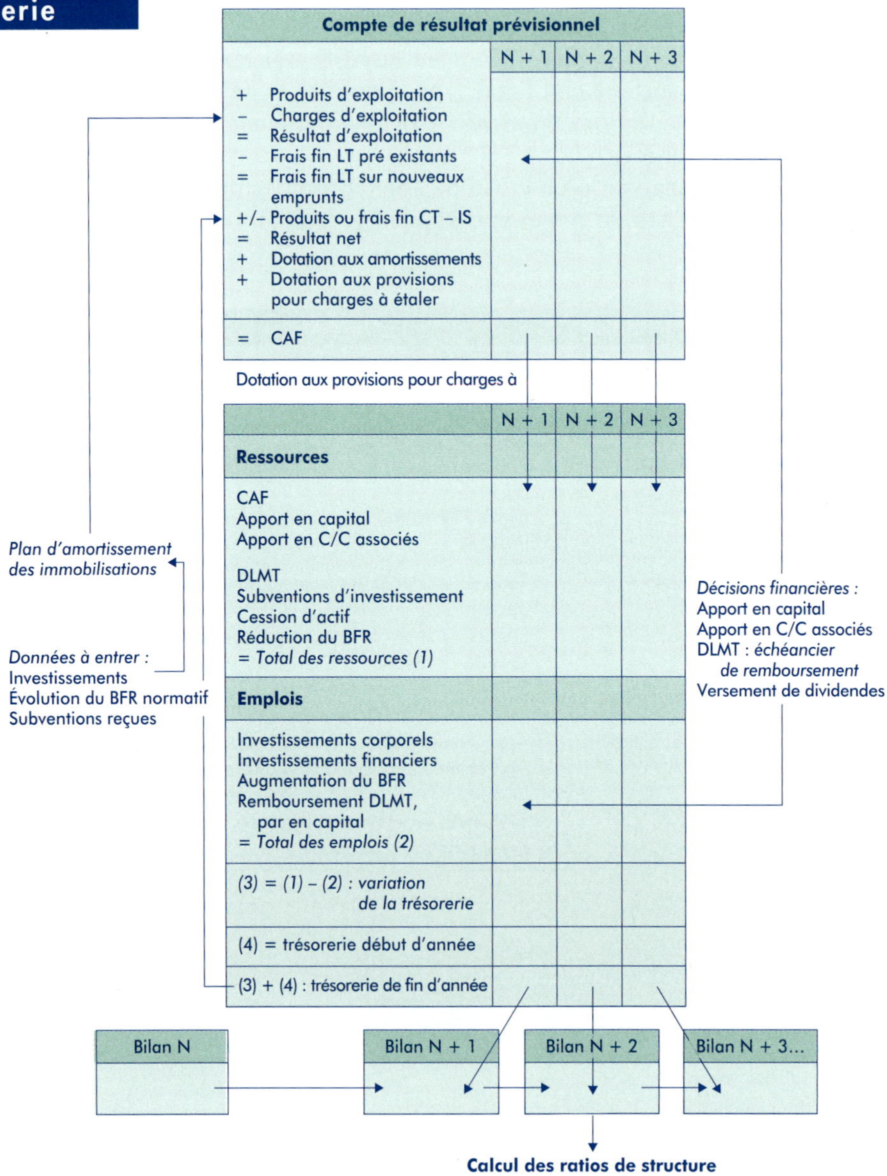

En résumé

Un plan de financement correspond à une projection annuelle des encaissements et des décaissements d'une entreprise.

Cela revient à estimer les besoins de trésorerie et les choix pris pour y faire face (gains, emprunts, disponible).

Insight

Financial forecast refers to an annual projection of incomes and expenses for a company.

It can also be an estimation of cash needs and a decision on how to raise the cash (earning, borrowing, saved cash).

Pourquoi l'utiliser ?

Objectif

Le plan de financement est un document prévisionnel permettant à l'entreprise de mettre en place des financements stables (emprunts, comptes courants d'associés, apports en capital) nécessaires pour financer sa croissance et ses investissements.

Contexte

Il existe deux modèles de plan de financement :

• modèle basé sur l'unité de trésorerie qui regroupe l'ensemble des ressources et des emplois, sans distinguer selon leur nature ;

• modèle calqué sur le tableau des flux de trésorerie qui éclate les flux en trois grandes fonctions : activité, investissement, financement.

Le plan de financement est obligatoire pour les entreprises de plus de 300 salariés ou ayant un chiffre d'affaires de plus de 18 M€.

Comment l'utiliser ?

Étapes

Un plan de financement se monte en trois étapes successives.

• Lister l'ensemble des besoins à financer, comme :

– les investissements HT ;

– la variation du besoin en fonds de roulement ;

– le remboursement en capital des emprunts existants ;

– les dividendes prévisionnels destinés aux actionnaires ;

– la capacité d'autofinancement calculée en fonction des prévisions d'activité.

• Prendre en compte les financements externe, compte tenu de l'évaluation de ces besoins et de la stratégie financière de l'entreprise. À cette étape, le plan de financement n'est pas équilibré, le solde annuel est négatif. Le plan final intègre les diverses options de financement possibles, à savoir :

– les ressources : nouveaux emprunts, augmentation de capital, cessions d'actifs ;

– la capacité d'autofinancement modifiée suite à la mise en place de nouveaux financements : supplément de frais financiers, loyer d'un nouveau crédit bail ;

– les emplois : remboursement supplémentaire lié au nouvel endettement, déduction des investissements financés en crédit bail, révision de la politique de dividendes suite à une augmentation de capital, émission d'obligations.

• Les choix de financements font l'objet d'un arbitrage en fonction des possibilités offertes et des besoins recensés. L'objectif est d'aboutir à une trésorerie positive ou nulle sur toutes les années en respectant la politique financière prédéfinie. On s'assure que le poids des rémunérations et des remboursements est supportable par l'entreprise.

Méthodologie et conseils

Les entreprises élaborent leur plan de financement selon une périodicité variable, fréquemment de deux à cinq ans, mais cette durée peut être plus longue pour l'étude de certains projets d'investissement. Le bouclage final est fait par les concours bancaires courants. Son élaboration n'est pas réalisée en une seule fois. Différentes itérations sont nécessaires pour obtenir une combinaison optimale en matière de financement. ■

Avantages

✔ Le plan de financement retrace les éléments fondamentaux de la stratégie de l'entreprise.

✔ Il permet de mesurer les incidences financières d'un plan d'investissement sur la vie de l'entreprise et d'apprécier sa faisabilité.

Précautions à prendre

✔ Le plan de financement ne permet pas de mener une analyse financière.

✔ Compte tenu du caractère itératif de son bouclage, le recours à un logiciel informatique facilite son élaboration.

Outil 38 La prévision de trésorerie

Évaluation des soldes mensuels de trésorerie

		1	2	3	4	5	6	7	8	9	10	11	12
Opérations liées à l'exploitation													
Décaissements	– Achats	150	164	165	160	143	147	155	82	71	137	165	193
	– Personnel	60	60	60	60	60	60	60	60	60	60	60	60
	– TVA	24	0	41	58	49	45	65	0	7	42	59	65
	– Téléphone	4	4	4	4	4	4	4	4	4	4	4	4
	– Transports	10	10	10	10	10	10	10	10	10	10	10	10
	– Divers	12	12	12	12	12	12	12	12	12	12	12	12
Total décaissements		**260**	**250**	**287**	**304**	**278**	**278**	**306**	**168**	**164**	**265**	**310**	**344**
Encaissements	– Ventes	**488**	**560**	**516**	**514**	504	499	449	503	356	100	228	457
Solde		**228**	**310**	**229**	**210**	**226**	**221**	**143**	**335**	**192**	**– 165**	**– 82**	**113**
Solde cumulé		**228**	**538**	**767**	**977**	**1 202**	**1 423**	**1 566**	**1 901**	**2 093**	**1 928**	**1 846**	**1 960**
Opérations non liées à l'exploitation													
Décaissements	– Investissements	450											800
	– Loyer crédit-bail	30	30	30	30	30	30	30	30	30	30	30	30
Total décaissements		**480**	**30**	**30**	**30**	**30**	**30**	**30**	**30**	**30**	**30**	**30**	**830**
Solde		**– 252**	**280**	**199**	**180**	**196**	**191**	**113**	**305**	**162**	**– 195**	**– 112**	**– 717**
Solde initial		**– 640**											
Solde cumulé		**– 892**	**– 612**	**– 413**	**– 233**	**– 38**	**153**	**266**	**571**	**733**	**538**	**426**	**– 290**

Objectifs d'une bonne gestion de trésorerie

Assurer la liquidité de l'entreprise :
nécessite de disposer d'outils prévisionnels afin d'anticiper les besoins de financement à venir, négocier dans de bonnes conditions et détecter à l'avance une dégradation éventuelle.

Réduire le coût des services bancaires
(intérêts, jours de valeur, commissions) : grâce à des prévisions détaillées et de bonnes négociations.

Construire un partenariat bancaire équilibré :
établir des relations de confiance avec au moins deux banques ; être toujours dans l'anticipation et ne pas se laisser surprendre.

En résumé

La prévision de trésorerie donne une estimation du solde de trésorerie d'une entreprise mois par mois.

Elle montre la différence entre l'estimation des revenus des ventes et des paiements de toutes les obligations de l'entreprise : loyer, salaires, frais financiers…

Certains paiements ont lieu habituellement tous les mois, alors que d'autres sont faits irrégulièrement.

Insight

Treasury forecast gives an estimation of the net balance of the company's money month by month.

It shows the difference between the estimated sales income and payments of all company's obligations : renting, salaries, interest payments…

Some of these payments are usually made each month, whereas some others can be made in an irregular period.

Pourquoi l'utiliser ?

Objectif

Le plan de trésorerie est un échéancier mensuel, établi pour une année, regroupant les principaux postes de dépenses et de recettes. Il doit être construit avant toute décision d'emprunt ou de recours à une ouverture de crédit de trésorerie puisque sa réalisation a précisément pour objet de calibrer au plus juste les montants nécessaires à l'équilibre.

Contexte

Toute entreprise doit disposer en permanence des ressources suffisantes pour remplir ses engagements financiers. À défaut, elle sera déclarée en cessation de paiement et éventuellement liquidée. La trésorerie est donc un domaine sensible qu'il faut gérer au quotidien et avec une véritable stratégie.

Gérer sa trésorerie, c'est être en prise directe avec les flux entrants et sortants, avec les banques et les marchés financiers.

Comment l'utiliser ?

Étapes

Le budget de trésorerie prévoit l'évolution de la trésorerie de l'année suivante, mois par mois. Il est construit en fin d'exercice comptable à partir des budgets d'exploitation et d'investissement. Ensuite, on procède à des retraitements :

- transformer l'information HT en TTC et gérer la TVA ;
- transformer les prévisions TTC en flux d'encaissements et de décaissements ;
- travailler avec des délais moyens d'encaissements et de décaissements observés dans les statistiques comptables ;
- raisonner en termes d'achats et non de consommation ;
- retraiter les charges abonnées dans les budgets d'exploitation (taxe professionnelle, primes d'assurances…) pour revenir à la notion de flux ;
- éliminer les dotations aux amortissements et aux provisions des charges d'exploitation.

Le plan de trésorerie glissant actualise en permanence le budget de trésorerie qui est figé. Il peut être mensuel ou hebdomadaire, et les prévisions des douze semaines à venir côtoient le réalisé des neuf mois écoulés. Il positionne les décaissements en face des encaissements et justifier des demandes de crédit à court terme. Il s'élabore en trois étapes :

- collecter l'information ;
- prévoir, c'est-à-dire :
  – choisir un logiciel de trésorerie ou tableur,
  – définir un intervalle de cumul des flux (semaine, décade ou quinzaine),
  – combiner des flux de nature différente (réalisés, engagés ou prévisionnels),
  – sélectionner un compte pour positionner les prévisions :
- vérifier les écarts prévu/réel et actualiser la prévision.

Méthodologie et conseils

Sur une base hebdomadaire, les prévisions ne nécessitent pas de tenir compte des dates de valeur. Seules les prévisions à très court terme (dix à quinze jours) sont en date de valeur. ■

Avantages

✔ La prévision de trésorerie permet de :
- évaluer le besoin de financement et de négocier les lignes de crédit à court terme ;
- vérifier la liquidité à terme et la capacité de la trésorerie à absorber les actions prévues ;
- calculer les frais ou produits financiers à court terme et gérer la couverture des risques.

Précautions à prendre

✔ La collecte des données extra comptables nécessite la mise en place d'un système d'information manuel ou informatisé.

✔ Le trésorier doit considérer d'un regard critique tous les chiffres pour savoir comment les convertir en flux prévisionnels.

Outil 39 La capacité d'autofinancement (CAF)

Les deux méthodes de calcul

La CAF peut être valorisée à partir de l'EBE :

Excédent brut d'exploitation
+ transferts de charges
+ autres produits d'exploitation – autres charges d'exploitation
+ quote-part sur opérations faites en commun
+ produits financiers (hors reprises sur provisions)
– charges financières (hors dotations aux amortissements et provisions)
+ produits exceptionnels (hors reprises sur provisions)
– charges exceptionnelles (hors dotations aux amortis. et provisions, et valeur nette comptable des immobilisations cédées)
– participations des salariés
– impôt sur les bénéfices
= CAF

La CAF peut être valorisée à partir du résultat net :

Résultat net
+ dotations aux amortissements et aux provisions
– reprises sur charges calculées
– subventions d'investissements virées au résultat
+/– plus-values sur cessions d'actifs
= CAF

Capacité d'autofinancement
– dotations aux provisions pour dépréciation des actifs circulants et pour risques et charges
+ reprises sur provisions pour dépréciation des actifs circulants et pour risques et charges
= marge brute d'autofinancement

En résumé

La capacité d'autofinancement valorise le potentiel de l'entreprise pour dégager des ressources financières.

C'est un flux potentiel de trésorerie généré par l'activité normale.

L'autofinancement est obtenu en retranchant les dividendes versés de la CAF.

Insight

Net cash flow evaluates the potential of a company to generate financial resources.

It is a potential flow of treasury generated by the normal activity.

Self financing is obtained by the net cash flow minus the dividends.

Pourquoi l'utiliser ?

Objectif

La capacité d'autofinancement est la différence entre les produits et les charges de l'année encaissables sur l'année en cours et l'année suivante. Elle mesure un excédent de trésorerie qui n'est que potentiel, car il est indépendant des variations des éléments du besoin en fonds de roulement (BFR).

Contexte

C'est l'objectif financier prioritaire qu'une entreprise doit poursuivre. Une entreprise peut présenter un résultat net faible, voir déficitaire, sans être inquiétée sur l'essentiel, c'est-à-dire sa capacité d'autofinancement.
C'est une enveloppe que la société peut utiliser pour, investir dans de nouveaux matériels ou pour le rachat d'entreprise, rembourser le principal de ses dettes financières, verser les dividendes aux actionnaires, ou financer sa croissance (c'est-à-dire l'augmentation de son BFR).

La capacité d'autofinancement détermine la capacité d'investissement.

Comment l'utiliser ?

Étapes

Le plan comptable propose une méthode de calcul à partir du compte de résultat. La CAF peut être calculée de deux façons : par le haut, en partant de l'EBE, ou par le bas, en partant du résultat net (schéma ci-dessus).
Toutes les provisions n'ont pas le même caractère de permanence d'une année sur l'autre. Certaines provisions couvrent des opérations majeures dont l'issue est incertaine ; celles-ci devront être écartées des calculs prévisionnels.
Les grandes entreprises pratiquent une politique de provisions qui a entre autres objectifs de baisser l'impôt société, en respectant la règle de prudence comptable, qui veut qu'on passe le maximum de provisions. Mais une PME ne passe pas toujours autant de provisions qu'elle le devrait. De ce fait, pour avoir la même CAF qu'une autre, elle devra pratiquer des prix de vente plus élevés.
Dans certains cas, l'entreprise souhaite lisser le résultat, en minorant ou en cherchant à passer le maximum de provisions à certains moments. Le risque est alors de perdre de vue l'objectif de CAF, qui est à actualiser en fonction des projets d'investissements.

Méthodologie et conseils

La capacité d'autofinancement est très proche de la marge brute d'autofinancement. Les différences sont minimes. Les provisions pour actifs circulants et pour risques et charges ne sont pas réintégrées dans la CAF.
La capacité d'autofinancement est souvent considérée comme synonyme de cash flow. C'est abusif, car un cash flow est avant tout un flux de trésorerie ; la CAF n'en est un que si les clients et les fournisseurs paient et sont payés comptant, et si les stocks sont nuls, ou bien si ces trois postes sont constants au cours du temps. ■

Avantages

✔ C'est un meilleur indicateur que le résultat net dans les industries cycliques ; en effet, la CAF est une donnée plus lissée et permet d'apprécier la capacité de l'entreprise à dégager des excédents.

Précautions à prendre

✔ Les activités peu capitalistiques auront une CAF proche du résultat de l'entreprise. Les activités capitalistiques dégageront des amortissements importants qui gonfleront la CAF.

Outil 40 Le free cash flow (FCF)

Définition et interprétation

Le free cash flow est un flux de trésorerie disponible après financement de l'investissement.

=

EBITDA (ou EBE)

– (produits – charges financiers)
– impôts et participation
+/– variation du BFR
– investissements courants

Il ne prend pas en compte l'immobilisation de liquidités due aux décalages de règlement.

Le free cash flow est important, car il permet à une entreprise de profiter des opportunités qui lui permettront d'accroître la valeur pour l'actionnaire. Il mesure la facilité avec laquelle l'activité peut se développer et rémunérer les actionnaires.

Certains investissements n'ont pas lieu fréquemment, en revanche leur montant est important lorsqu'ils ont lieu.

De ce fait, le free cash flow fluctuera beaucoup d'une année sur l'autre, aucune ne pouvant servir de référence.

Il est utilisé en évaluation financière pour calculer la valeur d'une entreprise à partir du discounted cash flow (DCF). La valeur intrinsèque d'une entreprise correspond à la valeur nette des free cash flows futurs, augmentée du cash résultant de sa vente éventuelle.

Dans la mesure où les médias attachent moins d'importance au free cash flow, il est considéré par certains experts comme un meilleur indicateur de la santé financière des entreprises.

Certains préfèrent l'utiliser pour mesurer la performance financière d'une entreprise, car le free cash flow est plus difficile à manipuler que le résultat net.

En résumé

Le free cash flow correspond au montant de cash restant dans l'entreprise après qu'elle a payé toutes ses dépenses, en incluant les investissements.

Le free cash flow correspond au *cash flow* disponible en distribution pour tous les actionnaires d'une entreprise.

Insight

Free cash flow is the amount of cash that a company has left over after it has paid all of its expenses, including investments.

Free cash flow is cash flow available for distribution among all the security holders of a company.

Pourquoi l'utiliser ?

Objectif

Le free cash flow mesure l'excédent de trésorerie réellement généré par l'exploitation. En effet, il est calculé avant prise en compte des choix de financement, des choix d'investissement. Cet indicateur se rapproche du flux de trésorerie opérationnel, qui est calculé dans le tableau de flux de trésorerie.

Le free cash flow présente un suivi du flux de liquidité par rapport à l'activité et ainsi sensibilise à la gestion du BFR.

Contexte

Le free cash flow est semblable à l'excédent de trésorerie d'exploitation (ETE) en France qui est égal à (EBE – variation du BFR). Il correspond à la variation de trésorerie qui figure en bas du tableau de financement. Il ne correspond ni à la marge brute d'autofinancement (MBA), ni à la capacité d'autofinancement (CAF), qui ne sont que des flux de trésorerie potentiels.

Comment l'utiliser ?

Étapes

Évaluer les composantes du free cash flow :

- l'EBE à partir du compte de résultat (*cf.* les SIG) :
  + ventes annuelles,
  – coûts générant des flux financiers ;
- la variation du besoin en fonds de roulement (BFR) à partir du bilan :
  + variation du poste client entre deux bilans,
  + variation des stocks entre deux bilans,
  – variation du poste fournisseurs entre deux bilans ;
- les investissements courants :
  + investissements de remplacement,
  + investissements de maintien de l'activité.

Effectuer le calcul du cash flow :

- le cash flow opérationnel (ou capacité d'autofinancement) :
  CF = EBE – revenus financiers – revenus exceptionnels – impôt société – participation des salariés ;
  CF = résultat net + dotations aux amortissements et provisions ;
- le free cash flow (FCF)
  FCF = CF – investissements courants (investissements de remplacement et de maintien de l'activité) – variation du BFR ;
  FCF = résultat net + dotations aux amortissements et aux provisions – variation du BFR – investissements courants.

Méthodologie et conseils

De plus en plus de sociétés ont recours à la notion de free cash flow qui équivaut à la marge nette d'autofinancement réduite des investissements de renouvellement et de la variation du besoin en fonds de roulement. Une entreprise qui développe son activité a généralement peu de free cash flow.

Un free cash flow négatif n'est pas forcément un signe de mauvaise santé financière, dans la mesure où beaucoup d'entreprise en croissance ou jeunes mobilisent de gros montants de cash pour financer leurs investissements. Toutefois, cette démarche prend son sens si l'entreprise dégage un retour sur investissement élevé. ■

Avantages

✔ Le free cash flow doit couvrir les dépenses obligatoires, le remboursement des dettes à long et moyen terme, le financement des investissements (en partie ou en totalité).

✔ Les investissements se comparent au *cash flow* pour calculer leur rentabilité.

Précautions à prendre

✔ Le calcul du free *cash flow* peut être biaisé si les créances client sont vendues à un factor, une partie des rémunérations est basculée en stock options, l'entreprise achète au lieu de louer…

Outil 41

Le taux d'actualisation

Méthodes de calcul

En théorie, le taux d'actualisation ne peut être évalué qu'en estimant la préférence pour le présent par comparaison subjective de diverses valeurs actuelles et futures.

En pratique, il existe différentes méthodes de calcul du taux d'actualisation, notamment pour les entreprises. Les taux d'actualisation peuvent être sensiblement différents selon les entreprises. Ils peuvent également varier en fonction des marchés d'un même groupe ou de certains types d'investissements.

Calcul d'actualisation

Si a est le taux d'actualisation, la valeur actuelle d'une valeur V_1 intervenant dans une année est de :
$V_a = V_1 / (1 + a)$

Pour une valeur V_N intervenant dans N années, la valeur actuelle est de :
$V_a = V_n / (1 + a)n$

Actualisation d'un échéancier

Si l'on considère un échéancier de valeurs mises en jeu au cours d'années successives :
$V_0, V_1, V_2 \ldots V_N,$

On pourra calculer sa valeur actuelle :

$V_a = V_0 + V_1 / (1 + a) + V_2 / (1 + a)2 + \ldots + V_N / (1 + a)N$

En résumé

Le taux d'actualisation est un concept financier basé sur les capacités d'autofinancement futures au lieu de leur valeur actuelle. Le diviseur dans la formule du taux d'actualisation est la valeur future résultant, incluant le revenu.

Ce concept diffère de celui du taux d'intérêt, notamment parce que le diviseur dans la formule du taux d'intérêt est l'investissement original.

Insight

The discount rate is a financial concept based on the future cash flow in lieu of the present value of the cash flow. The divisor in the discount rate formula is the resultant future value, including income.

This concept differs from that of an interest rate, most notably in that the divisor in the interest rate formula is the original investment.

Pourquoi l'utiliser ?

Objectif

L'actualisation est un procédé qui permet de comparer des valeurs mises en jeu à des périodes différentes. Dans le cadre des études d'investissement, l'actualisation permet de comparer des échéances de dépenses et de recettes qui diffèrent par leurs rythmes et leurs montants.

> La préférence pour le présent est en bonne partie subjective et peut donc être différente selon les individus ou les entreprises, et variable dans le temps.

Contexte

Fondamentalement, l'actualisation repose sur la préférence pour le présent : une même quantité de biens ou d'argent à une valeur plus grande à nos yeux si on en dispose à l'instant que si on en dispose dans un an.

Comment l'utiliser ?

Étapes

Plusieurs taux d'actualisation peuvent être utilisés :

- **le taux d'inflation** : logiquement, il vient s'ajouter au taux de préférence pour le présent lorsque le projet est quantifié en euros courants ;
- **le coût moyen pondéré des capitaux** qui financent l'entreprise :
  - si au passif du bilan, on constate 60 % de fonds propres et 40 % de dettes,
  - si le taux de dividendes est de 8 % et le taux d'intérêt de 9 % (6 % après impôt),
  - le coût pondéré du capital est de : (0,60 0,08) + (0,40 0,06)= 7,2 % ;
- **le taux de réinvestissement** : le taux d'actualisation correspond au taux auquel les capacités d'autofinancement pourront être réinvesties lorsque l'entreprise en disposera. Cette méthode est complexe, car elle nécessite des prévisions à long terme sur la gestion financière de l'entreprise et ses opportunités d'investissement pour déterminer les taux de réinvestissement ;
- **le taux imposé** pour des projets d'investissement d'intérêt national, soit par l'organisme chargé de la planification du pays, soit par l'institution financière.

Le calcul d'actualisation s'appuie sur l'utilisation d'une table d'intérêts composés.

Méthodologie et conseils

On pourra décider de calculer le coût moyen pondéré des capitaux par rapport à la structure du bilan actuelle, ou par rapport à celle résultant des plans de financement dont la durée correspond aux investissements.

Le coût moyen pondéré peut également correspondre au coût marginal, c'est-à-dire au coût pondéré des financements qui seront utilisés pour investir. On envisage alors des taux d'actualisation différents pour les divers projets à l'étude plutôt qu'un taux unique dans la mesure où des capitaux différents les financeront.

Les actionnaires peuvent exiger un revenu plus important sur des projets risqués ; le coût des capitaux est alors plus élevé, ce qui se répercute sur le taux d'actualisation. ■

Avantages

✔ Le taux d'actualisation permet de comparer des flux de trésorerie intervenant à des moments différents.

✔ Le choix du taux d'actualisation découle d'une décision de politique financière. Son niveau sera toujours supérieur au coût du capital.

Précautions à prendre

✔ La détermination du taux d'actualisation qui sera utilisé dans le calcul des valeurs actuelles conditionne les résultats obtenus avec les différents critères de classement ou de rejet des projets d'investissement.

✔ Le choix n'est donc pas sans incidence sur la façon de construire l'avenir pour une entreprise.

Outil 42 Le délai de récupération

Calcul et interprétation

Projet A

Investissement = 4 000 K€

Années	*Flux nets de trésorerie*
1	1 700 K€
2	1 900 K€
3	1 600 K€
4	500 K€

Projet B

Investissement = 2 000 K€

Années	*Flux nets de trésorerie*
1	300 K€
2	700 K€
3	700 K€
4	1 000 K€
5	1 500 K€

Le capital investi (4 000) est récupéré au cours de la troisième année.

Le DR =

2 ans + (400 / 1 600) × 2

= 2,25, soit 2 ans et 3 mois

Sur la base du critère du délai de récupération, le projet A doit être retenu.

Le capital investi (2 000) est récupéré au cours de la quatrième année.

Le DR =

3 ans + (300 / 1 000) × 12

= 3,3, soit 3 ans, 3 mois et 18 jours

En résumé

Le délai de récupération est le nombre d'années et de mois correspondant au cumul des capacités d'autofinancement actualisées nécessaires pour rembourser le capital investi.

Un délai court est intéressant car il facilite les prévisions et la stabilité de l'entreprise.

Insight

Payback refers to the number of years and monthes of net cash flows needed to reimbourse the invested capital.

A short payback is interesting because it facilitates the forecasts and the stability of the firm.

Pourquoi l'utiliser ?

Objectif

Le délai de récupération (DR) indique le temps au bout duquel les gains prévus équilibrent les dépenses d'investissements, en tenant compte éventuellement du coût des capitaux investis.

Contexte

Le calcul de la période de remboursement néglige toute l'exploitation de l'investissement après la période de remboursement, et donc oriente les choix vers des investissements rentables à court terme.

Comment l'utiliser ?

Étapes

Le délai de récupération est extrait d'un tableau des flux. On cumule les flux nets de trésorerie générés par l'exploitation de l'investissement année après année. On l'obtient lorsque le flux total cumulé est égal à zéro. On regarde au bout de combien de temps l'investissement de départ est récupéré par les flux nets de trésorerie. Plus le DR est court plus le projet sera apprécié au regard de ce critère. Entre deux projets, celui dont le DR est le plus court aura la préférence.

Les entreprises peuvent fixer des objectifs de délai de récupération maximum. Dans les groupes anglo-saxons, il est de deux ans voire de dix-huit mois. Sur des projets à long terme, il sera plutôt de quatre ans. Cet objectif est alors spécifié dans la procédure d'investissement. Dans ce cas, tout projet dont le DR sera supérieur à ce maximum sera rejeté.

Il peut se calculer avec ou sans actualisation des flux nets de trésorerie. Lorsque le DR attendu est très court (< deux ans), il est calculé hors actualisation ; à l'inverse, si l'objectif de DR est par exemple fixé à quatre ans, il est alors calculé avec actualisation.

Ce n'est pas réellement un critère de rentabilité. Il s'agit plutôt d'un critère de sécurité ou de solvabilité.

Méthodologie et conseils

C'est un critère souple et facile à mettre en œuvre ; de ce fait, il est souvent utilisé dans les petites entreprises et les entreprises anglo-saxonnes soucieuses de rentabilité à court terme.

C'est un critère acceptable pour des investissements de productivité, ou des investissements qui doivent se rentabiliser rapidement (situation financière tendue ou évolution technologique très rapide). En revanche, il est déconseillé pour des investissements importants (accroissement de capacité, nouveaux produits...) sauf comme critère complémentaire pour départager les éventuels ex-aequo.

Pour les entreprises dont la trésorerie est habituellement tendue, le creux maximum de trésorerie permet de calculer le besoin de financement maximum à un moment donné. Il mesure le risque financier maximum. ■

Avantages

- ✔ Le DR est un critère simple à calculer et à interpréter.
- ✔ Il permet de comparer aisément deux projets entre eux.
- ✔ La direction financière peut facilement fixer un objectif de délai de récupération maximum pour les projets d'investissements.

Précautions à prendre

- ✔ On ignore les revenus après la période de récupération... Donc si on veut comparer plusieurs projets entre eux, il faut comparer des projets ayant une durée de vie à peu près égale et des *cash flow* réguliers.
- ✔ Par ailleurs, il est recommandé de calculer le délai de récupération après avoir actualisé les revenus escomptés.

Outil 43 La valeur actuelle nette (VAN)

Calcul et interprétation

Soit le projet d'investissement suivant

Investissement : 200 000		*Taux d'actualisation : 12 %*
Années	**Flux nets de trésorerie**	**Flux nets de trésorerie actualisés**
1	50 000	44 643
2	80 000	63 776
3	100 000	71 178
4	80 000	50 841
Total des valeurs actualisées		230 438

La valeur actuelle nette est de :
230 438 – 200 000 = 30 438

- La VAN est positive.
- Le projet présente donc une rentabilité supérieure à 12 %.
- Le projet est accepté.

En résumé

La valeur actuelle nette (VAN) est une méthode pour apprécier la rentabilité financière des projets à long terme.

Elle mesure l'excédent de capacité d'autofinancement, ramené en valeur actuelle, après prise en compte des charges financières :
- VAN > 0 : l'investissement renforce la valeur de l'entreprise ;
- VAN < 0 : l'investissement réduit la valeur de l'entreprise.

Insight

Net present value (NPV) is a method for the financial appraisal of long-term projects.

It measures the excess of cash flows, in present value terms, once financing charges are met.

- *NPV > 0 : the investment would add value to the firm ;*
- *NPV < 0 : the investments would subtract value from the firm.*

Pourquoi l'utiliser ?

Objectif

La valeur actuelle est la somme d'argent correspondant à un flux futur de revenu, à un taux d'intérêt donné. C'est une valeur équivalente aujourd'hui de l'échéancier des encaissements – décaissements, compte tenu du taux d'actualisation : c'est un bénéfice actualisé.

Contexte

Si la valeur actuelle nette d'un investissement est positive, cela signifie :
• que l'investissement initial a été récupéré ;
• que l'on a payé un intérêt égal au taux d'actualisation sur les fonds restant investis, au fur et à mesure de la récupération ;
• qu'il reste en fin de vie un bénéfice « actualisé » égal à la valeur actuelle nette.

Un projet dont la valeur actuelle nette est positive est un projet créateur de valeur.

Comment l'utiliser ?

Étapes

• Calculer les recettes et les dépenses liées à l'exploitation future de l'investissement. Ce sont les flux nets de trésorerie qui sont actualisés avec le taux d'actualisation en vigueur dans l'entreprise.
• Comparer la valeur actuelle des flux nets de trésorerie cumulés avec la valeur du capital investi : « la somme des flux nets actualisés – le capital investi » constitue la valeur actuelle nette (VAN).
• Se fixer un taux d'actualisation considéré comme le seuil de rendement minimum de l'investissement. Pour que l'investissement soit rentable, il faut que la somme des valeurs actualisées soit supérieure au capital investi ; autrement dit, il faut que la valeur actuelle nette soit positive. Un projet dont la VAN est positive sera accepté. À l'inverse, un projet dont la VAN est négative sera rejeté. Dans le cas de deux projets en concurrence, on préférera celui qui dégage la VAN la plus importante.

Méthodologie et conseils

Le critère de la VAN permet de dire si un projet est rentable ou non compte tenu d'un seuil fixé de rentabilité mais ne permet pas de classer les projets d'investissement : il faudrait, pour cela que les montants investis au départ soient identiques, ce qui est plutôt rare.
Toutefois, entre tous les projets rentables, il est possible d'introduire un critère de classement en utilisant l'indice de rentabilité qui est le rapport entre la valeur actuelle nette et le capital investi (VA/I). La préférence sera donnée au projet dont le ratio de profitabilité est le plus élevé. Le taux de profitabilité complète l'analyse de la VAN pour des projets de même nature dont l'investissement de départ est différent. ■

Avantages

✔ La valeur actuelle nette est un bon critère de rejet puisque lorsque la VAN est négative, le projet est éliminé.

✔ C'est un critère favorable aux gros investissements (on ne tient pas compte du volume de l'investissement initial).

Précautions à prendre

✔ La valeur actuelle nette est mal adaptée pour :
– comparer des projets de même nature dont le capital investi est très différent ;
– classer des projets de natures différentes sauf si l'enveloppe financière disponible est illimitée.

✔ Il est recommandé de la coupler avec un critère de liquidité.

Outil 44 Le taux interne de rentabilité (TIR ou TRI)

Méthode de calcul

Soit le projet d'investissement suivant

Années	*Investissement*	*Flux nets de trésorerie*	*Flux nets de trésorerie actualisés*			
			TIR : 16 %		**TIR : 18 %**	
0	– 2 000		**TIR**	**FNT**	**TIR**	**FNT**
1		400	0,862	344,8	0,847	338,9
2		600	0,743	445,9	0,718	430,9
3		800	0,641	512,5	0,609	486,9
4		800	0,552	441,8	0,516	412,6
5		600	0,476	285,7	0,437	262,3

VAN = 30,7

VAN = – 68,4

Le TIR étant le taux d'actualisation qui annule la VAN, il est de 16,6 % pour le projet

$$0 = -I + \frac{FNT^1}{1+t} + \frac{FNT^2}{(1+t)^2} + (\cdots) + \frac{FNT^n}{(1+t)^n}$$

a = taux d'actualisation
I = montant de l'investissement
t = TIR
FNT = gain futur
n = durée du projet

En résumé

Le taux interne de rentabilité (TIR) est une méthode utilisée par les entreprises pour décider des choix d'investissements à long terme.

Il correspond au taux effectif annualisé de rendement sur le capital investi :

- TIR > taux d'actualisation : le projet augmente la valeur de l'entreprise ;
- TIR < taux d'actualisation : le projet réduit la valeur de l'entreprise.

Insight

Internal return rate (IRR) is a capital budgeting method used by companies to decide wether they should make long-term investments.

It is the annualized effective compounded return rate which can be earned on the invested capital.

- *IRR > discount rate : the project will add value to the firm ;*
- *IRR < discount rate : the project will subtract value to the firm.*

Pourquoi l'utiliser ?

Objectif

Le TIR est le taux auquel la valeur actuelle des cash flows futurs est exactement égale au montant de l'investissement. Il définit le taux d'intérêt maximum que l'on peut toucher sur toute la durée de vie de l'investissement sur les fonds restants investis après récupération progressive du capital.

C'est le taux d'actualisation pour lequel la VAN est nulle (somme des valeurs actualisées égale au capital investi).

Contexte

Le taux interne de rentabilité permet de classer les projets selon leur rentabilité mais ne dit rien de leur acceptabilité. Il faut, pour cela, comparer les taux de rentabilité avec le coût du capital de l'entreprise symbolisé par le taux d'actualisation.

Comment l'utiliser ?

Étapes

• Rechercher le taux d'intérêt pour lequel la valeur actuelle nette est égale à zéro. On part d'un taux donné. Si la valeur actuelle est positive, choisir un taux plus élevé ; si la VAN est négative, un taux plus faible. Par approches successives, on parvient à déterminer le taux pour lequel la VAN est nulle.

• Ne retenir un projet que si ce taux est suffisant, c'est-à-dire si le TIR est supérieur au taux d'actualisation en vigueur dans l'entreprise. Dans le cas inverse, le projet est rejeté. Pour choisir entre deux projets, donner la préférence à celui dont le TIR est le plus élevé.

Méthodologie et conseils

Le TIR ne peut être interprété comme le taux d'intérêt que l'on touche sur l'investissement final, que si l'on peut employer le capital remboursé à un taux égal au TIR. Ceci est fort improbable quand le TIR est élevé. De même, lorsque l'investissement est réalisé progressivement sur deux ou trois années, on ne peut admettre d'actualiser les échéances de l'investissement à un taux égal au TIR.

Pour pallier cet inconvénient, on fait l'hypothèse du réemploi des capacités d'autofinancement à un taux d'intérêt raisonnable. On calcule le taux interne de cette nouvelle « variante » du projet : le taux interne de rentabilité intégré (TIRI). Cela revient à calculer la valeur acquise à la fin du projet par les CAF positives. À l'inverse, les échéances de l'investissement sont ramenées en valeur actuelle à l'année de départ. On recherche ensuite le taux d'intérêt qui, en rémunérant la valeur actuelle de l'investissement, permet d'obtenir la valeur acquise des flux nets de trésorerie :

TIRI = (somme FNT acquis 1/n/somme FNI actuel) – 1[1]

Le TIRI donne une indication plus réaliste de la rentabilité d'un investissement compte tenu des conditions de financement et de réemploi des flux nets de trésorerie positifs. C'est un bon critère de classement des projets. En revanche, sa signification économique est peu claire. ■

Avantages

✔ Le TIR met en évidence les caractéristiques de rentabilité du projet seul.

✔ Contrairement à la VAN, il permet de comparer des projets dont la durée et le montant d'investissement sont différents.

Précautions à prendre

✔ Le TIR est un critère de classement discutable car il favorise les projets rentables à court terme en raison de l'actualisation.

✔ Il est recommandé de le coupler avec un critère de liquidité.

1. FNT : flux net de trésorerie d'exploitation FNI : flux net d'investissement

Outil 45 Le retour sur les capitaux employés (RCE)

Les deux principaux critères

EVA =
résultat d'exploitation net d'impôts – (capitaux employés × coût moyen pondéré des capitaux)

→ EVA > 0, l'entreprise crée de la valeur

EVA < 0, l'entreprise détruit de la valeur

Le cabinet Stern Stewart a défini la valeur de marché des actions comme la valeur patrimoniale de l'entreprise augmentée du goodwill. Il a défini le concept de l'**EVA : *economic value added***

Il existe plusieurs critères de mesure.

Nous ne présentons que les deux plus courants.

Les analystes calculent le taux de création de valeur **ROCE : *return on capital employed***

$$ROCE = \frac{\text{résultat d'exploitation net d'impôts}}{\text{capitaux employés}}$$

→ ROCE > coût moyen pondéré des capitaux : l'entreprise crée de la valeur

ROCE < coût moyen pondéré des capitaux : l'entreprise détruit de la valeur

En résumé

Le retour sur les capitaux employés mesure l'efficacité avec laquelle le capital est utilisé pour créer des revenus.

Il est souvent utilisé pour comparer la performance entre activités, et pour valider si une activité génère assez de retour pour financer le coût du capital qu'elle utilise.

Insight

Return on capital employed measures the efficiency with which capital is being utilized to generate revenue.

It is often used to compare performance between businesses and to asses wether a business generates enough returns to pay for its cost of capital.

Pourquoi l'utiliser ?

Objectif

Cette notion consiste à intégrer dans la gestion quotidienne du groupe la préoccupation majeure des actionnaires, qui est de maximiser la rentabilité des capitaux investis. L'entreprise crée de la valeur actionnariale lorsque la rentabilité des capitaux investis est supérieure au coût moyen pondéré des capitaux.

Ce sont des indicateurs de performance interne d'une entreprise ou d'un groupe.

Contexte

Ces ratios figurent parfois dans les rapports annuels des groupes cotés au titre de leur communication financière. Les analystes suivent de près leurs évolutions, surtout lorsque les rachats d'entreprises s'effectuent sur des bases élevées par forte valorisation des actifs incorporels.

Comment l'utiliser ?

Étapes

Le résultat d'exploitation net d'impôts (RO) tient compte d'un impôt (taux apparent du compte de résultat) ajusté hors déduction des charges financières.

Les capitaux employés (CE) regroupent :

- le total des immobilisations corporelles et incorporelles, hors actifs financiers (participations dans d'autres sociétés) et des actifs circulants (stocks, créances) réduit des dettes fournisseurs et des autres dettes d'exploitation = immobilisations nettes d'amortissements (la valeur nette représentant la valeur réelle du bien utilisé pendant la période) et besoin en fonds de roulement ;
- les fonds propres augmentés de la dette financière nette (dettes auprès des établissements financiers à court, moyen et long terme), moins la trésorerie.

Le coût des capitaux employés correspond au coût moyen des fonds propres et de la dette :

- le coût des fonds propres renvoie au coût d'opportunité d'un lacement alternatif et de même niveau de risque : taux d'emprunt d'état augmenté d'une prime de risque normal pour une entreprise (donc variable selon les secteurs d'activité) ;
- le coefficient de risque spécifique (coefficient amplificateur) symbolise le supplément de rémunération demandé par un investisseur par rapport à un prêteur, ainsi que le risque spécifique lié à l'entreprise et à son secteur ;
- le coût de la dette s'apprécie après impôt.

Méthodologie et conseils

La méthode de calcul n'est pas normée. Le choix de la méthode dépend de la société. La COB demande à ce qu'une communication autour de ces indicateurs soit formalisée et très précise. Elle souhaite également que l'entreprise fasse le lien avec sa stratégie.

Dans la plupart des cas, le coût de l'endettement est calculé après impôt afin d'être homogène avec l'attente de rendement des actionnaires qui se définit à partir d'un résultat après impôt société. ■

Avantages

✔ La démarche se particularise par le fait qu'elle intègre dans le calcul de la performance financière un élément extra comptable qui est le coût du capital.

✔ Elle incite les entreprises à se focaliser sur le coût de leurs capitaux et à les réduire au maximum.

Précautions à prendre

✔ Pour éviter de dégrader ses résultats, un groupe peut renoncer à des investissements représentants une dépense initiale forte et une rentabilité sur un horizon de temps élevé.

Outil 46 L'analyse de réversibilité

Les deux composantes

PMA (perte maximale à l'abandon) mesure le montant du risque correspondant au projet. Il correspond au creux maximum de la courbe de réversibilité.

TMP (temps minimal de poursuite) mesure le temps minimal pendant lequel il faut conduire l'opération pour récupérer la partie liquide des capitaux investis.

La courbe de réversibilité montre la position de trésorerie cumulée période par période, dans l'hypothèse où l'on devrait abandonner le projet en fin de période.

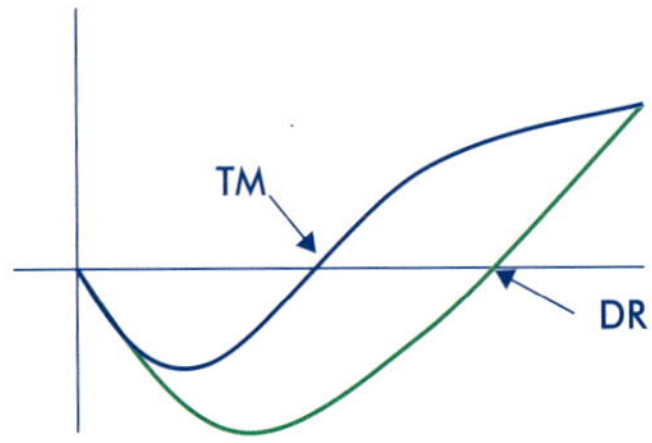

Schéma 1

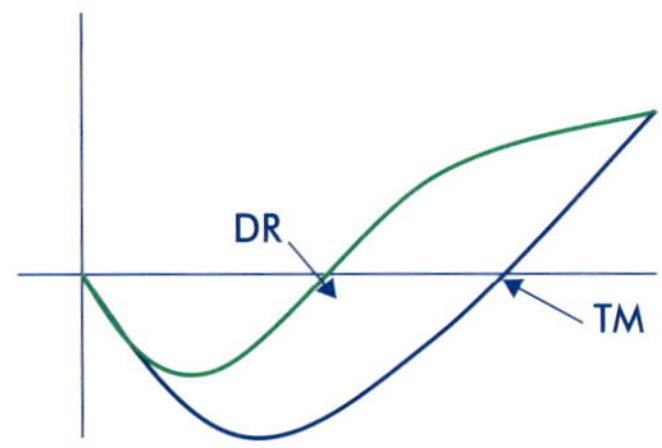

Schéma 2

Schéma 1 : La valeur de liquidation est positive, la courbe de réversibilité est donc au-dessus de celle de rentabilité, et TM < DR.
C'est le cas de projets avec un fort besoin en fonds de roulement et une rentabilité médiocre.

Schéma 2 : La valeur de liquidation est négative, la courbe de réversibilité est donc en-dessous de celle de rentabilité, et DR < TM.
C'est le cas d'une structure où le besoin en fonds de roulement est négatif, comme dans le secteur de la grande distribution.

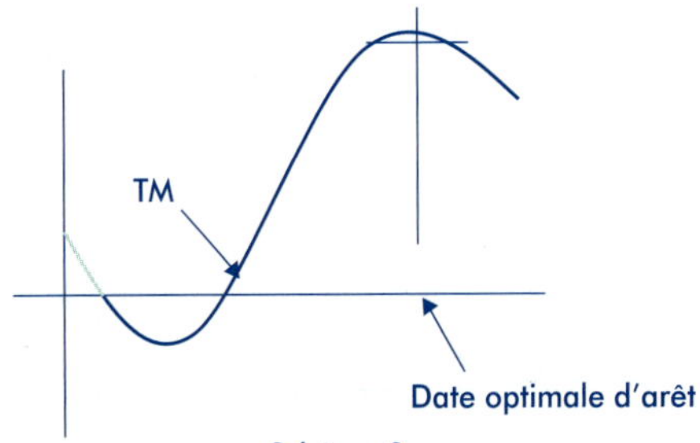

Schéma 3

Schéma 3 : La courbe de réversibilité a crû au maximum, puis décline jusqu'à la dernière année du projet. Ce maximum correspond à la date optimale à laquelle on doit arrêter le projet. Au-delà, la rentabilité du projet est < à celle du placement de la valeur de liquidation.

Légende pour les trois schémas : en abscisses : les années, en ordonnées : les valeurs des flux actualisés et cumulés, en rouge : courbe de rentabilité, en noir : courbe de réversibilité.

En résumé

La réversibilité mesure respectivement le risque de perte et le temps sur lequel on s'engage de façon irréversible.

En fin de vie du projet, les courbes de rentabilité et de réversibilité se rejoignent, car la rentabilité doit tenir compte de la valeur de liquidation.

Insight

Reversibility measures the risk of loss and the time we are engaged in without the possibility of reversibility.

At the end of a project, the curves of profitability and reversibility join, because profitability includes the liquidation value.

Pourquoi l'utiliser ?

Objectif

L'analyse de réversibilité est une approche simple et efficace. Son but est de mesurer le caractère de plus ou moins grande irréversibilité d'un scénario envisagé. Elle mesure de quelle façon on est lié par cette décision, en intensité et en durée.

Contexte

L'irréversibilité des décisions entrepreneuriales étant l'une de leurs caractéristiques structurelles, il est naturel de développer des techniques destinées à en apprécier le degré.

L'analyse de réversibilité définit deux nouveaux critères : la perte maximale à l'abandon (PMA) et le temps minimal de poursuite (TMP).

Comment l'utiliser ?

Étapes

La technique de réversibilité commence par l'analyse de l'investissement, afin de repérer ses composantes et d'en qualifier le caractère plus ou moins irréversible :

- les moyens industriels spécifiques au projet qui seront perdus : moules et outillages spécifiques, machines spéciales ;
- les moyens investis qui pourraient être récupérés partiellement sur d'autres projets ou revendus facilement : machines polyvalentes, comme les presses, les robots, certains sous-ensembles de lignes d'assemblage, le matériel de manutention ;
- les moyens investis pouvant être revendus ou réutilisés : terrains et bâtiments, ainsi que certains de leur aménagement ;
- le besoin en fonds de roulement, constitué des stocks, des comptes clients diminués des comptes fournisseurs ; il a un caractère de grande réversibilité.

L'analyse de réversibilité s'effectue après l'analyse de la rentabilité d'un scénario ; celle-ci peut être représentée graphiquement par la courbe de rentabilité qui indique le DR (délai de récupération). Elle ajoute aux flux de chaque année la valeur de liquidation du projet correspondant à l'hypothèse de son arrêt.

On établit la courbe de réversibilité qui montre quelle serait la position de trésorerie cumulée, dans l'hypothèse d'un abandon du projet. Le creux maximum de la courbe est le PMA. La courbe coupe l'axe des abscisses au TMP pour assurer un bilan final positif au projet.

Méthodologie et conseils

On établit les valeurs de récupération en pourcentage de la valeur investie pour chaque poste :

	Année 1	Année 2	Année 3	Année 4
Outillages spécifiques	0	0	0	0
Machines polyvalentes	95 %	90 %	80 %	60 %
Stocks	90 %	90 %	90 %	90 %
Bâtiments	100 %	100 %	100 %	100 %
Comptes clients	100 %	100 %	100 %	100 %

La connaissance du maximum de la courbe de réversibilité donne une alerte pour la gestion opérationnelle, en prévoyant dès l'origine qu'il est vraisemblable qu'un retour à une gestion entrepreneuriale soit nécessaire à un terme plus rapproché que la durée de vie économique pour préparer un possible désinvestissement. ■

Avantages

- ✔ Pour réduire le risque d'irréversibilité, on est parfois conduit à imaginer une variante de moindre rentabilité.
- ✔ Ce compromis fait sur la rentabilité au profit de la réversibilité sera jugé préférable si on juge que le PMA est insupportable.

Précautions à prendre

- ✔ On peut préférer fractionner dans le temps un investissement pour que les capacités accompagnent la progression des volumes produits, plutôt que de mettre en place immédiatement des capacités seulement nécessaires à moyen terme.

Dossier 6

Identification des risques

Le terme risque a deux acceptions, l'une au sens de métarisque et l'autre au sens de fait générateur entraînant un dysfonctionnement d'un processus métier. Le métarisque est un risque majeur pouvant remettre en cause les objectifs stratégiques de l'entreprise, voire affecter sa pérennité : fournisseur, client… On distingue les métarisques purs et les risques spéculatifs. Le risque au sens de fait générateur peut affecter un risque métier (acte de négligence, malveillance…).

Un dispositif de risk management vise à mettre sous contrôle les risques purs et spéculatifs.

• Le risque « pur » est lié au hasard. On peut le définir comme la probabilité qu'un événement incertain, dont les effets seront nuisibles ou provoqueront des pertes, se produise. Ils peuvent être liés à l'implantation géographique, à la qualité d'un produit, aux fournisseurs, à l'environnement, etc. Ils prennent une part croissante dans l'activité de gestion des risques.

• *A contrario*, le risque dit spéculatif peut se matérialiser par un gain ou une perte. Dans un environnement mondial où les techniques financières ne cessent d'évoluer et où les marchés sont très volatils, l'entreprise doit garantir son financement, identifier, évaluer et couvrir l'ensemble des risques financiers, en liaison avec les entités opérationnelles.

Un dispositif de contrôle interne vise à maîtriser les processus métier.

La fonction d'audit interne a pris une légitimité forte via l'émergence de réglementation visant à sécuriser l'actionnaire quant à la sincérité des états financiers et à sa rémunération. Elle s'assure de la fiabilité des états financiers via l'audit des procédures comptables, l'auditeur préparant le travail des commissaires aux comptes. Elle sert également à prévenir la criminalité interne et à s'assurer de la conformité de l'ensemble des contrats et conventions avec l'ensemble des réglementations en vigueur.

L'audit interne s'appuie sur le contrôle interne qui est une méthodologie destinée à donner aux responsables de l'entreprise une assurance raisonnable quant à la maîtrise des risques existants et futurs. Il analyse les sources d'amélioration de la performance de l'organisation *via* la *circularisation* qui consiste à utiliser en parallèle plusieurs outils, et à s'assurer que les réponses obtenues convergent. Il vise à évaluer les risques selon leur gravité, leur probabilité de survenance pour apprécier ensuite la capacité de l'entreprise à y faire face et à les maîtriser.

Dispositifs	Outils d'identification des risques
Risk management	Cartographie des métarisques Quantification du sinistre maximum possible
Audit interne	Charte d'audit interne Mission d'audit interne Manuel des procédures
Contrôle interne	Interview Questionnaire de contrôle interne Audit documentaire Plan d'échantillonnage Scoring « maturité » du contrôle interne

Le cadre conceptuel de référence qui formalise les dispositifs d'un risque management et d'un contrôle interne efficace est le COSO.

LES CINQ COMPOSANTES DE COSO

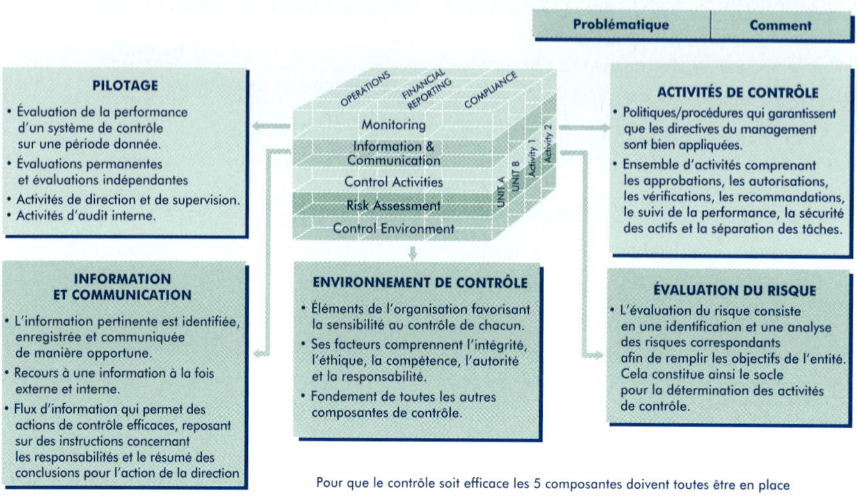

Pour que le contrôle soit efficace les 5 composantes doivent toutes être en place

Source : COSO report

Les OUTILS

Outil 47

La cartographie des métarisques

Un exemple de cartographie

Institutionnel et société

- Politique/législation
- Régulation
- Actionnaires
- Sensibilité au contexte économique
- Mutation sociétale
- Positionnement des acteurs

Marchés

- Marché de gros de l'énergie
- Taux d'intérêt
- Taux de change
- Concurrence
- Demande clients
- Mutation technologique
- Contrepartie

Catastrophe

- Catastrophe naturelle
- Accident d'origine externe/attentat

Transverses

- Éthique et développement durable
- Efficacité de l'organisation
- Conformité

Ressources humaines

- Management des hommes
- Compétences – gestion du savoir
- Gestion du changement
- Conflit social – grève
- Santé et sécurité
- Rémunération de la performance
- Intégrité

Finance

- Fonds propres
- Niveau d'endettement
- Valeur des actifs
- Liquidité – cash flow
- Engagements financiers
- Opérations sur marchés financiers
- Crédibilité financière

Cœur de métier

- Opération sur marché énergie/optimisation amont-aval
- Commercial
- Facturation/recouvrement
- Technique
- Atteinte à l'environnement naturel ou à l'humain
- Conduite de projet

Stratégie

- Business model/processus de décision
- Mode de gouvernement/mise en œuvre stratégique
- Développement externe
- Maîtrise des partenaires

Autres process supports

- Communication externe
- Système d'information
- Appros – achats fournisseurs
- Recherche et développement

Pilotage de la performance

- Maîtrise du pilotage de la performance
- Méconnaissance d'engagements contractuels
- Contrôle des participations

En résumé

La cartographie des métarisques a pour objectif d'identifier les risques majeurs pouvant affecter de façon substantielle les objectifs stratégiques du groupe, voire sa pérennité.

Cette cartographie doit être réactualisée en permanence, en vue de faire ressortir des risque émergents (scénarii de rupture).

Insight

The map of the global risks aims to identify the main risks which may significantly damage the strategic goals of the group, indeed its staength.

This map must be permanently updated in order to show emerging risks (scenario of a break in activity).

Pourquoi l'utiliser ?

Objectif

L'objectif de la cartographie des métarisques est de s'assurer de la sécurisation des *cash flows* de l'entreprise et de la rémunération des actionnaires.

La cartographie des métarisques ne doit pas se focaliser uniquement sur les risques purs, mais doit aussi faire ressortir les risques stratégiques.

Contexte

La mise sous contrôle des métarisques ne relève pas seulement d'un enjeu stratégique, mais d'une obligation réglementaire (LSF, SOX) qui impose de communiquer sur la maturité du dispositif de risk management (ex : communiquer sur le contenu des programmes d'assurance à l'international).

Comment l'utiliser ?

Étapes

L'identification et l'analyse des métarisques visent à :

- quantifier les conséquences d'un sinistre majeur (perte matérielle, perte d'exploitation, perte humaine, coût de la responsabilité civile) ;
- évaluer l'impact d'un sinistre majeur sur les objectifs stratégiques (cours de l'action, rentabilité, image de marque) ;
- analyser la sinistralité antérieure en vue d'identifier d'éventuelles tendances structurelles.

La mise sous contrôle des métarisques préconise une approche focalisée sur le pre loss, ou prévention des risques. Toutefois, le risque zéro n'existant pas, il est nécessaire de développer des outils en post loss, dits curatifs.

C'est une approche transversale qui intègre trois facettes :

- le contrôle interne avec les procédures de sécurité et de gestion de crise, ainsi que les plans de survie, de retrait de produit et de communication de crise ;
- le contrôle technique qui couvre les investissements engagés au titre de la sécurité ;
- le contrôle financier arbitrant entre l'autofinancement, le transfert des risques et les financements alternatifs.

Méthodologie et conseils

L'autofinancement pre loss correspond à la constitution d'une provision pour propre assureur qui oblige l'entreprise à avoir en contrepartie des actifs subordonnés comme des sicav, des obligations... En post loss, l'entreprise cherche à diminuer la franchise sur ses assurances en s'assurant sur une valeur expertisée, et non sur une valeur déclarative.

L'entreprise peut également décider de garder ses « bons » risques (risques de fréquence) et de ne transférer aux assureurs que les risques catastrophiques (responsabilité civile). Pour se couvrir des risques de fréquence, elle signera des contrats de *backup*, d'affacturage, de consignation des stocks... Elle peut également recourir au crédit documentaire ou à des fonds communs de créances.

Enfin, l'entreprise peut transférer ses risques aux assureurs avec des polices nationales telles que : multirisque industrielle, flotte automobile, responsabilité civile, globale informatique, responsabilité civile des mandataires sociaux. ■

Avantages

- ✔ Elle permet d'identifier des risques significatifs non assurés au sein d'un groupe et de les faire financer directement par l'assureur apériteur de la société mère.
- ✔ Ce dispositif permet de protéger la surface financière du groupe.

Précautions à prendre

- ✔ Il est important de ne pas se contenter de se sécuriser sur les risques cartographiés, mais de s'imposer un travail de veille sur les risques émergents.

La quantification du sinistre maximum possible (SMP)

Les quatre composantes

SMP

Pertes matérielles

Immobilisations corporelles sous contrôle (au sens de IAS 16 et 17) : propriété, *leasing*, location simple, outil confié à titre gracieux, concession et affermage

Pertes humaines

Décès, invalidité permanente, maladie professionnelle, accident du travail

Pertes d'exploitation

Diminution du chiffre d'affaire (+/– en fonction du plan de reprise d'activité)

Réduction des coûts variables proportionnelle à celle du chiffre d'affaires

Coûts spécifiques au sinistre : expertise, démolition, décontamination, hébergement…

Coûts générés par le plan de reprise d'activité (PRA) : ressources logistiques sur le site, clauses de *back up* ou de réciprocité

Responsabilité civile

Rechercher dans la jurisprudence (France et international) pour quantifier

Faire un scoring :
- 0 : impact financier nul
- 1 : impact financier faible
- 2 : impact financier moyen
- 3 : impact financier majeur
- 4 : impact financier inacceptable

En résumé

Les sinistres maximums possibles analysés en priorité correspondent en général aux exclusions prévues dans les programmes d'assurance. L'objectif est de faire ressortir les SMP que l'entreprise devrait autofinancer en intégralité et vérifier la capacité financière de cette dernière à financer le risque.

Insight

The maximum possible damages which are prioritary analysed generally correspond with exclusions foreseen in the insurance programs. The goal consists in standing out the SMP that the company should self finance in total and check its financial capacity to finance the risk.

Pourquoi l'utiliser ?

Objectif

Le sinistre maximum possible est la combinaison de faits générateurs auxquels sont associées des circonstances aggravantes. Le rôle du risque management est de tout mettre en œuvre pour que l'entreprise ne rentre pas dans ce cercle vicieux, et qu'au cas où elle y rentrerait, de tout faire pour l'en sortir en quarante-huit heures.

Contexte

La simulation d'un scénario de crise permet de se poser les questions suivantes : quel sera l'impact d'un sinistre majeur sur l'image de marque, les parts de marché, le cours de bourse, la rentabilité des capitaux, la rentabilité économique…

Tout sinistre maximum possible dont le coût dépasse la capacité d'autofinancement de l'entreprise est inacceptable et relève d'une priorité du risk management.

Comment l'utiliser ?

Étapes

La valorisation est réalisée dans le cadre d'une simulation sur les centres de risques, correspondants aux centres de profit en comptabilité analytique.

Les pertes matérielles sont estimées selon le principe déclaratif en droit des assurances. On retiendra un montant d'expertise. On applique à ce montant un pourcentage de destruction. D'où :

Pertes matérielles = (Montant des capitaux) × (% de destruction)

Les pertes d'exploitation sont évaluées à partir du compte de résultat budgétaire du centre de profit reconstruit en simulant le sinistre :

Coûts variables	Chiffre d'affaire
Coûts fixes	
Résultat analytique avant sinistre	
Diminution des coûts variables	Diminution du chiffre d'affaires
Coûts spécifiques au sinistre	
Coûts supplémentaires du plan de reprise d'activité	Résultat analytique après sinistre

Perte d'exploitation = résultat analytique avant sinistre – résultat analytique après sinistre

Les pertes humaines sont valorisées à partir des capitaux de la police d'assurance du groupe. Pour évaluer la responsabilité civile, on considère :

- que l'impact financier moyen est équivalent au résultat d'exploitation d'une année
- que l'impact financier majeur est égal à la marge brute d'autofinancement d'une année
- que l'impact financier inacceptable est supérieur à la marge brute d'une année, et qu'il n'y a plus d'entreprise

Méthodologie et conseils

L'étude de la sinistralité antérieure révèle l'existence éventuelle de tendances structurelles, la gravité et la fréquence des sinistres (exemple : concentration d'accident de véhicules à un endroit). Cela permettra de prendre des mesures préventives (exemple : modifier le sens de la circulation).

Les outils de prévention mis en place auront pour objectif d'éradiquer les risques inacceptables et majeurs en risques moyens, et les risques moyens en risques faibles ou nuls. ■

Avantages

- ✔ La quantification des pertes permet aux dirigeants de prendre conscience des zones de vulnérabilité majeures de leur entreprise et de la nécessité d'engager les investissements préventifs nécessaires

Précautions à prendre

- ✔ On analyse tous les scénarios sans parti pris.
- ✔ L'analyse est souvent conditionnée par le profil psychologique de la personne qui la fait.

Outil 49 La charte d'audit interne

Les points clés

Le code de déontologie de la profession est régi par l'Institut of internal auditing (IIA) qui a pour référent en France l'Institut français des auditeurs et consultants internes (IFACI)

Rôle de l'audit interne

Activité indépendante d'appréciation du contrôle des opérations
Au service de la présidence de l'entreprise ou du comité d'audit, Il fournit des analyses et des recommandations

Domaines d'investigation

Sincérité des informations financières
Moyens de préserver et valoriser les actifs
Utilisation des ressources de façon économique et efficace
Systèmes mis en place pour garantir la conformité et la légalité
Objectif et conduite des projets et programmes

Déontologie des auditeurs

Intégrité
Pas de préjugé
Devoir de réserve et secret professionnel
Pas de jugement personnel sur les interviewés
Information sur des irrégularités et des fraudes
Méthodologie, outils et moyens conformes aux standards professionnels
Devoir d'information de ses conclusions aux audités et droit de réponse des audités

Rattachement de l'audit interne

Supervisé par un comité d'audit ou par la DG qui :
- assure l'indépendance de l'audit
- approuve le plan d'audit
- fait régulièrement le point de son exécution
- examine les suites données aux recommandations

Déroulement d'une mission d'audit

Prise de connaissance du domaine
Investigation sur le terrain
Synthèse de la mission
Suivi de la mission

En résumé

Une charte d'audit est nécessaire et appropriée pour la profession des auditeurs internes. Elle comprend deux composantes essentielles :

- des principes fondamentaux pertinents pour la profession et la pratique de l'audit interne ;
- des règles de conduite décrivant des normes de comportement attendues des auditeurs internes.

Insight

A code of ethics is necessary and appropriate for the profession of internal auditing. It includes two essentials components :

- *principles that are relevant to the profession and practice of internal auditing ;*
- *rules of conduct that describe behaviour norms expected of internal auditors.*

Pourquoi l'utiliser ?

Objectif

La charte doit définir la position de l'audit interne dans l'organisation, compte tenu de la confiance placée dans l'audit interne pour donner une assurance objective de la maîtrise des processus de management des risques, de contrôle et de gouvernement d'entreprise.

Contexte

La charte est le document constitutif de la fonction. Elle définit la position du service, assoit son indépendance, précise l'accès aux biens, personnes et documents. Elle décrit le champ d'action de l'audit et implique l'organisation générale.

La charte d'audit interne est un document officiel qui véhicule la vision et les champs d'attribution que la présidence a de l'audit interne.

Comment l'utiliser ?

Étapes

La charte d'audit interne décrit essentiellement :

- le rôle de l'audit interne qui s'assure qu'il existe un ensemble d'instructions-contrôle interne, ayant pur but de protéger les actifs et de veiller à l'exactitude et à la qualité du système d'information, qu'elles sont conformes aux lois et règlements, et qu'elles sont appliquées ;
- le déroulement d'une mission d'audit, chaque mission ayant ses propres objectifs, une durée et une étendue spécifique des contrôles à effectuer ;
- les principes fondamentaux que doivent respecter les auditeurs internes : intégrité, objectivité, confidentialité, compétence ;
- le champ d'application de l'audit interne qui consiste à énumérer les différentes typologies d'audit (missions thématiques, audit de process, audit de risques).

Méthodologie et conseils

Les auditeurs internes sont soumis au respect d'un certain nombre de principes (voir tableau). ■

Principes	Devoirs des auditeurs internes
Intégrité	• Accomplir leur mission avec honnêteté, diligence et responsabilité. • Respecter la loi et faire les révélations requises par les lois et les règles de la profession. • Ne pas s'engager dans des activités illégales ou des actes déshonorants pour la profession. • Respecter et contribuer aux objectifs éthiques et légitimes de l'organisation.
Objectivité	• Ne pas prendre part à des activités ou établir des relations qui pourraient compromettre le caractère impartial de leur jugement. • Révéler tous les faits matériels dont ils ont connaissance et qui pourraient fausser le rapport sur les activités examinées.
Confidentialité	• Utiliser avec prudence et protéger les informations recueillies dans le cadre de leurs activités. • Ne pas les utiliser pour en retirer un bénéfice personnel ou contrevenir aux dispositions légales, ou aux objectifs éthiques et légitimes de l'organisation.
Compétence	• Ne s'engager que dans des travaux pour lesquels ils ont les connaissances, le savoir-faire et l'expérience nécessaires. • Réaliser ces travaux dans le respect des normes de la profession. • Améliorer leur compétence, l'efficacité et la qualité de leurs travaux.

Avantages

✔ La charte d'audit interne fournit les lignes de conduite pour les auditeurs internes.

✔ La charte s'applique aux personnes et aux organismes qui fournissent des services d'audit interne.

Précautions à prendre

✔ Le fait qu'un comportement ne figure pas dans la charte ne l'empêche pas d'être inacceptable et d'être en infraction avec les règles éthiques et déontologiques de l'IFACI.

Outil 50 # La mission d'audit interne

Les composantes

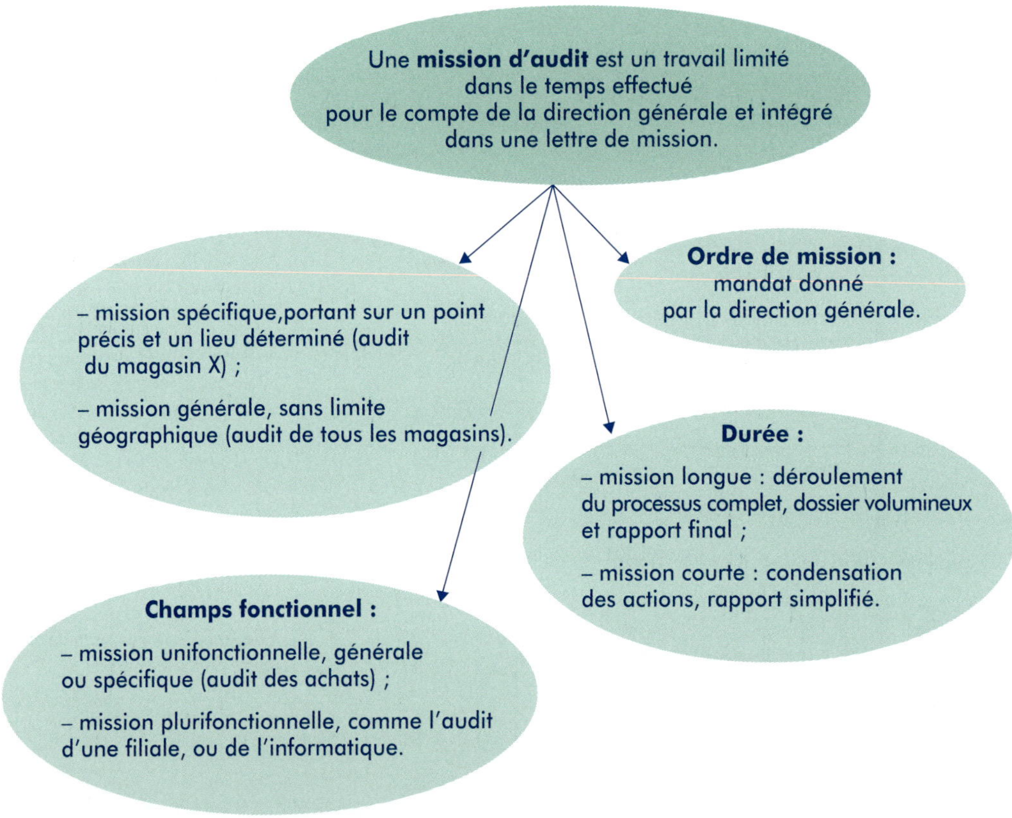

En résumé

Une mission d'audit interne suit les étapes suivantes :

- établir et communiquer les objectifs de l'audit aux managers ;
- comprendre les activités au travers de revue de documents et d'interviews... ;
- rendre compte des problèmes observés et négocier des plans d'action avec les managers ;
- suivre la mise en place de solutions.

Insight

An internal audit project involves the following steps :

- *establish and communicate the objectives for the audit to appropriate management ;*
- *understand the business under review of documents and interviews... ;*
- *report problems identified and negociate action plans with management ;*
- *follow-up on reported findings.*

Pourquoi l'utiliser ?

Objectif

L'audit interne est une activité indépendante et objective qui donne à l'entreprise une assurance sur le degré de maîtrise de ses opérations, lui apporte des conseils pour les améliorer, et contribue à créer de la valeur ajoutée.

Contexte

Les missions d'audit ont pour objet de déterminer les risques liés aux activités, d'analyser les systèmes de contrôle interne en place et d'élaborer des recommandations afin de gérer plus efficacement des entités.

Une mission d'audit se découpe en étapes précises et identifiables, toujours identiques (pré, pendant et post mission).

Comment l'utiliser ?

Étapes

Lors de la phase de pré-mission, l'auditeur prend connaissance du domaine (organisation, objectifs, environnement) sur la base d'interviews afin de réaliser une analyse détaillée des risques apparents (découpage en processus, points de contrôle). Un rapport d'orientation est présenté aux audités.

Le déroulement de la mission consiste en une :

- **investigation sur le terrain** avec la mise en œuvre des orientations retenues (programme de travail, tests, analyse causale des anomalies, validations, recommandations).
- **synthèse de la mission** dans un pré-rapport examiné avec les audités afin de formaliser les recommandations définitives. Un plan de mise en œuvre des recommandations et un tableau de suivi sont élaborés par l'auditeur et les audités.

Au cours de la phase de post-mission, l'unité d'audit s'assure de la mise en œuvre effective des préconisations. Il n'a cependant pas les moyens d'imposer ses préconisations.

Méthodologie et conseils

Voici les sept questions à se poser pour démarrer une mission d'audit.

L'organisation est-elle adaptée ?	• Séparation des fonctions d'engagement et de contrôle. • Définition des tâches, pouvoirs et responsabilités.
Y a-t-il des méthodes et des procédures ?	• Consignes d'exécution des tâches. • Conditions de diffusion, de conservation, de mise à jour des documents.
Le système d'information est-il de bonne qualité ?	• Documents fiables : utilisation pratique, espaces réservés aux contrôles, pré-numérotation. • Rapports financiers et tableaux de bord : clairs, significatifs, concis, périodiques, diffusés aux responsables.
Y a-t-il un système de preuves ?	• Contrôle des tâches. • Contrôles manuel et informatique des informations. • Matérialisation des autorisations et des contrôles. • Contrôle des traitements manuels et informatiques. • Classement des documents justificatifs
Le personnel est-il qualifié ?	• Définition des conditions de sélection, de rémunération et de formation.
Y a-t-il des moyens de protection ?	• Systèmes de preuves : contrôles réciproques des tâches, rapprochement des informations. • Protections matérielles : coffres, protection des caisses, protection des documents…
Maîtrise-t-on les risques juridiques et contractuels ?	• Contrats avec les salariés, fournisseurs, clients, assurances…

Avantages

✔ L'auditeur interne se fonde sur des normes, et travail en toute indépendance.

✔ Il est une assistance au management pour mieux gérer, sans juger les hommes.

Précautions à prendre

✔ Le management est responsable de l'action, l'audit interne de son évaluation.

Comment être plus efficace

Démarrage et déroulement de la mission

Les objectifs de la mission, l'organisation, les auditeurs, les personnes auditées sont présentés lors d'une réunion d'ouverture. On analyse le rapport d'orientation qui décrit :

- l'organisation du programme d'audit correspondant au planning de réalisation ;
- la liste des personnes à interviewer ;
- le document organisant la mission entre les différents auditeurs ;
- le réseau *program evaluation and review technique* (PERT) en terme d'organisation ;
- le questionnaire de contrôle interne.

On passe en revue le travail sur le terrain afin de formaliser des dysfonctionnements identifiés qui donneront lieu à l'établissement d'une feuille de révélation et d'analyse de problème (FRAP) via un audit de conformité.

On définit les critères de l'analyse causale basée sur le diagramme d'Ishikawa qui identifie cinq typologies de faits générateurs : main-d'œuvre, milieu, matière, matériel, méthode. Il en est de même des éléments de preuve physique, testimoniale, documentaire ou analytique

Conclusions de la mission

Le travail d'audit se doit d'aboutir à une présentation des conclusions. Elles portent sur toutes les phases d'audit et sont communiquées à tous les « clients ».

Le rapport d'audit est obligatoire. Il matérialise le bilan de la mission et ne précise que les points les plus importants. Sa rédaction commence le plus en amont possible. Il se présente sous forme d'un rapport de synthèse accompagné en annexe de l'ensemble des FRAP.

Le rapport rédigé expose le constaté, les conséquences, la recommandation, et une proposition sur les délais d'application. Il est validé par la direction de l'audit. Il est envoyé à l'audité pour commentaires écrits et engagement sur les délais. Il peut générer des négociations sur les dates d'applications et les moyens à mettre en œuvre. Sa diffusion a un caractère confidentiel (l'audité, la direction générale, la direction opérationnelle et fonctionnelle)

La feuille de révélation et d'analyse de problème (FRAP) est un document normalisé qui guide le raisonnement linéaire de l'auditeur vers une recommandation. Elle est divisée en cinq rubriques :

- problème : il est formulé en dernier afin de lui donner l'impact désiré ;
- constat : il présente le dysfonctionnement. Un seul fait est présenté par FRAP ;
- causes : il est recommandé de ne pas s'arrêter à la cause basique, et de remonter au dispositif spécifique de contrôle interne ;
- conséquences : elles peuvent être financières, juridiques, économiques et techniques ;
- recommandation : elle permet une amélioration.

Une FRAP différente est remplie par l'auditeur chaque fois qu'il rencontre un dysfonctionnement, une erreur...

Le rapport d'audit a deux objectifs :
– informer la direction générale sur les résultats de la mission : conclusions et mesures à prendre pour pallier les risques ;
– servir d'outil de travail aux responsables audités pour la mise en place des actions correctives.

Un **Schéma de mission d'audit**

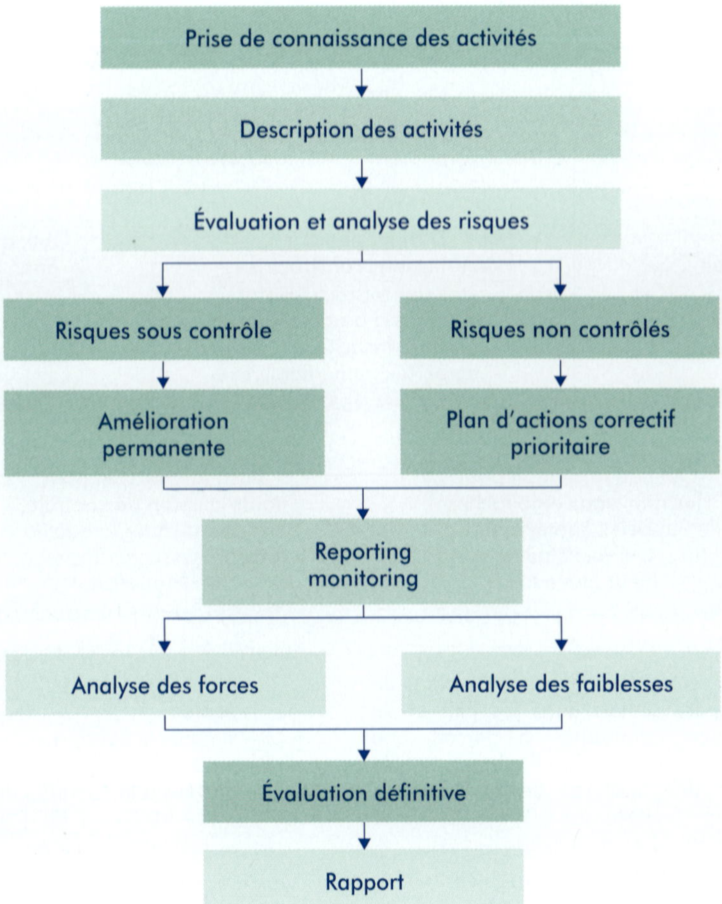

Pour réaliser l'évaluation correcte d'une organisation en respectant les délais impartis pour la réalisation de la mission, l'auditeur doit utiliser une approche sélective pour :

– concentrer ses travaux sur les « zones à risque » ;

– effectuer des contrôles proportionnels aux risques évalués (seuil de matérialité) ;

– minimiser le « risque d'audit » inhérent à tout contrôle.

L'essentiel du travail de l'audit consiste à mesurer les écarts entre :

– ce qui devrait être fait au travers de la collecte de données écrites internes ou externes à l'unité afin d'établir un référentiel ;

– la description qui en est faite par la hiérarchie au moyen d'interviews consignés dans une note de synthèse ;

– la réalité auprès des audités qui montrent et expliquent les méthodes et supports qu'ils utilisent. ■

Outil 51 Le manuel de procédures

Ses différentes fonctions

Le manuel de procédure est un outil de travail qui remplit différentes fonctions :

- Référence méthodologique permanente pour l'ensemble des intervenants de la procédure.
- Outil de formation pour les nouveaux embauchés appelés à intervenir à divers stades de la procédure.
- Développement de réflexions constructives, lors des mises à jour, en termes d'organisation, d'efficacité, de perfectionnement…
- Base informative pour toute mission de contrôle visant à évaluer la qualité des processus financiers et de gestion.
- Obligation réglementaire dans les organisations du secteur public.

La mise en place de référentiels groupes, de plans de comptes groupes opérationnels dans les ERP et de structures de gestion communes a permis une normalisation des principaux indicateurs, socle indispensable pour des analyses de performance comparables.

Les procédures sont :
- écrites
- simples et spécifiques
- mises à jour régulièrement
- portées à la connaissance des exécutants.

En résumé

Chaque procédure du manuel décrit, par écrit, des règles d'organisation déterminant les compétences, les moyens et la manière d'accomplir une activité pour parvenir à un but.

Le rédacteur est tenu de décrire avec exactitude « la façon de faire » conformément aux exigences de la procédure.

L'auditeur s'assure de l'actualité de la procédure et de son application effective.

Insight

Each procedure of the manual describes, in writing, the rules of organization which determine skills, means and ways for doing an activity in order to reach a goal.

The writer must describe precisely "the way to do" in accordance with the demands of the procedure.

The auditor gets sure of the relevance regarding the lead and the shape of the procedure.

Pourquoi l'utiliser ?

Objectif

Le manuel de procédures est un document qui décrit de manière concrète et précise, comment les processus sont mis en œuvre. Il est un des moyens pour consigner l'ensemble normatif qui garantit une qualité de travail de même nature et de même niveau (structuration des dossiers, présentation des rapports, planning, méthodologie, fréquence des contrôles, lignes de conduite...). Il est propre à chaque entreprise.

Contexte

Le manuel de procédures se présente comme un classeur rassemblant des fiches réparties en différentes catégories (papier, dématérialisé ou embarqué via des requêtes intégrées dans un système d'information). Les présentations dématérialisées facilitent l'actualisation permanente et la sélection des informations à transmettre en fonction de l'utilisateur.

Règle d'organisation écrite déterminant les compétences, les moyens et la manière d'accomplir une activité pour parvenir à un but.

Comment l'utiliser ?

Étapes

Les habilitations de rédaction des procédures sont définies dans la procédure des procédures. Cette dernière explique la finalité du manuel des procédures, la gestion du cycle de vie d'une procédure, les différentes typologies de procédure, les habilitations de rédaction, la liste des destinataires par type de note.

La feuille d'en-tête (fiche signalétique) comporte : un titre, l'objet de la procédure, les objectifs à atteindre au sein de l'entreprise par l'application de la procédure, son numéro d'édition, les noms des rédacteurs, vérificateurs et approbateurs, ainsi que la référence, les destinataires et les règles de diffusion.

La procédure doit être claire, précise et compréhensible par toute personne étrangère au service. Les termes ou expressions particuliers ainsi que les abréviations et sigles sont à expliciter. Le présent de l'indicatif est à utiliser au maximum.

Méthodologie et conseils

Les fiches peuvent être de différentes natures :

- introduction : présentation du manuel de procédures ;
- organisation : informations générales sur les procédures, les services instructeurs, les utilisateurs ;
- procédures : contenu des différents aspects ;
- modes opératoires : déroulement détaillé de certaines opérations à réaliser ;
- documents d'exploitation : documents à utiliser de manière pratique à différents stades de la procédure, comme des maquettes budgétaires ;
- dossiers-types : demande d'investissement. ■

Avantages

✔ Pour toute action décrite dans la procédure, le lecteur doit trouver dans sa lecture les réponses aux questions qu'il se pose : quoi ? qui ? où ? quand ? comment ? combien ?

Précautions à prendre

✔ Il est recommandé de :
- bâtir toutes les fiches selon un même modèle ;
- prévoir un en-tête qui indique le titre de la fiche, son objet, son numéro, le lien avec d'autres fiches, les destinataires...

L'interview

La méthode CPA

Méthode CPA
(clarté, pertinence, adhésion)

Présenter avec *clarté* sa fonction, sa mission, ainsi que l'objet de la mission d'audit.

Expliquer à l'audité en quoi sa participation est *pertinente*.

Répondre à toutes ses questions pour obtenir son *adhésion*.

Lui présenter les règles du jeu de l'interview :
– prendre le temps d'expliquer pourquoi on prend des notes et on consulte des documents.
– présenter le plan de l'interview.

Vérifier son adhésion sur les deux points précédents.

Dynamique de l'interview

L'auditeur doit mener l'entretien de façon à atteindre son objectif, mais il doit rester dans la logique de l'audité afin de mieux le comprendre.

L'interviewer doit :

Suivre son interlocuteur :
écouter, reformuler pour vérifier sa compréhension et approfondir les informations…

Puis

Conduire l'entretien :
poser des questions, recentrer, verrouiller et changer de sujet, mettre en forme et vérifier les informations…

En résumé

Au cours d'un interview, les auditeurs peuvent être perçus par les interviewés comme un pouvoir, une autorité, une perturbation ou un juge.

Afin d'éviter une situation conflictuelle, l'auditeur doit rester factuel et recentrer le débat en cas de conflit sur des objectifs communs. Il doit adopter une attitude ferme et courtoise en évitant toute polémique, et rester neutre.

Cela nécessite une légitimité de l'intervieweur et une acceptation de sa mission.

Insight

During an interview, the auditors can be seen by the interviewe as a power, an authority, a perturbation, a judge.

In order to avoid a situation of conflict, the auditor has to be factual and adjust the discussion in case of a conflict on the commons objectives. He must adopt a steady and polite behaviour, avoid all kind of polemic and stay neutral.

A legitimacy of the interviewer and an acceptation of his mission are necessary.

Pourquoi l'utiliser ?

Objectif

L'interview permet de préparer sa communication, de se centrer sur l'action grâce à la sécurité apportée par la planification de cette action. Il facilite la mise en place de procédures de communication et la participation des partenaires au cours de l'entretien.

Contexte

Un interview exige un travail de préparation, une capacité d'écoute et d'adaptation à ses interlocuteurs. Les réponses aux questions seront portées sur une feuille d'interview.

L'interview est un outil que l'auditeur interne utilise fréquemment. Ce n'est ni un entretien ni un interrogatoire.

Comment l'utiliser ?

Étapes

• Lors de la préparation de l'interview : on identifie l'objectif et les personnes à interviewer, ainsi que les informations à recueillir. L'auditeur élabore un guide d'entretien et organise l'interview.

• Au début de l'interview : il est recommandé de respecter un rituel d'entrée en contact. Après avoir consacré un peu de temps à « la pluie et au beau temps », s'intéresser sincèrement au travail et à l'environnement de l'audité.

• Pendant l'interview, on utilise la méthode CPA : la qualité des informations fournies va, en partie, dépendre de la qualité des questions posées par l'auditeur et de sa capacité à sécuriser la collecte des données par la reformulation.

• À la fin de l'interview : l'entretien se termine par une synthèse des décisions arrêtées, des informations clés recueillies et des questions laissées en suspens ou remises à une prochaine rencontre. Cette synthèse prévoit l'action et son suivi. Les actions à mettre en œuvre sont attribuées à un responsable, définies en termes de résultats escomptés, programmées au niveau des moyens et des délais. Un compte rendu de l'entretien est transmis à l'interviewé pour validation afin d'éviter ultérieurement une remise en cause totale ou partielle de l'audit.

Méthodologie et conseils

La qualité de l'interview dépend de celle du questionnement :

• poser **une question à la fois** : éviter de traiter deux problèmes en même temps avec une seule question ;

• utiliser **un style directif et positif** : éviter les « Ne pensez-vous pas que... ? », poser des questions courtes ;

• poser **des questions précises** pour avoir des réponses précises : comment le savez-vous, que se passerait-il si on le faisait, qu'est-ce qui empêche de le faire ?

• poser **des questions neutres** : ne pas induire les réponses par des questions orientées, et éviter : « Que pensez-vous de cette pratique inadmissible ? »

Un questionnaire de contrôle permet d'évaluer le niveau :

• de relation avec l'audité : a-t-il pu s'exprimer, ai-je eu une attitude d'écoute, ai-je compris son point de vue... ?

• des résultats et de la méthode : l'objectif est-il atteint, les informations sont-elles exactes, ai-je reformulé, ai-je verrouillé chaque étape... ? ■

Avantages

✔ L'interview permet d'obtenir des informations ciblées, concrètes, sélectionnées et complètes.

✔ L'auditeur traite ces informations en une articulation logique, et en fait la synthèse.

Précautions à prendre

✔ Préparer sa communication permet de mieux se centrer sur l'action et de faciliter la participation des partenaires.

✔ Bien distinguer les faits des opinions dans les réponses de l'audité.

Outil 53 Le questionnaire de contrôle interne (QCI)

Les questions clés

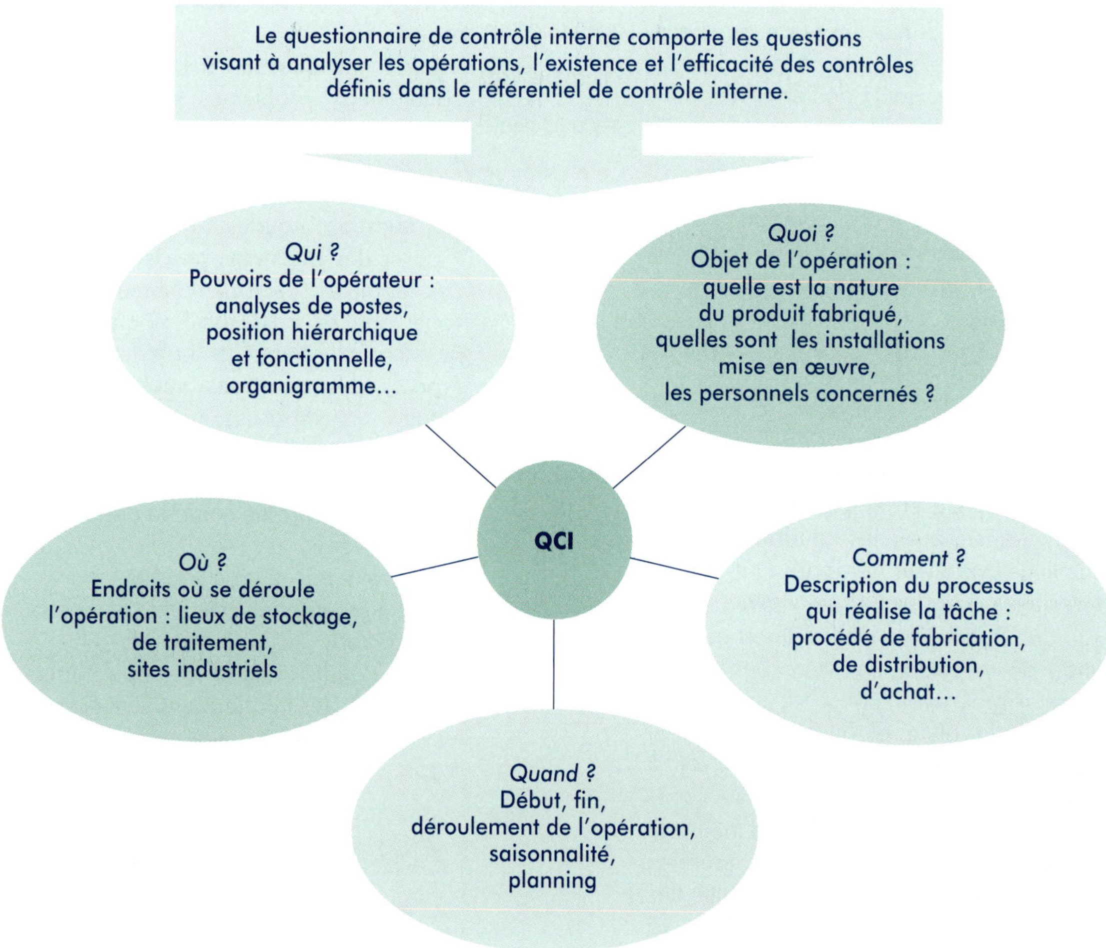

En résumé

Le questionnaire de contrôle interne vise à mesurer la qualité de la mise sous contrôle actuelle des processus. Il a pour objectif de faire apparaître les dysfonctionnements majeurs en proposant une reconfiguration éventuelle des activités en vue d'aboutir à une cartographie cible des processus.

Insight

The questionnaire of internal control aims to measure the quality of the real system of control of the process. Its objective is to show the main dysfunctions by offering a possible reconfiguration of the activities in order to obtain a map of the ideal process.

Pourquoi l'utiliser ?

Objectif

Le questionnaire de contrôle interne est le guide de l'auditeur pour réaliser son programme d'audit de conformité afin de réaliser une observation critique d'un processus. L'objectif est d'identifier des dysfonctionnements dans les processus pouvant se traduire par une non sincérité des comptes ou par une remise en cause des objectifs stratégiques.

Le questionnaire de contrôle interne a pour objectif de s'assurer de la maturité du dispositif de contrôle interne.

Contexte

Le questionnaire de contrôle interne va permettre d'identifier les points de contrôle essentiels pour chaque processus et de mesurer leur effectivité. À cet effet, il comprend des questions visant à analyser les opérations « à risques » et à vérifier l'existence et l'efficacité des contrôles définis dans le référentiel de contrôle interne.

Comment l'utiliser ?

Étapes

La construction d'un QCI passe par une cartographie des processus visualisés sous forme de logigramme en vue de simuler :

- les causes des dysfonctionnements affectant les processus (acte de négligence, de malveillance ; accès non autorisés ; sinistres, pannes) et les conséquences et l'impact de ces dysfonctionnements (non-sincérité des états financiers ; pertes matérielles ; pertes d'exploitation ou financières ; remise en cause de la responsabilité civile, pénale ; perte d'image ; non-qualité) ;
- la rédaction des scripts de contrôle interne qui décrivent :
  - les objectifs de contrôle interne associés à chaque processus,
  - les risques pouvant affecter les processus,
  - les outils de contrôle des risques (organisationnel ou automatisé) ;
- les tests et documentation des tests pour s'assurer de la mise sous contrôle effective des processus

Méthodologie et conseils

À partir de chacune des questions, on déduit les questions clés de contrôle interne en affirmant les objectifs de mise sous contrôle des risques (s'assurer de la conformité avec...) et en démontrant que les risques ne peuvent pas se matérialiser.

Par exemple, la question « qui fixe le niveau des rémunérations ? » se transforme en :

- les taux de rémunération sont-ils autorisés et justifiés ?
- les personnes autorisées ont-elles des latitudes ?
- ces latitudes sont-elles respectées ? ■

Avantages

✔ Le questionnaire de contrôle interne permet de mettre en œuvre des tests qui vont conduire à l'élaboration du diagnostic.

Précautions à prendre

✔ Même si les missions sont en grande partie récurrentes, il n'est pas recommandé d'utiliser le même questionnaire.

Outil 54 L'audit documentaire

La démarche d'audit

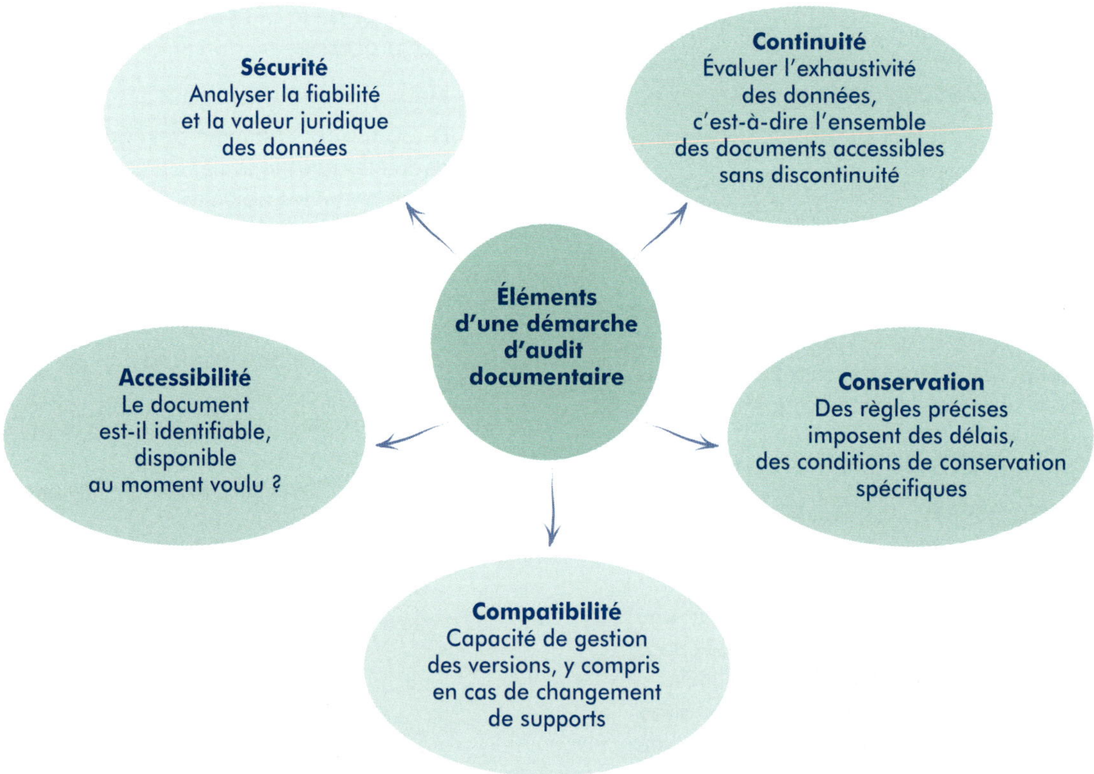

En résumé

L'audit documentaire a pour objectif d'identifier les risques.

Pour fiabiliser sa qualité, il doit être utilisé en commun avec les techniques d'interview et les visites de site.

Insight

*The **review of documents** aims to identify the risks.*

In order to show its reliability in quality, it must be used with the techniques of interviews and visits of sites.

Pourquoi l'utiliser ?

Objectif

Le but d'un audit documentaire est de s'assurer d'une identification objective et rationnelle des risques. La mise en œuvre de cet outil dépend de l'existence de prérequis tels que : procédures existantes, certification qualité, fiches de poste... en l'absence de ces prérequis, l'auditeur ira se concentrer sur la technique de l'interview.

Contexte

L'auditeur, en vue de sécuriser son diagnostic, va comparer les résultats fournis par l'audit documentaire avec les résultats fournis par les interviews et les visites de site. La réponse fournie par ces trois outils doit converger.

L'audit documentaire conduit à se poser trois questions pertinentes : quelles informations demander ; quels contrôles de cohérence effectuer ; quelle exploitation faire des données ?

Comment l'utiliser ?

Étapes

• L'auditeur demande à l'interviewer de lui transmettre un certain nombre de documents préalables à la réalisation de la mission d'audit. La liste des documents dépend de la typologie de la mission. Après transmission de ces informations (en général partielles), l'auditeur s'assure de leur fiabilité et de leur légalité (documents antidatés, projets d'arrêté de comptes). Une fois ces contrôles réalisés, l'auditeur exploite une partie des documents sur table (analyse financière, calcul de ratios, audit des clauses contractuelles).

• Au cours de la mission sur le terrain, l'auditeur compare les informations qu'il a préalablement collectées *via* les documents, avec celles collectées lors des entretiens et des visites de site. En cas d'écart entre ces différents outils d'identification des risques (entre les attributions d'une fiche de poste et celles décrites dans un entretien), l'auditeur doit analyser les causes de ces écarts en utilisant entre autre les techniques de reformulation. Les visites de site réalisées pendant la mission ont aussi pour objectif de réactualiser certains documents (plan de masse, organigramme).

• La mission étant terminée, l'auditeur donne des éléments aux directions fonctionnelles en vue de réactualiser le fonds documentaire (rédaction de nouveaux contrats, modification de clause d'assurance, de procédure).

Méthodologie et conseils

L'auditeur doit veiller à identifier les archives vives, c'est-à-dire les supports d'information qu'il ne peut pas dupliquer sur un autre média pour des raisons légales ou judiciaires (original produit en justice, statuts d'une entreprise, procès verbaux du conseil d'administration). Ces archives vives doivent être hautement sécurisées. ■

Avantages

✔ L'audit documentaire permet d'identifier la liste des personnes à interviewer via l'audit de l'organigramme.

✔ C'est un indicateur du niveau de maturité qu'a atteint l'entreprise en terme d'audit et de contrôle interne (existence de procédures, de plan de reprise).

Précautions à prendre

✔ Il faut s'assurer de la légalité, de l'exhaustivité, et de la fiabilité des données transmises.

✔ On ne s'improvise pas traducteur sur des contrats avec l'étranger où des erreurs de traduction pourraient se traduire par une erreur de diagnostic.

Outil 55 Le plan d'échantillonnage

Les points clés

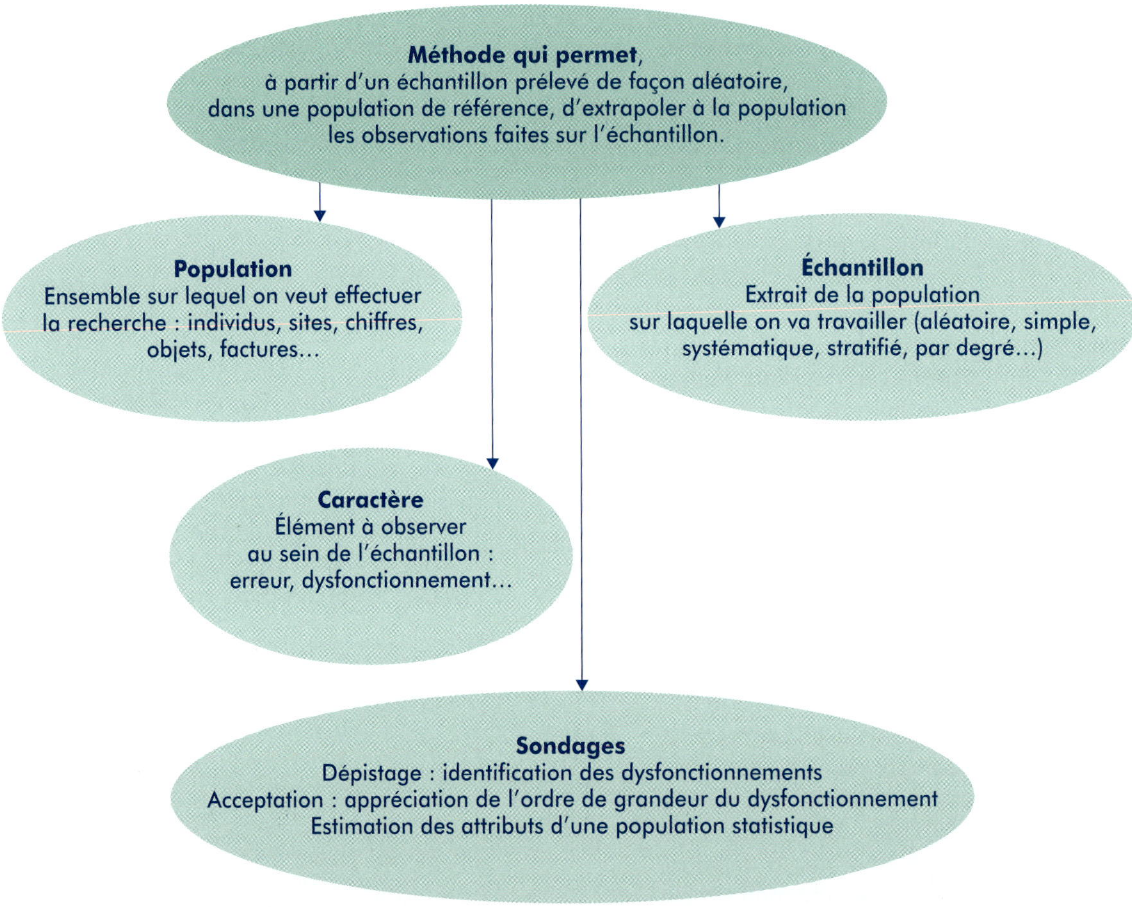

En résumé

Un plan d'échantillonnage consiste à :

- définir la population concernée ;
- spécifier le cadre de l'échantillon, les éléments ou événements à mesurer ;
- spécifier une méthode d'échantillonnage pour les sélectionner ;
- déterminer la taille de l'échantillon ;
- implémenter le plan d'échantillonnage ;
- échantillonner et collecter les données ;
- faire une revue du processus d'échantillonnage.

Insight

*A **sampling process** consists in :*

- *definition of population of concern ;*
- *specification of a sampling frame, a set of items or events for measuring ;*
- *specification of sampling method for selecting items or events from the frame ;*
- *determine the sample size ;*
- *implement the sampling plan ;*
- *sampling and data collecting ;*
- *review of sampling process.*

Pourquoi l'utiliser ?

Objectif

Le plan d'échantillonnage permet de vérifier la validité des informations circulant dans l'entreprise en estimant un pourcentage d'erreur, en évaluant un écart. Il s'applique à des contrôles physiques comme à des contrôles portant sur les informations.

Contexte

Les sondages sont utilisés pour des opérations de contrôle à caractère répétitif tels que les contrôles de :

- prévention (vérification des factures, de totaux, d'imputation...) ;
- détection (rapprochements de comptes, analyses d'écarts d'anomalies).

L'auditeur définit son propre risque de certification via son propre plan d'échantillonnage.

Comment l'utiliser ?

Étapes

- **Identifier une population** homogène, accessible et dénombrable, compatible avec l'objectif choisi (pour contrôler l'exhaustivité de l'enregistrement des factures, la population doit être celle des bons de réception).
- **Relever un échantillon** de façon aléatoire en utilisant soit un tirage au sort, soit une table préétablie de nombres aléatoires. Pour obtenir un échantillon représentatif, il faut respecter trois règles :
  - bien connaître la population que l'on analyse ;
  - faire en sorte que chaque composante qui la caractérise soit analysée ;
  - ne jamais perdre de vue les objectifs de la mission.
- **Analyser un caractère** qui est l'élément à observer. Les éléments clés sont les éléments d'une population qui, par leur valeur ou leur nature, soit présentent des risques, soit ne peuvent être considérés comme représentatifs du reste de la population (solde fournisseurs supérieur à x % du total de la balance fournisseurs). Ils sont isolés et contrôlés à cent pour cent. Si l'auditeur estime que ce contrôle est insuffisant pour conclure sur l'ensemble, il procède par sondage sur les éléments restants.
- **Rechercher**, enfin, **les causes** du phénomène observé. Chaque anomalie relevée doit être examinée afin d'établir si :
  - elle est due à un phénomène ponctuel ou est représentative de la population sondée ;
  - elle n'est pas révélatrice d'un problème plus grave.

Méthodologie et conseils

On peut utiliser deux types de sondages :

- statistique fondé sur des théories mathématiques qui permet de quantifier le risque de tirer une conclusion erronée à partir de l'examen d'un échantillon ;
- non statistique fondé davantage sur l'expérience professionnelle ; cette technique ne permet pas une extrapolation mathématique des résultats obtenus à l'ensemble de la population.

Le choix dépend du jugement de l'auditeur et du degré de confiance qu'il peut avoir dans ses conclusions générales. Il est également influencé par la taille de la population, les statistiques étant inutiles sur une petite population. ■

Avantages

✔ Il est inenvisageable pour l'auditeur de faire un contrôle systématique des données financières. À ce titre, le plan d'échantillonnage est incontournable.

Précautions à prendre

✔ Attention au critère d'homogénéité d'une population : un ensemble de factures avec des factures simples et regroupées n'en est pas une.

✔ L'utilisation d'une méthode aléatoire est une exigence absolue.

Outil 56 Le scoring « maturité » du contrôle interne

Critères d'évaluation

Évaluation de la mesure globale des tâches en fonction du couple criticité/risque

Sous-processus	*Tâches*	*Criticité tâches*	*Risques associés*	*Catégorie du risque*	*Diagnostic des risques*	*Notation G*	*du O*	*risque R*	*Mesure globale*
Prestations médecine du travail	Visite classique	4				3	2	2	8
	Visite aptitude sécurité	5	Non-respect date visite,	Santé		5	2	4	20
			code du travail, convocation	Légal	+ : système de protocoles validés	4	1	3	15
			protocole prélèvement des toxiques	Image	– : pas d'audit	4	3	4	20
				Légal					

G : gravité ; O : occurence ; R : résultat.

G / O	1	2	3	4	5
1	1	1	1	2	2
2	1	2	2	3	3
3	2	2	3	4	4
4	3	3	4	5	5
5	4	4	5	5	5

Tableau de résultat : gravité × probabilité d'occurence

G : gravité ; O : occurrence ; R : résultat.

En résumé

Le scoring associe à chaque tâche un risque. Il donne un diagnostic identifiant les éléments et dispositifs de contrôle augmentant la probabilité de réalisation de ce risque (noté –) et ceux la diminuant (noté +). À partir d'une synthèse de ce diagnostic, on détermine la note attribuée à l'occurence.

La gravité est la mesure de l'impact sur l'organisation en cas de survenance du risque.

Insight

The rating associates a risk to each task. It gives a diagnostic identifing the elements and safety devices which increase the probability of realization of the risk (mark +) and those which decrease it (mark -). From the synthesis of this diagnostic, we determine the mark attributed to the occurence.

The seriousness is the measure of the impact on the organization if the risk happens.

Pourquoi l'utiliser ?

Objectif

Le scoring aide l'équipe de direction à prendre conscience des risques de l'entreprise, puisqu'il rassemble les risques associés aux activités ou risques d'entreprise, et les risques liés à l'existence d'un patrimoine ou risque aléatoire. Elle aboutit à la mise en œuvre de plans d'action pour atténuer la mesure globale du risque.

Contexte

L'auditeur interne mesure :

- **l'origine** du risque, la cause de vulnérabilité sur laquelle il est possible d'agir ;
- **sa manifestation**, conséquence directe de la réalisation du risque ;
- **son impact**, soit fonctionnel au travers de dysfonctionnement de la gestion de l'entreprise, soit financier avec des pertes financières ou des surcoûts.

L'évaluation des risques induit la notion de risque acceptable. Le contrôle interne met en œuvre des contrôles pour faire échec aux risques.

Comment l'utiliser ?

Étapes

- **Identifier les tâches critiques** vitales pour la réalisation des sous-processus. Par exemple, en matière de production ferroviaire, transporter les personnes en toute sécurité est une tâche de criticité très élevée (5), nettoyer le train une tâche de moindre importance (3).
- **Identifier les risques majeurs** qui empêchent la réalisation de la tâche, comme l'absence du conducteur du train ou une panne électrique. Analyser le dispositif qui empêche que le risque se réalise ; par exemple, s'assurer qu'il y a des conducteurs de réserve.
- **Analyser les risques liés aux sous-processus** à l'aide du niveau de gravité et de la probabilité d'occurrence, qui dépendent de l'environnement externe et des dispositifs de prévention. Chacune fait l'objet d'une notation de un à cinq. Le résultat est donné par la grille du COSO.
- Pour **obtenir l'évaluation globale du risque**, multiplier la mesure de la criticité de la tâche avec la mesure globale du risque. Cela donne une note de deux à vingt-cinq. Pour les sous-processus clés qui ont la note la plus élevée, il faut mettre en œuvre des plans d'actions et s'assurer du pilotage avec des indicateurs de suivi.

Méthodologie et conseils

Lorsqu'on ne dispose pas d'informations suffisantes pour mesurer le risque, il faut estimer les enjeux liés à chaque processus sur la base de critères généraux :

- impact du processus sur la compétitivité de l'entreprise ;
- niveau d'intégration du processus dans les processus de l'entreprise ;
- complexité des opérations (tâches) du processus ;
- expérience de l'entreprise ou des responsables dans les domaines et techniques gérées par le processus ;
- importance des changements subis : personnel, moyens techniques, méthodes de travail ;
- impact de l'activité sur l'image de l'entreprise. ■

Avantages

- ✔ La cartographie des risques procure une vision partagée des risques.
- ✔ Elle permet de communiquer sur les risques grâce à des visuels.
- ✔ C'est un moyen de bâtir des plans d'action centrés sur les risques majeurs.

Précautions à prendre

- ✔ Il est important de faire un point deux fois par an sur l'avancement des plans d'action.
- ✔ Le cadre de gestion des risques évoluant en même temps qu'évolue l'activité de l'entité, on balaiera la cartographie tous les deux ans.

Sécurisation des risques

Face aux risques, l'entreprise peut ne rien faire, se couvrir par la technique du terme ou s'assurer.

Le risque de taux se solde par l'apparition de gains ou de pertes potentiels pour les opérateurs faute d'une gestion adaptée des placements ou des emprunts. La gestion du risque de taux d'intérêt répond à deux objectifs :

- garantir un taux pour une position future d'emprunt ou de placement, comprise entre quelques jours et plusieurs années ;
- modifier la nature d'un emprunt ou d'un placement : passer d'un emprunt ou d'un placement à taux fixe, à un emprunt ou placement à taux variable, ou inversement.

Le risque de change porte sur les fluctuations de la monnaie nationale exprimée dans une autre devise de facturation, de prêt ou d'emprunt. Vendre ou acheter une devise en dehors de la zone euro, accroît les risques inhérents à l'opération même. Le risque de change peut donc avoir un impact direct sur les marges. Afin de se couvrir, l'entreprise peut recourir à des techniques bancaires ou intervenir sur des marchés organisés.

À l'international, les entreprises peuvent être confrontées à un risque client (rupture du contrat commercial ou risque de non paiement) et un risque pays (fait politique ou mesures spécifiques empêchant la réalisation du contrat). Développer des marchés à l'international nécessite la mise en place d'une organisation pour sécuriser les paiements.

Les risques opérationnels peuvent entraîner des risques de traitement des transactions en amont des systèmes comptables. Si le système informatique s'arrête, l'entreprise ne sort pas ses comptes. Les entreprises vont mettre en place des plans de reprise d'activités. L'AMF (autorité des marchés financiers) vient vérifier ceux des entreprises cotées.

En dépit de la mise en place d'actions préventives, le risque zéro n'existe pas. L'entreprise est conduite à développer des mesures curatives. Le contrôle financier des risques intègre le transfert des risques au travers des programmes internationaux d'assurance et le recours à des financements alternatifs.

Nature du risque	Type de couverture	Outils de sécurisation
Risques financiers	Couvertures de taux	Swap de taux *Future rate agreement* Options de taux d'intérêt
	Couvertures de change	Avance en devise Couverture à terme Contrat *future*
	Couvertures de paiements	Crédit documentaire Lettre de stand by
Risques opérationnels	Couverture du système d'information	Plan de reprise d'activité
	Programmes internationaux d'assurance	*Umbrella program* *Master policy program*
	Financements alternatifs	Captive d'assurance

La gestion des risques consiste à réduire les risques en conservant un niveau résiduel d'exposition que l'entreprise juge compatible avec son activité.

Dossier

Les OUTILS

Outil 57 Le Swap de taux d'intérêt

Caractéristiques du Swap

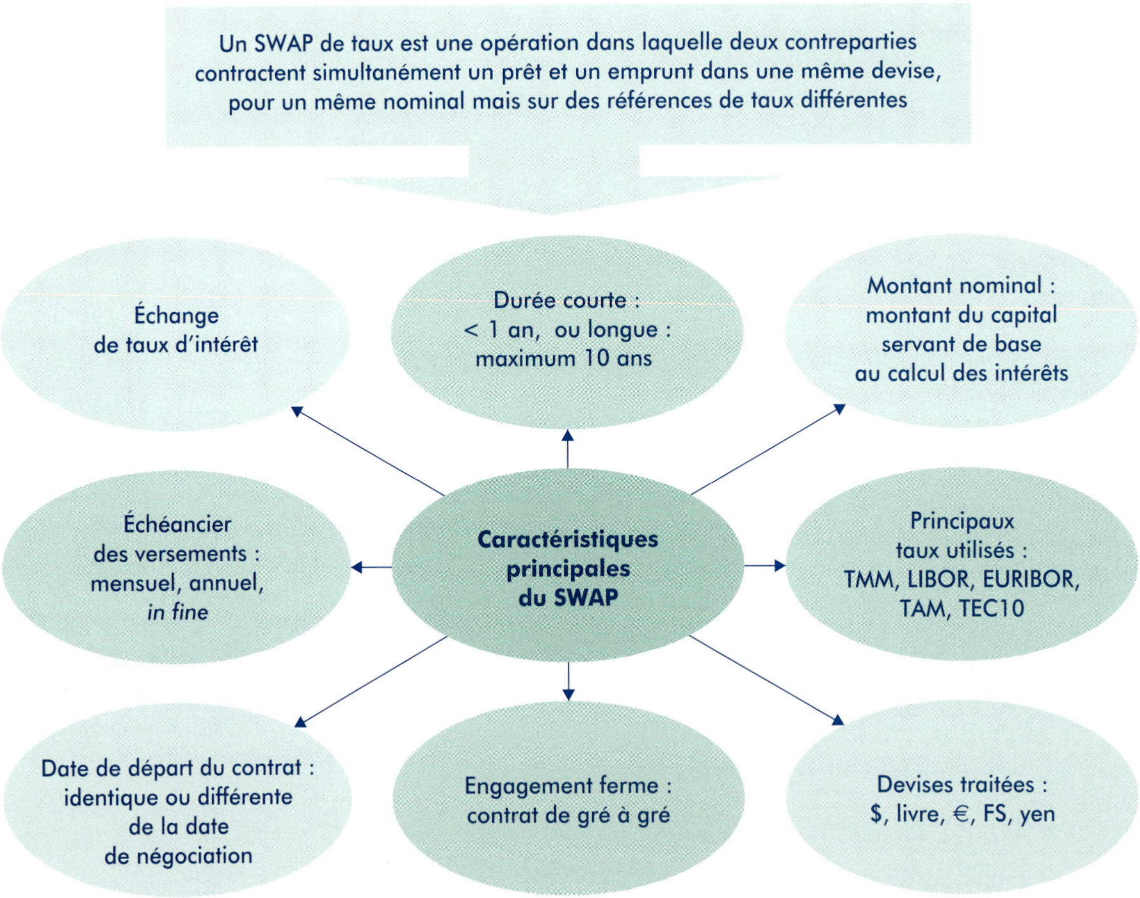

En résumé

Un Swap de taux est un produit dérivé sur lequel une partie échange une différence de taux d'intérêts pour un autre flux de cash flow.

Avec un Swap de taux, chaque contre partie accepte de payer un taux fixe ou variable libellé dans une devise particulière à l'autre partie.

Le taux est multiplié par un montant notionel (non échangé) qui est simplement utilisé pour calculer le montant qui sera échangé.

Insight

An interest rate Swap is a derivative in which one party exchanges a stream of interest payments for another party's stream of cash flows.

In an interest Swap, each counterparty agrees to pay either a fixed or floating rate denominated in a particular currency to the other counterparty. The rate is multiplied by a notional principal amount which is not exchanged, but used for calculating the size of cash flows to be exchanged.

Pourquoi l'utiliser ?

Objectif

Le Swap de taux permet de transformer le taux d'endettement libellé dans une monnaie donnée, en fonction des anticipations d'évolution : taux fixe contre taux variable, taux monétaire contre taux obligataire, taux d'une monnaie contre taux d'une autre monnaie, taux d'un marché contre taux d'un autre marché.

Le Swap est une opération de couverture de placements ou d'emprunts.

Contexte

Aucune transaction n'est opérée sur le capital ; seuls les flux financiers correspondant aux intérêts sont échangés. C'est une opération de couverture et de spéculation. Elle est réversible par Swap inverse.

Comment l'utiliser ?

Étapes

Les Swap de taux d'intérêt permettent au niveau individuel d'une opération :

- de fixer la marge ;
- de se prémunir du risque de taux.

Deux contreparties A et B simulent deux opérations :

- A prête à B le montant nominal du Swap à un taux fixe ;
- B prête à A le montant nominal du Swap à un taux variable, indexé sur une référence de taux de marché.

L'opération de prêt-emprunt sous-jacente n'a en fait pas lieu. A chaque échéance de taux (fixe ou variable), les deux contreparties paient ou reçoivent simplement les intérêts calculés en fonction du sens du contrat :

- A paie à B des intérêts recalculés à chaque échéance en fonction d'un taux de référence choisi à la négociation du contrat (si Euribor à trois mois : l'échéance est trimestrielle ; pour les Swap à plus court terme, elle est mensuelle) ;
- B paie à A des intérêts fixes sur une périodicité définie à l'avance (souvent annuelle)

L'échéancier des deux parties peut présenter un décalage lors des paiements.

Méthodologie et conseils

Le marché des Swap est essentiellement un marché interbancaire. Toutefois, beaucoup de transactions sont effectuées sur ce marché par des entreprises et des OPCVM.

Sur le marché français s'échangent deux types de Swap :

- des Swap de taux utilisant des indices de référence post-déterminés (Tam, T4M essentiellement). Le coupon variable n'est connu qu'à la fin de la période sur laquelle il court ;
- des Swap de taux utilisant des indices de référence prédéterminés (Pibor trois mois et six mois). Le coupon variable est fixé avant la fin de la période sur laquelle il porte.

Contrairement aux Swap Euribor, les Swap Tam et T4M débutent le premier jour calendaire du mois en cours ou du mois suivant.

Un Swap peut faire l'objet d'un rompu, lorsque sa maturité n'est pas un multiple de la durée du taux variable et du taux fixe. Il est scindé en une partie pleine et une partie brisée (le rompu). ■

Avantages

✔ Le Swap est un outil simple d'utilisation.

✔ Il est comptabilisé hors bilan.

✔ Tous les Swap reposent sur un contrat d'échange de flux monétaires et une actualisation des flux futurs anticipés.

Précautions à prendre

✔ Les Swap sont des opérations en principe de couverture, mais ce sont aussi des contrats fermes qui peuvent poser problème lorsque le contrat, objet du Swap, est dénoncé.

Outil 58 Le future rate agreement (FRA)

Caractéristiques du FRA*

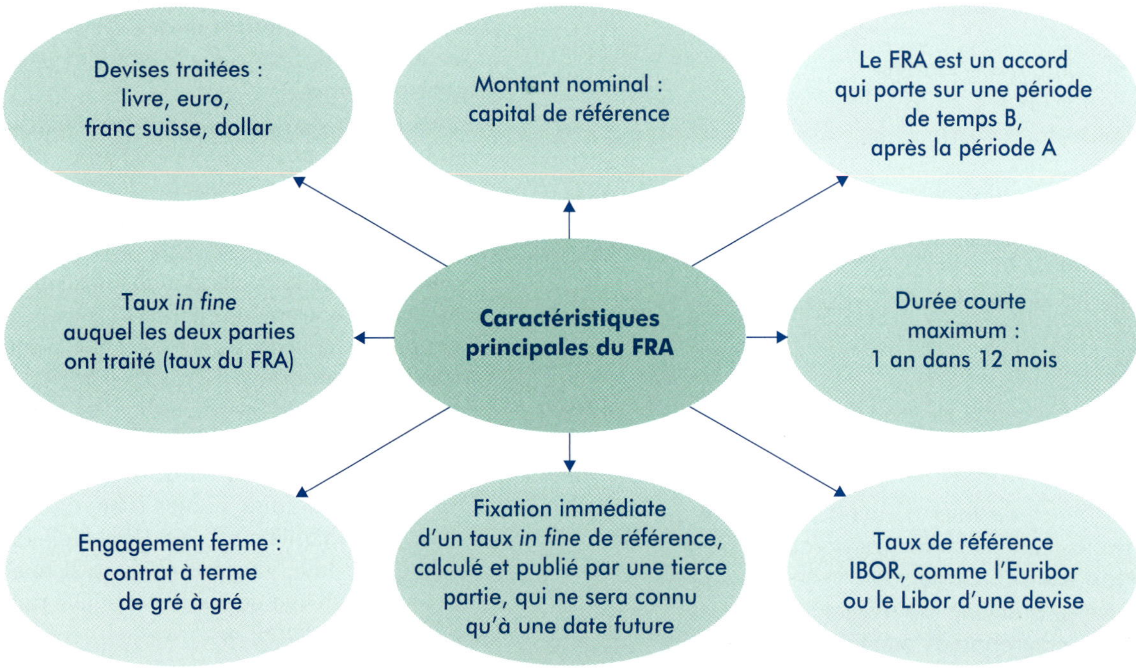

*En français, FRA signifie « faculté de réserver à l'avance ».

En résumé

Un future rate agreement (FRA) est un contrat par lequel une partie paie un taux d'intérêt fixe et reçoit un taux d'intérêt variable égal à un taux de référence.

Le paiement est calculé sur un montant notionel, et compensé. Seule la différence est réglée à la date d'échéance.

Insight

A future rate agreement is a contract in which one party pays a fixed interest rate, and receives a floating interest rate equal to a reference rate.

The payment is calculated over a notional amount, and netted. Only the difference is paid on the termination date.

Pourquoi l'utiliser ?

Objectif

Le future rate agreement (FRA) garantit le taux d'un placement ou d'un emprunt futur pour un montant déterminé et pendant une période définie. C'est une opération de garantie n'impliquant pas l'obligation d'emprunter ou de placer. Il n'y a pas de mouvement de capitaux, donc pas de risque de contrepartie à ce niveau.

Le FRA est une opération de couverture des opérations futures, qui concrétise les anticipations.

Contexte

Il est à utiliser lorsqu'on envisage d'effectuer ultérieurement un emprunt ou un placement pour une période déterminée. C'est une opération de couverture et de spéculation. Elle est réversible par FRA inverse.

Méthodologie et conseils

Le FRA est composé de deux périodes :

- période d'attente entre la date contractuelle et la date de constat du FRA (A) ;
- période de garantie du FRA qui sert de base au calcul du montant du différentiel d'intérêt reçu ou versé (B).

Le FRA est dissocié de l'opération de prêt ou d'emprunt. De ce fait, l'acheteur du FRA pourra parfaitement emprunter auprès d'une autre contrepartie que le vendeur.

Par convention, c'est l'acheteur du FRA qui s'engage à payer le taux in fine que les deux contreparties ont négocié, et à recevoir le taux de référence non encore connu. Cet usage est à l'encontre des pratiques courantes sur les marchés de taux d'intérêt où l'acheteur d'un produit est habituellement celui qui bénéficiera d'une baisse des taux dans le futur. ■

Comment l'utiliser ?

Étapes

C'est un contrat à terme de gré à gré par lequel le vendeur garantit à l'acheteur, au terme d'une période donnée, la période de couverture, un taux négocié, le taux garanti, pour un emprunt d'un montant et d'une durée négociés.

- Au terme de la période de couverture, le vendeur verse à l'acheteur la différence d'intérêts appliquée sur la base d'un capital de référence et la durée de l'emprunt, entre :
  - le taux garanti (taux du FRA) ;
  - le taux de référence du contrat (Libor, Euribor).
- Ce versement est effectué au début de la période de placement ou d'emprunt fixée (versement précompté). Si cette différence est négative, c'est-à-dire que les taux de marché ont baissé, c'est l'acheteur du FRA qui paie la différence au vendeur.

Avantages

- ✔ Le FRA permet de se couvrir contre toute variation de taux.
- ✔ Le taux est garanti sans versement de prime au départ.
- ✔ Le FRA présente une grande souplesse, surtout si on prend un Euribor à trois mois.

Précautions à prendre

- ✔ Le FRA affiche un manque de liquidité qui peut poser un problème si la couverture est différente des périodes de référence des marchés de taux (ex : trois mois dans trois mois).

Outil 59 L'option de taux d'intérêt

Floor – Cap – Collar

Montant notionnel (fictif) car le vendeur de l'option ne doit payer à l'acheteur de l'option que la différence entre le taux de référence et le taux d'intérêt d'exercice.

Floor

Garantie de taux plancher.
Option laissant l'acheteur bénéficier de l'évolution favorable des taux.
Utilisation sur une durée courte ou longue.

Cap

Garantie de taux plafond.
Option laissant l'acheteur bénéficier de l'évolution favorable des taux.
Utilisation sur une durée courte ou longue.

Chaque fois que le taux de référence du marché est $<$ au taux plafond, l'acheteur reçoit la différence entre les deux taux.

Durée à ajuster en fonction de la durée et du montant des excédents de trésorerie.

Collar

Garantie d'une fourchette de taux d'intérêt avec un taux maximum et un taux minimum, en combinant l'achat d'un *cap* et la vente d'un floor.

Chaque fois que le taux de référence du marché est $>$ au taux plafond, l'acheteur reçoit la différence entre les deux taux.

Durée de 1 mois à 20 ans.

Coût limité puisque la prime payée sur l'achat du *cap* est réduite par celle encaissée lors de la vente du floor.

En résumé

Une option sur taux donne droit à l'acheteur d'emprunter (CAP) un montant déterminé ou d'en prêter (FLOOR) un à un taux d'intérêt fixé (taux d'exercice) pour une durée fixée.

Insight

An interest rate option allows the buyer to borrow a pre-determined amount (CAP) or take it (FLOOR) at a fixed interest rate (underlying rate) for a specific time.

Pourquoi l'utiliser ?

Objectif

Les options de taux d'intérêt sont des opérations de couverture d'emprunts, de placement, d'opérations financières. Elles protègent un portefeuille contre la baisse des taux, en fixant le coût d'un placement.

Les options de taux d'intérêt sont des opérations de couverture. Ces opérations sont réversibles par revente.

Contexte

L'option permet à l'acheteur non seulement de fixer à l'avance un prix pour l'actif qui l'intéresse, mais en plus de ne régler ou recevoir effectivement ce prix que, si le moment venu, les conditions du marché sont telles que cela devient intéressant de le faire.

Comment l'utiliser ?

Étapes

- Lors de la conclusion de l'opération, les contreparties conviennent des caractéristiques du CAP (ou FLOOR) :
  - la devise ;
  - le montant nominal sur lequel portent les intérêts, au moins égal à un million d'euros, ou la contre-valeur en devise ; il peut varier au cours du temps selon un échéancier prédéterminé ;
  - l'acheteur et le vendeur de l'option ;
  - la référence variable : Libor, Euribor ;
  - la durée d'un mois à dix ans et plus ;
  - le taux d'exercice ;
  - la périodicité des flux (date de conclusion, date de départ, dates de constatation du taux variable et dates de paiement du référentiel de taux) ;
  - la prime exprimée en pourcentage du nominal initial qui est payée à la conclusion de l'opération par l'acheteur au vendeur.
- L'opération est ensuite confirmée par télex ou fax, puis par un échange de courrier.
- Lever ou exercer son option consiste pour l'acheteur à faire jouer son droit d'acheter ou de vendre. Si l'acheteur décide d'exercer son option, le vendeur va devoir se procurer l'actif au prix du marché pour le revendre à l'acheteur au prix d'exercice. S'il détient déjà l'actif en portefeuille, il perd l'opportunité de le revendre sur le marché à un bien meilleur prix que le prix d'exercice de l'option.

Méthodologie et conseils

Les options se négocient, soit de gré à gré (entre une banque généralement le vendeur et ses clients généralement l'acheteur), soit sur des marchés réglementés. Une fois que les contreparties se sont engagées sur l'opération, celle-ci est définitive. Il subsiste le risque que l'une ou l'autre ne remplisse pas ses obligations.

Les options négociables sont négociées sur des bourses centralisant les offres d'achat et de vente, les opérateurs pouvant déboucler leur position à tout moment. La présence d'une chambre de compensation permet d'abolir le risque de contrepartie.

Quelle que soit la décision de l'acheteur d'exercer ou non son option, la prime reste acquise au vendeur. Elle rémunère le risque qu'il prend en étant vendeur de l'option. En effet, son risque est potentiellement illimité, puisqu'il n'y a pas en principe de limite supérieure au prix que l'actif sous-jacent peut atteindre. ■

Avantages

- ✔ Les options de taux offrent une couverture contre un sens de variation des taux.
- ✔ Ces options offrent la possibilité de bénéficier de l'évolution favorable des taux.
- ✔ On choisit ou non d'exercer l'option.

Précautions à prendre

- ✔ Sur les CAP et les FLOOR il faut payer une prime d'avance.
- ✔ On peut acheter des COLLAR sans prime, mais le bénéfice est limité.

Outil 60 L'avance en devises

Exportation et importation

L'**avance en devise à l'exportation** permet de supprimer le risque de change tout en finançant le délai de paiement consenti à l'acheteur.

C'est également un moyen de financement, puisque l'entreprise exportatrice reçoit dès le départ les euros correspondants à la cession des devises.

L'**avance en devise à l'importation** permet de supprimer le risque de change tout en finançant le délai de paiement consenti par le vendeur.

C'est également un moyen de placement, puisque l'entreprise importatrice achète des devises au comptant contre des euros et les place jusqu'à la date du règlement.

Schéma de l'avance en devise à l'exportation

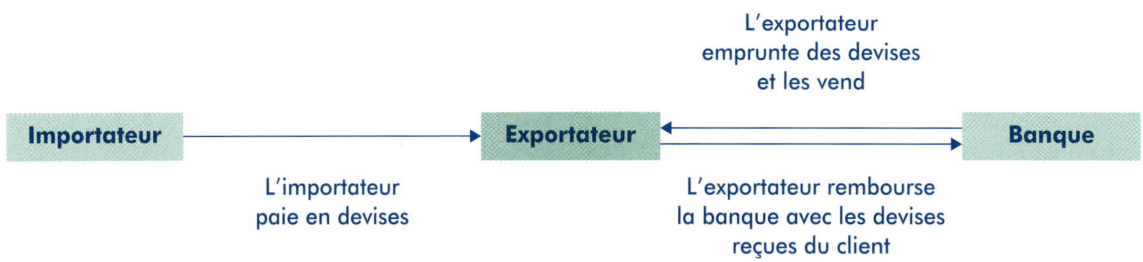

En résumé

L'avance en devise permet de financer le délai de paiement accordé à un client étranger en évitant le risque de change, ou d'offrir un paiement comptant à un fournisseur étranger tout en préservant sa trésorerie.

Insight

A currency advance can finance the payment delay of a foreign customer by avoiding the risk of foreign exchange, and give a cash payment to a foreign supplier by protecting the cash flow.

Pourquoi l'utiliser ?

Objectif

La variation du cours de la monnaie par rapport à l'euro va automatiquement mettre l'entreprise (si la devise utilisée n'est pas l'euro) ou mettre la contrepartie commerciale (si la transaction commerciale est réalisée dans votre monnaie) en risque de change.

Contexte

La facturation en euros est à l'évidence la solution de facilité pour une entreprise française. Le risque de change est alors supporté par la partie contractante. Toutefois, la facturation en devises peut présenter un avantage commercial essentiel, mais elle nécessite de se couvrir du risque de change.

Vendre ou acheter une devise en dehors de la zone euro accroît les risques inhérents à l'opération même.

Comment l'utiliser ?

Étapes

Pour réaliser une avance en devise à l'exportation, un exportateur demande à sa banque un montant précis en devise du pays de son client étranger. Il revend immédiatement les devises contre de la monnaie nationale. Lors du règlement du client, l'exportateur reçoit des devises étrangères en paiement. Il rembourse alors la banque avec cette somme. L'entreprise annule ainsi son risque de change. L'exportateur privilégiera cette technique bancaire si sa trésorerie est faible.

Pour réaliser une avance en devise à l'importation, un importateur demande à sa banque, le jour de sa commande, une avance en devises qui se substitut à un crédit en euros, ou qu'il paie comptant. Les devises avancées sont placées jusqu'à l'échéance de paiement, puis affectées au règlement du fournisseur étranger. Le fait d'acheter des devises le jour de sa commande annule le risque de change. L'importateur privilégiera cette technique bancaire si sa trésorerie est en bonne santé.

Méthodologie et conseils

Le financement présente une grande souplesse, puisque l'avance en devise peut être facilement ajustée. En effet, il n'y a ni montant minimum imposé, ni une durée minimale d'opération. Toutefois, une durée maximale est imposée en fonction de la devise choisie ; en moyenne, elle est de deux ou trois ans.

La base appliquée pour le taux d'intérêt est celle des marchés interbancaires des devises prêtées.

Le remboursement peut être anticipé, comme advenir après la date convenue, si le client étranger a payé avec retard. ■

Avantages

- ✔ L'avance en devise s'effectue sur toute devise.
- ✔ Elle peut être plus avantageuse qu'un financement en euros.
- ✔ Elle s'adapte aux décalages de trésorerie.

Précautions à prendre

- ✔ L'avance en devise n'est plus intéressante si le différentiel de taux d'intérêt entre le financement (ou placement) sur le marché et celui de la devise est trop important.

Outil 61 La couverture à terme

Achat, vente et change

Opérations de couverture à terme

L'achat de devise à terme fixe à l'avance avec la banque le cours et le montant de cet achat de devises qui aura lieu à l'échéance.

La vente de devise à terme fixe à l'avance avec la banque le cours auquel les devises seront cédées et le règlement encaissé. Le risque de change est parfaitement couvert, sous réserve que l'échéance coïncide avec le règlement.

Le change à terme avec intéressement permet de bénéficier partiellement à l'échéance d'une éventuelle évolution favorable de la devise, tout en garantissant un cours minimum.

Schéma d'une vente à terme

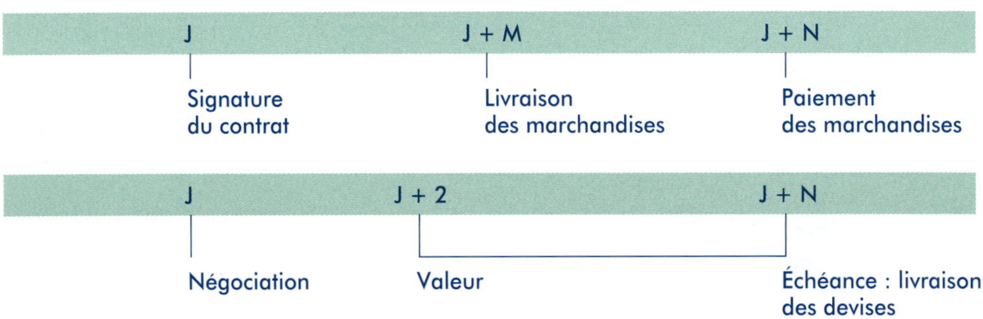

En résumé

La couverture à terme est un produit classique du change. C'est un contrat qui consiste en un engagement ferme, entre une entreprise et sa banque, d'échanger un montant déterminé d'une devise contre une autre. L'échange a lieu à une échéance future précise et à un prix convenu le jour de conclusion du contrat, le cours à terme.

Insight

The forward is a classical product of exchange. It is a contract which consists in a definite engagement, between a company and its banker, of exchanging a determined amount of a currency with another. The exchange happens at a future exact date and at an agreed price the day of the conclusion of the contract, the forward.

Pourquoi l'utiliser ?

Objectif

La couverture à terme se fonde sur un échange d'une devise contre une autre, sur la base d'un cours comptant fixé avec livraison réciproque à une date convenue. Deux opérations sont possibles : l'achat à terme (couverture des importations) et la vente à terme (couverture des exportations).

Contexte

La couverture sur le marché à terme est une des techniques les plus utilisées par les entreprises étant donné sa simplicité.

Une fois le cours fixé, l'évolution favorable du cours de la devise reste sans objet.

Comment l'utiliser ?

Étapes

Une entreprise exportatrice vend dans un pays en dehors de la zone euro. Compte tenu des délais de fabrication et de livraison, le règlement peut intervenir dans un an, dans la devise du client. L'exportateur recevra donc dans un an un certain montant en devises qu'il devra céder au cours du moment (donc non connu au jour de la transaction).

Afin de connaître précisément le cours auquel il pourra céder les devises qu'il recevra, l'exportateur demande à sa banque de lui fournir un cours de change à terme. Ainsi, il pourra :

- s'assurer que les devises donneront le montant prévu en devises nationales (et lui assureront donc la marge prévue)
- établir précisément le montant en devise de la transaction.

Une entreprise importatrice, qui doit régler une facture en devises à une date ultérieure, signe un contrat d'achat à terme avec sa banque. La banque emprunte des euros au taux prêteur et les convertit en devises au cours vendeur pour les placer au taux emprunteur. A l'échéance, la banque récupère les devises prêtées, les vend à l'importateur au cours convenu, et rembourse avec le produit de la vente son emprunt en euros.

Méthodologie et conseils

Toutefois, l'exportateur n'est couvert ni contre le risque de non-paiement de son client, ni contre le risque de résiliation du contrat commercial. Si à l'échéance, le client ne paie pas, l'exportateur est tout de même engagé à vendre à sa banque les devises. Il est alors obligé de les acheter au comptant, peut-être plus cher que le cours du contrat à terme. C'est ce qu'on appelle le retournement du terme.

Le change à terme avec intéressement est un instrument de garantie. Un intéressement est fixé lors de la mise en place du contrat et appliqué au cours garanti. Il est calculé en pourcentage de la différence entre le cours au comptant du moment et le cours garanti. Contrairement aux options classiques, sa mise en place ne nécessite pas de paiement de prime. ■

Avantages

- ✔ Cette technique présente une grande souplesse d'utilisation : échéance sur mesure, couverture pour de nombreuses monnaies.
- ✔ Le cours est garanti et connu dès la couverture.

Précautions à prendre

- ✔ Cette technique est peu adaptée aux risques aléatoires compte tenu de l'engagement ferme.
- ✔ Le cours garanti n'est pas négociable.

Outil 62 Le contrat *future*

Caractéristiques

Un *future* ou contrat à terme est un contrat standardisé, négocié sur un marché organisé. Il permet de s'assurer ou de s'engager sur un prix, pour une quantité déterminée d'un produit donné, à une date future.

Les opérateurs traitent avec une chambre de compensation qui enregistre les cours, solde les opérations et règlemente le marché.

Ces contrats se négocient exclusivement sur des marchés officiels et régulés (Matif, Liffe, CBOT, Eurex…). Seuls les membres du marché ont accès à la négociation.

Ces précautions limitent les risques de contreparties, c'est-à-dire les risques qu'un intervenant ne tienne pas ses engagements.

La particularité de ce marché réside dans le fait que le résultat de chaque opération est calculé et perçu, ou payé périodiquement.

Pour un agent économique qui cherche une protection contre le risque de fluctuation des prix des actifs financiers, les *futures* permettent de fixer à l'avance le prix de l'actif sous-jacent.

En résumé

Les contrats de « *futures* » correspondent à des contrats à terme et répondent au besoin de fixer un prix pour une livraison future.

Ce type de contrat permet aussi aux producteurs de matières premières de garantir un prix pour leurs productions pendant plusieurs années.

Insight

*The **future** are assimilated to forward contracts and are used to fixe a price for a future delivery.*

This kind of contract allows the suppliers of raw materials to get a guarantee for their products during several years.

Pourquoi l'utiliser ?

Objectif

Le principe de couverture sur ces marchés consiste à prendre, avec des *futures*, une position inverse de celle que l'on a au comptant. On compense ainsi la perte que l'on craint d'avoir sur le marché au comptant par un gain équivalent sur le marché des *futures*.

Contexte

Lorsque le cours d'une devise ou d'une matière première fluctue fortement, les acheteurs et les vendeurs cherchent à conclure des contrats portant sur des livraisons à une date future prédéterminée. En en fixant le prix tout de suite, les vendeurs à terme se couvrent contre le risque de baisse des cours à l'échéance, et inversement pour les acheteurs. Ces contrats peuvent être passés de gré à gré ou sur des marchés organisés.

Les contrats *futures* sont des opérations de couverture ou de spéculation, selon que l'on détient ou non l'actif concerné (devise, pétrole, café, sucre).

Méthodologie et conseils

Le choix du degré de couverture sera effectué en fonction de l'arbitrage que le trésorier devra exercer entre la sécurité (risque de change minimum accepté) et la rentabilité de l'opération (coût de la couverture payé).

Au moment de l'exécution du contrat, acheteur et vendeur ne se connaissent pas. En effet, c'est la chambre de compensation qui s'interpose et devient l'acheteur pour tous les vendeurs et le vendeur pour tous les acheteurs. C'est donc elle qui assume le risque de contrepartie.

Les participants ont, à tout moment, la possibilité de déboucler leur position, en achetant ou en vendant la même quantité de contrats, vendue ou achetée à l'origine ; ce qui fait disparaître leur position. ■

Comment l'utiliser ?

Étapes

- Chaque adhérent verse à la chambre de compensation un dépôt de garantie à l'exécution de chaque négociation. Ceux-ci sont réévalués tous les jours en fonction de la valeur de marché des positions détenues par l'adhérent.
- La différence de cours de compensation du jour, ou cours de compensation veille, si elle est positive, est payée par les vendeurs à la chambre de compensation qui la reverse aux acheteurs. Ce sont les appels de marge.
- À l'échéance, les contrats sont liquidés comme prévu dans les spécifications, soit par livraison du produit, soit en cash.

Avantages

- ✔ Un contrat *future* permet de se couvrir contre toute variation de taux.
- ✔ Le prix des *futures* suit de près les prix de l'actif sous-jacent.
- ✔ Plus on se rapproche de l'échéance, plus le marché au comptant et le marché des *futures* tendent à converger.

Précautions à prendre

- ✔ Il est très dangereux d'attendre le moment de l'échéance pour déboucler un contrat de *future*, car il peut y avoir un gros risque d'illiquidité (absence de contrepartie).
- ✔ Comme ces contrats n'engagent pas de règlement avant l'échéance, les gains et les pertes peuvent être très lourds.

Outil 63 Le crédit documentaire

Schéma de déroulement

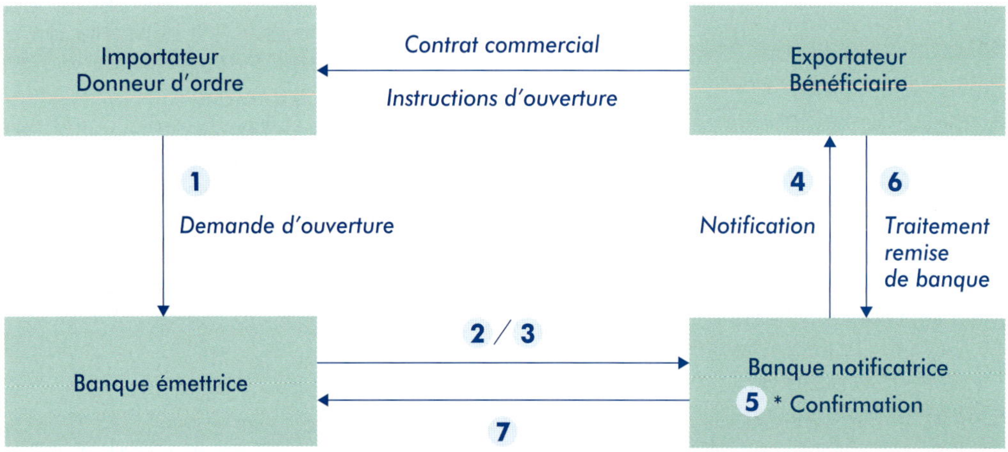

2 Analyse du risque sur banque émettrice, pays
3 Ouverture et télétransmission
4 Risque de non respect obligation de conseil
5 Si confirmation, suppression des risques
7 Examen de docs, paiement sauf si réserves

En résumé

Le crédit documentaire permet d'organiser et d'assurer la sécurité du paiement d'une exportation. Le vendeur est certain d'être payé de sa prestation. L'acheteur peut contrôler la qualité de la prestation avant de payer, et est assuré de la recevoir.

Insight

A letter of credit will organize and ensure the security of the payment of exportations. The seller is assured to be paid for his delivery. The buyer may check the quality of the delivery before paying and is ensured to receive it.

Pourquoi l'utiliser ?

Objectif

Le crédit documentaire (crédoc) est une opération par laquelle une banque dite « banque émettrice » s'engage, à la demande de son client appelé « donneur d'ordres », à régler à un vendeur dit « bénéficiaire », un certain montant à un terme convenu avant une date déterminée, contre remise de documents conformes prouvant la bonne exécution de la livraison ou des prestations. Il est transmis par une banque dite « notificatrice » qui n'est pas obligatoirement celle du bénéficiaire.

Moyen de paiement conditionnel, ou instrument de crédit par signature, accordé par une banque à son client importateur.

Contexte

Un crédit documentaire est irrévocable, c'est-à-dire qu'il correspond à un engagement ferme de la banque, et ne peut être annulé sans l'accord du bénéficiaire. Il n'est pas limité dans le temps et ne garantit, ni contre le risque de la banque émettrice, ni contre le risque pays.

Comment l'utiliser ?

Étapes

Banque émettrice	Ouvre le crédit documentaire.
Banque notificatrice	Notifie le crédoc au bénéficiaire et vérifie l'apparente conformité du crédit. Doit respecter l'obligation de conseil si les conditions du crédit sont défavorables.
Banque confirmante	Apporte sa garantie au bénéficiaire.
Banque négociatrice	Paie le bénéficiaire si les documents sont conformes.
Banque de remboursement	Détient le compte en devises de la banque émettrice et rembourse la banque négociatrice ou confirmante.
Banque *red clause*	Paie le bénéficiaire par anticipation. Détient le compte en devises de la banque émettrice et le débite automatiquement.
Banque transférante	Transfère tout ou partie du crédit entre un ou plusieurs seconds bénéficiaires, sur instructions du bénéficiaire.

Méthodologie et conseils

Un crédoc est limité dans le temps par trois dates essentielles :

- date extrême d'expédition des marchandises : pour la respecter, il faut tenir compte de la périodicité des départs, surtout maritimes ;
- délai de présentation : au plus tard à la date extrême de validité, sinon au maximum vingt-et-un jours après la date d'expédition ;
- date de validité : tout crédit doit stipuler une date extrême de validité.

La confirmation est obtenue à l'ouverture du crédoc ou *a posteriori* (elle est qualifiée de muette, silencieuse, à l'insu, ou de ducroire). Elle garantit contre les risques de non-transfert, d'insolvabilité de la banque émettrice, ainsi que contre le risque pays à condition qu'elle soit émise par une banque située en dehors du pays de l'acheteur. C'est un engagement supplémentaire qui s'ajoute à celui de la banque émettrice. ■

Avantages

- ✔ Le crédit documentaire apporte une certaine sécurité à la vente, par l'engagement de la banque.
- ✔ Il garantit à l'exportateur « si confirmé » une certitude quasi totale de bonne fin d'encaissement.

Précautions à prendre

- ✔ La vérification d'un crédit documentaire et sa parfaite conformité avec le contrat commercial sont des points clés pour une bonne réalisation.

Outil 64 La lettre de crédit stand by

Modèle de lettre

D'ordre de (*nom de l'importateur*), nous émettons par la présente une lettre de crédit stand by confirmée (*si justifié*) et transférable pour un montant de ....*(*montant et devise*) environ, en faveur de (*adresse complète du bénéficiaire*) payable à vue aux guichets de (x), garantissant la bonne exécution des obligations de paiement de (*nom de l'importateur*) résultant du contrat ou de la Pro Forma ou de la commande n° du .... ayant pour objet (*facultatif*).

Cette lettre de crédit stand by est utilisable par paiement à vue aux caisses de (x), contre présentation des documents ci-après désignés.

Étude comparative avec un crédit documentaire

Points communs	Différences essentielles
Mention d'une date de validité Possibilité de transfert et de confirmation si le bénéficiaire le juge utile, afin de se prémunir du risque pays, de non-transfert ou d'insolvabilité de la banque émettrice Tirages partiels autorisés Revolving, c'est-à-dire renouvelable automatiquement.	Par nature irrévocable Moins lourde que le crédit documentaire qui exige au moins cinq à six documents (facture, document de transport, document d'assurance, certificat d'origine, liste de colisage). Pour une stand by, la présentation de trois documents pourra suffire (copie de la facture, document de transport, certificat de la société précisant qu'elle n'a pas été réglée à ce jour). Coût moindre, car il n'y a pas de commissions de levée de fonds, d'amendement, d'irrégularités.

En résumé

Certificat du bénéficiaire de la lettre de crédit stand by :

« Nous certifions que nous avons rempli toutes nos obligations relatives à la vente et à l'expédition des marchandises faisant l'objet de la/des facture(s) (n°).......... suivant copies ci-jointes et du contrat (de la pro forma) de la commande n° .... du ...... et que nous n'avons pas reçu le règlement y afférant du montant de.... dont la date d'exigibilité était le........... ».

Insight

Certificate of the beneficiary of a ***stand by letter of credit*** *(SBLC) :*

« We hereby certify that we have performed all our obligations concerning the sale and dispatch of the goods referred to in the agreement/the pro forma invoice/the order n°.............. dated and that we have not received the corresponding payment of................. which one was due on................. ».

Pourquoi l'utiliser ?

Objectif

L'utilisation des lettres de crédit stand by, en substitution des cautions et garanties de marché, vise à supprimer toute confusion dans l'appellation de ces sûretés.

Contexte

Depuis plusieurs années, de nombreuses controverses se sont élevées autour de crédit documentaire, en particulier devant l'augmentation des réserves locales soulevées par certaines banques pour retarder le paiement. Par ailleurs, de nombreux litiges ont opposé ces dernières années entreprises et banquiers. L'entrée en vigueur des ISP 98 le 1er janvier 1999 et début 2000, celle de la Convention des Nations Unies sur les garanties indépendantes et les lettres de crédit stand by ont vu monter en puissance les lettres de crédit stand by et accélérer le recul des crédits documentaires dans certaines zones géographiques.

La lettre de crédit stand by provient d'un acte bancaire américain de 1838 qui interdisait aux banques d'émettre des cautions et des garanties.

Comment l'utiliser ?

Étapes

L'exportateur rédige une offre commerciale, ou pro forma, avec demande de paiement, de préférence par virement Swift à échéance, assortie de l'émission d'une lettre de crédit stand by.

L'acheteur « donneur d'ordres » demande à sa banque l'ouverture de la lettre stand by (généralement valable un an).

La banque émettrice ouvre la lettre stand by et la notifie au bénéficiaire, soit directement, soit par l'intermédiaire d'une banque notificatrice.

L'exportateur selon le risque pays fait confirmer sa SBLC par un banquier français.

L'exportateur expédie la marchandise à l'acheteur, en open account (contre facture) accompagnée des divers documents nécessaires à l'opération

À l'échéance prévue au contrat, l'acheteur règle le bénéficiaire. Dans ce cas, la lettre n'a pas été mise en jeu et s'éteint d'elle-même. En cas de non paiement à l'échéance prévue, l'exportateur met en jeu la stand by selon les modalités prévues à l'ouverture.

Méthodologie et conseils

On retrouve les mêmes rubriques que pour un crédit documentaire. Les documents présentés peuvent être rédigés dans une langue différente de celle de la lettre stand-by. On prendra soin de préciser que les paiements partiels sont autorisés, et éventuellement de les qualifier d'*evergreen* ou de *revolving*.

La liste des documents doit être la plus limitative possible. Dans la grande majorité des cas, elle se limite à une copie des factures commerciales et du bordereau de transport, et à un original d'attestation de non-paiement. ■

Avantages

- ✔ La lettre de crédit stand by présente un coût faible et une grande souplesse.
- ✔ Elle offre la possibilité de lier paiement et qualité, ainsi qu'une grande rapidité dans la réception des documents.

Précautions à prendre

- ✔ Les documents doivent être rédigés dans la langue de la stand by. Il importera donc aux bénéficiaires de s'assurer que :
  - les stands by ne soient émises qu'en anglais, ou à la rigueur en français pour celles émises sur le marché domestique ;
  - le document de transport justifie bien du transfert de la marchandise.

Le programme parapluie

Schéma de fonctionnement

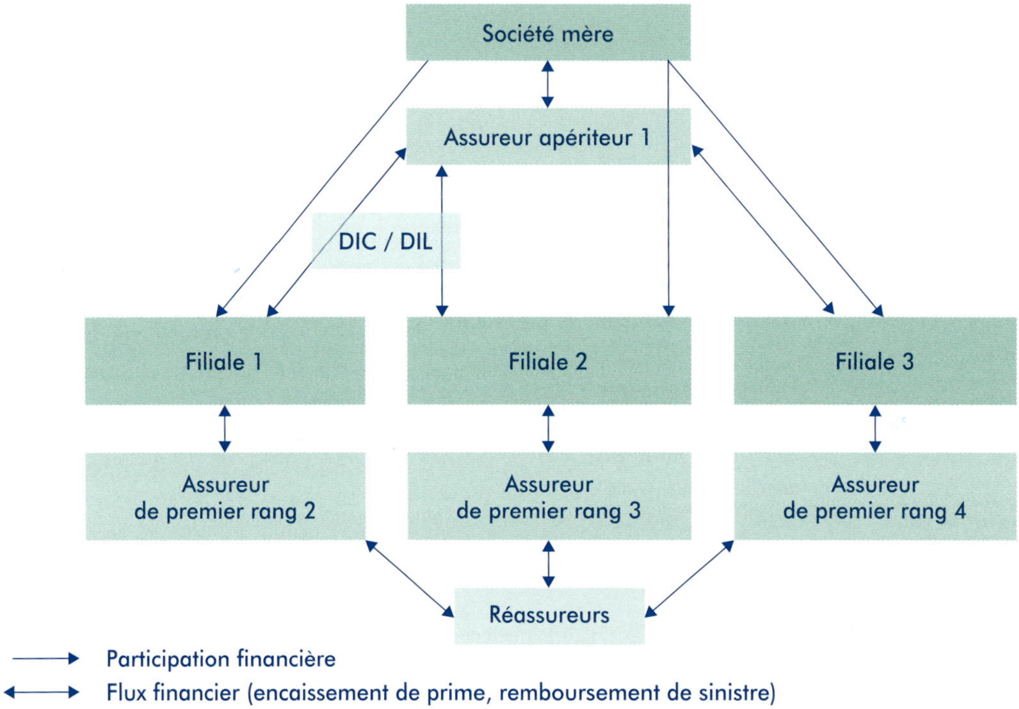

En résumé

Le programme parapluie sécurise la surface financière du groupe en assurant les risques DIC et DIL via l'assureur apériteur.

L'inconvénient de ce programme réside dans son coût, puisque les filiales doivent payer deux primes d'assurance.

Insight

The ***umbrella program*** *gives security to the financial area of a group by assuring the differences in condition (DIC) and the risks in limit (DIL).*

The disadvantage of this program consists in its cost, because the subsidiaries have to pay two premiums of insurance.

DIC : *difference in condition* correspond à un fait générateur non assuré ;
DIL : *difference in limit* couvre la différence entre les capitaux assurables localement et ceux que le groupe souhaite assurer.

Pourquoi l'utiliser ?

Objectif

L'objectif du programme parapluie est d'assurer une harmonisation du programme d'assurance au niveau mondial (capitaux garantis, franchise) et de sécuriser la surface financière du groupe, en évitant qu'un sinistre maximum possible non garanti se répercute sur les fonds propres consolidés du groupe.

Contexte

Ce type de programme se met en œuvre dans le cadre de développement à l'international par fusion acquisition d'entités existantes. Ce dispositif présuppose un audit en risque management de la société cible avant la signature du protocole de *due dilligence*.

Le programme parapluie est un outil d'accompagnement idéal du développement des groupes familiaux à l'international.

Comment l'utiliser ?

Étapes

La cartographie des risques DIC et DIL par fait générateur se construit à partir des métarisques. Elle vise à identifier les écarts entre les capitaux que le groupe souhaite assurer pour chaque filiale et les capitaux assurables localement.

Le groupe fait assurer les risques de première ligne par les assureurs locaux. Ce dispositif permet aux filiales de garder une autonomie de souscription de ses programmes d'assurance et d'entretenir des relations privilégiées avec les parties prenantes locales.

Les assureurs apériteurs assurent les risques DIC et DIL. Cette étape est souvent subordonnée à la réalisation d'investissements de sécurité demandés par l'assureur apériteur. Ce dernier acceptera la souscription d'un programme parapluie à condition que le groupe s'engage sur des investissements de prévention minimisant la fréquence et la gravité des sinistres.

Méthodologie et conseils

Il s'avère indispensable de réactualiser systématiquement le contenu de ce programme parapluie en fonction de l'évolution du périmètre de consolidation statutaire (acquisition et cession de sociétés).

La rationalisation de ce type de programme passe par la souscription de la société mère pour le compte des filiales, ce qui permet de réduire de façon substantielle le budget assurance. Ce type de programme ne permet pas, à ce stade, d'envisager la création d'une société captive d'assurance, en vue de mutualiser des risques de fréquence que le groupe souhaite autofinancer. ■

Avantages

✔ Le programme parapluie empêche la remise en cause de la pérennité du groupe en créant une harmonisation des garanties assurance au niveau international.

Précautions à prendre

✔ Ce type de dispositif n'a de sens que si l'entreprise maîtrise à minima sa sinistralité. La souscription d'un programme parapluie passe préalablement par une montée en puissance du dispositif de contrôle technique des risques.

Outil 66 Le master coordinated program

Schéma de fonctionnement

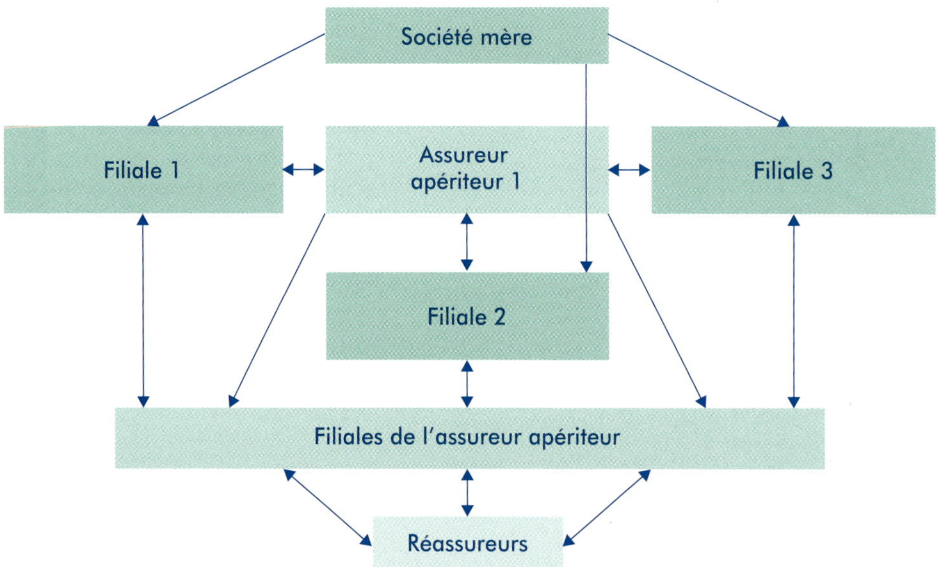

En résumé

Le master coordinated program s'adresse à des groupes multinationaux souhaitant rationaliser leur programme d'assurance à l'international via la souscription de polices mondiales.

Il est en général complété par la création d'un système captif de réassurance visant à mutualiser les risques de fréquence du groupe (retraite des cadres, risque informatique, sinistralité auto).

Insight

The master coordinated program applies to multinational groups which wish to rationalize their world wide insurance program through the subscription of worldwide policies.

Most of the time it is completed by the creation of a captive system of reinsurance which aims to mutualize the frequent risks of the group (retirement of the executives, risk on the data processing system, car damage).

Pourquoi l'utiliser ?

Objectif

Ce type de programme vise à sécuriser la surface financière du groupe en faisant autofinancer les risques de fréquence par le groupe. Il n'a de sens que si le groupe industriel maîtrise parfaitement sa sinistralité et est capable d'autofinancer des franchises très élevées (dix à vingt millions d'euros) par sinistre.

Contexte

L'assureur apériteur audite le niveau de maturité de la politique de prévention de son client et peut imposer à ce titre des investissements de sécurité et de gestion de crise. Le client industriel ne peut pas refuser ces investissements. Un refus étant assimilé à une résiliation unilatérale à l'initiative de l'assureur. Dans ce type de programme, les règles du jeu sont très claires : le groupe autofinance les risques de fréquence, l'assureur intervient sur les risques catastrophiques.

Le master coordinated program est réservé aux multinationales pouvant se permettre d'autofinancer les risques de fréquence.

La mise en œuvre de ces techniques de financement alternatif peut se matérialiser par la création d'une société captive de réassurance domiciliée dans un pays présentant des avantages fiscaux significatifs (tels que pour l'Union européenne : Luxembourg, Irlande, Suisse) pour les USA (Bermudes, Nouvelle Virginie, îles Caïman).

Méthodologie et conseils

Afin de protéger le résultat opérationnel par filiale étrangère, le directeur financier a intérêt à négocier des franchises par année d'assurance, et à éviter la souscription de franchises par sinistre (le cumul de plusieurs sinistres sur le même exercice pouvant dépasser plusieurs fois le résultat opérationnel de la filiale étrangère sinistrée). ■

Comment l'utiliser ?

Étapes

Les polices mondiales (multirisque industriel, responsabilité civile) sont souscrites par la société mère pour le compte des filiales. Ces dernières doivent obligatoirement s'assurer en première ligne auprès de représentants locaux de l'assureur apériteur ou auprès de filiales de l'assureur apériteur.

Une étude de faisabilité permet de déterminer le mode de financement optimal de la franchise (choix entre société captive de réassurance ou location d'un compte captif de réassurance).

Avantages

✔ Le master coordinated program permet de minimiser le budget d'assurance du groupe. En contrepartie, il nécessite d'engager des investissements de sécurité substantiels visant à faire tendre le risque vers zéro.

Précautions à prendre

✔ Le recours à un tel programme d'assurance est quasi *suicidaire* si le groupe industriel ne maîtrise pas parfaitement sa sinistralité.

La captive d'assurance

Schéma de fonctionnement

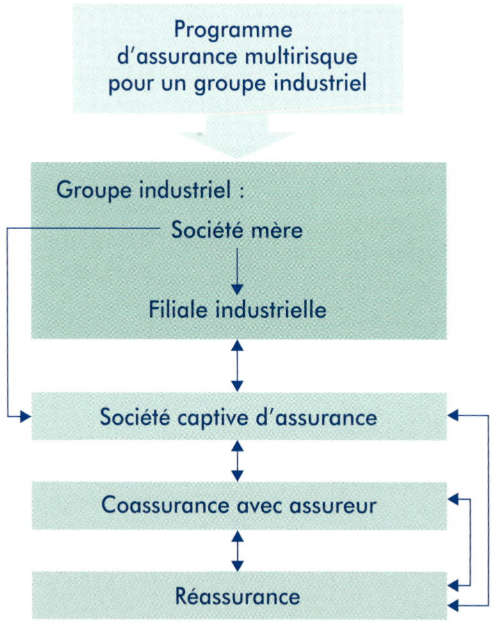

En résumé

Les captives d'assurance se positionnent principalement sur les risques de types « rachat de franchises », à savoir les premiers risques. Sur cette zone, elles captent les primes des assureurs, d'où leur nom.

En complément, assureurs ou réassureurs financent, moyennant des primes relativement faibles, des risques de nature plus aléatoires et catastrophiques.

Insight

The captives of insurance are essentially positionned on risks like « repurchase of deductibles », namely the main risks. On this basis, they collect the premiums of insurers, who are named.

To complete insurers and reinsurers finance with relatively low premiums, uncertain and catastrophic risks.

Pourquoi l'utiliser ?

Objectif

La captive d'assurance ou de réassurance est une filiale d'un groupe localisée dans un pays présentant des avantages fiscaux. Elle est dédiée, dans le cas de la création d'une captive de réassurance, au financement des risques maîtrisés spécifiques aux filiales du groupe. Ce type de montage vise à assurer des risques de personnes physiques (exemple, des captives d'assurance bancaires qui proposent en direct à leurs clients des produits d'assurance vie ou dommage aux biens).

La captive est un outil de financement et de rétention des risques d'un groupe.

Contexte

Ayant connu un essor dans les années 1980, puis un retrait dans les années 1990, elle est actuellement en plein regain. Elle intéresse des groupes pouvant allouer des capitaux à cette nouvelle entité dont le coût de gestion est faible, au regard de l'économie générée. Elles sont souvent domiciliées en Irlande ou au Luxembourg pour les groupes appartenant à l'Union Européenne.

Comment l'utiliser ?

Étapes

• Analyse du projet sous l'angle d'une étude d'opportunité (ingénierie des risques). Définition des objectifs de rentabilité attendus de la captive et de la stratégie d'allocation d'actifs associés. Une étude juridique et fiscale vient en complément afin de déterminer :
- les niveaux de franchises, les limites, les primes, les fonds propres ;
- la domiciliation ;
- l'organisation de la société.

• Constitution de la société et l'obtention de l'agrément d'assureur ou de réassureur.

Méthodologie et conseils

La location d'un compte captif de réassurance vise à financer les franchises de façon prioritaire. Elle présente les mêmes intérêts fiscaux et financiers d'une société captive de réassurance, mais est accessible à des groupes familiaux. Les captives de réassurance visent plutôt à financer des risques maîtrisés correspondant à des masses financières critiques (financement des retraites des cadres d'un groupe industriel). ■

Avantages

✔ La captive concilie une négociation globale du programme d'assurance avec un équilibre cohérent entre prime, garantie et rétention.

✔ Elle permet le cantonnement des économies de primes négociées (chargement de la prime) qui constituent des réserves pour les risques futurs.

✔ Sous couvert de transfert de risque, le groupe fait de l'autofinancement défiscalisé.

Précautions à prendre

✔ Les captives sont de plus en plus réglementées au niveau de l'agrément, de la marge de solvabilité, des actifs subordonnés et de la gouvernance d'entreprise.

✔ De surcroît, les dispositifs matures de contrôle interne concernant ces systèmes captifs se doivent de s'assurer de la prévention du risque de blanchiment d'argent.

Bibliographie

Livres

AMADREU P., BESSIÈRE V., *Analyse de l'information financière*, Economica, 2007.
THIBIERGE Ch., *Principes de gestion financière*, Pearson, 2006.
GIRAUD F., SAULPIC O., NAULLEAU G. et DELMOND M.-H., *Contrôle de gestion et pilotage de la performance*, Gualino, 2004.
EBONDO WA MANDZILA E., *La Gouvernance d'entreprise : audit et contrôle interne*, L'Harmattan, 2006.
Le Management des risques de l'entreprise (COSO II report), Éditions d'Organisation, 2005.
HULL J., HÉNOT H., DEVILLE L. et ROGER P., *Options, futures et autres actifs dérivés*, Pearson, 2007.
BURLAUD A., EGLEM J.-Y., MYKITA P., *Dictionnaire de gestion*, Foucher, 2004.

Blogs

www.accountingobserver.com/blog
www.approva.net/audittrail
myauditing.blogspot.com
nik-audit.blogspot.com
www.controloretauditor.com
ieauditblog.com
pwc.blogs.com/ifrs

Sites web

www.affi.asso.fr
www.bibliotique.com

Bibliographie

www.laprofessioncomptable.com
www.crefige.dauphine.fr/labo/page.htm
www.dfcg.com
www.fee.be
www.afc-cca.com
www.ima-france.com
www.sfaf.com/internet

50810 - (II) - (1,5) - CSB 100° - NOC - API
Dépôt légal : avril 2008 - suite du tirage : mai 2009
Imprimé en France par I.M.E.